無名氏全集第十一卷下冊

春蠶到死絲未盡，蠟炬成灰淚不乾。

抒情煙雲 下冊

——生命是漫天奇景

卜寧（無名氏）著

文史哲出版社印行

國家圖書館出版品預行編目資料

抒情煙雲 / 卜寧著. -- 初版. -- 臺北市: 文史哲, 民 87
冊： 公分. -- (文學叢刊；71) (無名氏全集；第十一卷)
ISBN 957-549-117-3(上冊：平裝). -- ISBN 957-549-118-1(下冊：平裝).

855 87000719

文學叢刊 ⑪

抒情煙雲 下冊

── 生命是漫天奇景

著者：卜寧（無名氏）
出版者：文史哲出版社
登記證字號：行政院新聞局版臺業字五三三七號
發行人：彭正雄
發行所：文史哲出版社
印刷者：文史哲出版社
臺北市羅斯福路一段七十二巷四號
郵政劃撥帳號：一六一八〇一七五
電話 886-2-23511028 · 傳眞 886-2-23965656
實價新臺幣三〇〇元
中華民國八十七年一月初版

ISBN 957-549-118-1

二十四歲的卜寧，即日後的無名氏。

二十一歲的趙無華，國際名畫家趙無極的大妹。

二十二歲的劉菁，卜寧（無名氏）的前妻。

不死的黑玫瑰

——「抒情煙雲」序

「祇有在離開了你以後，才發覺自己是怎樣地不願離開你，和離不開你。只要是賸下我一個，獨自留在房間裡，就不能有一刻不想你。想到你待我的那些好，就禁不住哭。又知道你最不願意我淌眼淚，又祇好拚命忍住。寧，這樣的日子眞不好過。眞盼望你有一天會突然出現在我身邊，……」

「祇要一看見你，我整個人似乎就要溶化了。……」

「就算我曾經給過人家痛苦、或不愉快，但那也僅僅不過是兩三個星期的事。可別人呢？他卻整整毀了我一輩子，坑了我一輩子！……你也不想想，這幾年來，人家過的是什麼日子。你比誰都清楚，從前我相當豐腴，從不敢吃牛奶雞蛋，一吃就胖。現在呢，我拚命吃牛奶雞蛋……可依然骨瘦如柴。……我簡直是在害一場可怕的慢性病，連續四年。」

「你最惱我時，其實正是我最歡喜你時。」

「愛你，這是我今生對生命的唯一希望。……如果眞有輪迴，我甚至幻想前生曾經深愛您，那是何等的幸福呀！」

「我離開世界時，你這些可愛的信是我唯一的殉葬品。」

這六炷甜美的聲音，有兩炷發自我先後的兩個另一半。還有另外兩三位薔薇人兒，也傾吐過多少類似的音籟。

有一段時期，我的生命就像薄皮銀艇，飄浮在這些音浪上。那些日子，音浪似美酒，一對鴛鴦時時刻刻在品酒，飲酒，醉酒，整個靈魂常有點醉醺醺的，有時簡直是大醉，不醉時，至少也有點像服了些迷幻藥，肉體不大像在人間。大地已變成一片雲霧，我們不斷騰雲駕霧。另外的時辰，我們則像天鵝展羽翅，悠悠飛，飛在幸福的天空。彷彿再沒有地球，只有天空，世界只是一穹天空。萬里紅塵再不沾我們性靈分毫。

不用說，享受這些比土星瑰麗光環更美的幸福，有的是在這些聲音之前，有的正在這類聲音包圍中，有的則在聲音之後。反正，不只是我，古往今來，總有許多生命，似曾在這類聲音中化爲薤粉，而深深深深沉醉於一秒等於億萬千年的永恆時辰中。而一秒又一秒，把一條條生命幻變爲萬萬千千條帶蜂蜜味的生命。

當時，哪怕我諦聽到那一炷帶痛苦味的傾訴聲音時，我渾身雖在抖顫，卻仍是幸福的抖顫，因爲，我絕想不到她竟愛我愛得這樣深，幾乎付出一生的代價。

現在，這些水仙花似的音籟，大部分已離我遠遠遠遠了。聲音雖已遠隔數十春秋，但它們的香氣，有時仍在四周氤氳，飄漾。

話說回來，這些令靈魂透明、靈魂完全出竅的音籟，畢竟是一座最最通往愛情至上境之門，更是愛情的「三十三天玫瑰天」之門，這也是我在這冊「抒情煙雲」愛情故事節要中所透露的一點芬芳訊息。

我與無華的故事，雖然逼我以後幾乎付出三十三年游泳無涯苦海的代價，但我絕不後悔，不管別人怎樣想，怎樣說，我個人卻深覺這個代價是值得付的。因爲，在生命惡山險嶺中，愛情常是一口深不可測的洞窟，它有時極神祕，有時極恐怖，有時甚至像西班牙大作家烏那木納的名著「沉默的窟」，一進去，就永不會出來。我和趙無華小姐這段濃情，雖不是一口邃不可測的窟，卻幫助我多少觸及窟的深層，甚至底層，以及窟的無上奧義。除了享受窟底的神秘美、無窮美之外，還多少參透它的另一側面的玄機。我雖不敢說我已眞正徹悟維娜斯女神靈魂的眞相，可多少也摸觸到她的最眞實的血肉與靈性了。

附帶的豐收，是我那本「海艷」中的印蒂給瞿縈的一封信。這封信不只使這冊小說的故事比較圓全，還贏得對愛情深有研究的曾昭旭教授的欣賞。爲了這封信，他發表了一篇專文：「論浪漫與激情」。他說：「無名氏的這篇文章（指信），眞可說是從生命徹底燃燒所剩下的灰燼中提鍊出來的一顆舍利子，亦以是不能不令讀者爲之深心震悼。」

有些讀者說：這封信眞是把愛情寫絕了。

假如不是沉入和無華的愛情漩渦的底層，我不可能寫出這封信。現在讀來，這封信的某些文字倒應加以補充。比如，信上說：「你對找過度旺盛的愛，像大蟒蛇纏住我，透不過氣了，……我的靈魂需要舒解，透一口氣。」其實，這條蟒蛇的緊纏，有時對我是極其舒服的。纏得越緊，越甜。一停止纏了，反而有點空虛，彷彿有什麼在死亡了，甚至感到相當痛苦。

歸根結柢，我們那種愛法，恐怕一千人中難得一二。我們當時的抒情風格，和現在寶島兩性青年大不相同。

就拿上述「空虛」說吧！倒不是說我們成天到晚非得緊緊抱著，這才覺得不空。而是：她必須整天看見我在一邊，我呢，也巴望成日她不離開這幢別墅。

因為不希望我和她分開，哪怕是一小時，兩小時，我想進城為她買點鮮花，鮮水菓，和一些吃食，她也不肯。她寧可不吃這些，也不讓我走。有時，我眞是不得不進城辦點急事了，她連客廳也坐不住，寢室更是呆不下，平日幾乎扮演天堂角色的空間，現在卻有點恐怖了。她便囑咐小娛母把沙發搬到廊廡盡頭，她坐著，巴巴面對大鐵門，我一回來，門才開，她就會很快看見我，立刻為我倒茶，進香烟，擦火柴等等，彷彿迎接什麼貴賓似地。我知道，若侷促室內，太悶氣，只要我不在，她就悶，只有坐在院子裡，才能透透悶氣。而且，臉對大門坐著，她離外面的我似乎距離也較近些。

我所以說這些細事，只在證明「鴛鴦定律」。這兩隻愛情鳥，若一隻失散，另一隻很快死去。當時我倆雖還沒有瘋到這種程度，卻也很可觀了。

當眞，在西湖畔葛嶺花香鳥語中，我和無華享受的那種純詩境，類似神仙境，不祇是男女性靈妙境，更彷彿是比紅海更深比玫瑰更火紅的一片深深深深火山情，雖未冒出火光。這情直如神話中的羅沙法衣（註），一黏上，就永遠與血肉化成一片。

眞怪，當時兩人眞似形與影，須臾不能離，不願離，不肯離，離不了，一離，眞有點像天將崩，地要坍。兩條生命，兩個蠻大蠻大的大人，竟會變成這種模樣，渾似嬰兒離不開母親懷抱，眞是怪，可也眞放射出似山海情的眞理光芒。情就是不許生命有兩條，只准一條，「二」必須是「一」。

無華有點眼疾，不宜看書，她也不許我看書，除非我替她唸書。　發現我在閱報，讀書寫字，寫日記，紅嘴就噘得怪怪的。或者，明知我在做什麼，卻故意調皮的問，聲音倒蠻溫柔的，「你在做什麼呀？」這最後一個「呀」字，等於撳電鈕，我不得不把報紙擱開，書放下，或者停筆。要不，她就躺到寢室床上，咳聲嘆氣，我哪受得了這份懲罰？趕快進房向她道歉。唬得我以後一見她噘嘴，說到「呀」字，就趕快把讀寫的事煞車。她寧可我一事不做，守著她，閒談。天知道，也不曉得哪來這一大車子話，總是說不完，就像天上星星數不完。到了後來，眞談累了，就聽音樂，或者，一句話不說，你乾瞪我，我乾瞪你，而且，越瞪越有意思，彷彿瞪不夠，瞪不完，瞪到後來，兩人全笑起來，卻仍繼續瞪。就這樣，消磨個十幾分鐘，也感到其樂陶陶。

一句話，她需要我整個生命。

而我，前後足足有三個月，眞是分分秒秒全被她綁得緊緊的，不，我簡直是被她吃掉了。連上街辦事時，也想她，做夢，也夢她。不用說，不只這三個月，連別後近一個月，直到她住醫院，最後進天堂，將近五個月，她也被我五花大綁，綁得天昏地黑，她也被我吃掉了。這段時期，她整個靈魂全和我的靈魂熔成一片，放射一片神秘火焰。

無華病重時，曾向我暗示，希望我燒掉所寫的日記及相關文字，可我怎麼能燒？我怎忍燒？又怎捨得燒？無華上天堂了，只剩下這些文字陪我，有時讀個若干頁，雖心酸，可也甜甜的。我和中俄混血兒塔瑪拉（中名劉雅歌小姐）的那幅抒情風景，我既已寫成長篇小說「綠色的迴聲」，我自然也得把我倆的抒情的內核圖畫公之於世。因爲，這兩幀抒情畫幅射出人類濃情的兩極色彩，也是我平生兩大抒情畫卷。

無華走了四十七年了，在我這樣的年齡，我還能寫出這樣的文字，回憶她，這就說明：人類某種情感實是西天瑤池四時不謝之花。在此書「跋」——「黑玫瑰之憶」中，我曾說，玫瑰是「象徵花」，西方人愛以此花象徵愛情，那麼，紅玫瑰若是「玫瑰的白晝」，則美國植物學家包班克培植出來的「黑玫瑰」，卻是「玫瑰的黑夜」。我和無華合製的抒情畫卷，可算是「黑玫瑰畫卷」。在我心目中，這卻是一幅不死的黑玫瑰。

李義山最著名的寫情詩句是：「春蠶到死絲方盡，蠟炬成灰淚始乾」。爲了描繪這幅黑玫瑰的奧邃內景，我想把李詩改成下面兩句：「春蠶到死絲未盡，蠟炬成灰淚不乾」。不斷又酸又甜的低吟著這兩句詩，我就跪著獻給在天上的親愛的華，算是紀念這顆可愛靈魂昇天四十七週年吧！

（一九九七，九，七）

（註）希臘神話上的羅沙法衣，是鐵製的，人一穿上，就與血肉黏成一片

抒情煙雲 下冊 目錄

卷五 幽蘭之葉……三八一
蘭　憶……三八一
胴體凝思……三八九
靜觀萆蔴子樹……三九五
金魚幻思……四〇二
嬰　思……四〇八
客廳的樹……四一一
柿　子……四二〇
靈與肉……四二九
詠紫菊……四三四
青　衣……四三五
卷六 豹籠大師……四四一

豹籠大師……四四一
附錄：豹……四四三
焚　畫……四四五
倉庫大師……四五一
附錄㈠　小憶林風眠……四六三
附錄㈡　中國巴黎畫展……四六五
附錄㈢　畫　價……四七一
昇　天……四七四
浮士德時辰……四七八
香港書簡……四八二
鯤鵬第一踏……四八六
我的行李……四九二
從生命深處出來的人……四九九
天鵝之音……五〇六
中國泰瑞莎……五一一
東方馬丁路德……五一五

永恆火油鑽……五二一
聽潮語幻：「創世」紀……五二九
無名氏……五三五
從一隻纖手想起……五三九
歌劇女王的悲劇……五四九
檸檬……五五五
開始燃燒的迦太基……五六二
搏——八十自述……五七五
靈魂走向——八十感言……五八五
靈魂走向——八十冥思……五九〇
感恩……五九二
童魅……五九六
空城……六〇一
卷七 夕陽語片……六〇七
夕陽語片……六〇七
大陸書簡……六二九

無　聲……六三三
黑獄漫憶……六三六
第二週……六四五
瑤池蓮花筵……六五七
嘴　鎖……六六六
一寸陽光……六七二
殺時間……六七六
毛澤東死的那天……六八〇
水　夜……六九三
海水的聲音……六九八
唐達臘斯鱸蓴尋根……七〇八
喘……七一四

卷八　烽火之葉……七二一

釋　題……七二一
第一輯……七二一
僧　二……七二一

烽火篇——擬屠格涅甫……七二五
詛咒集……七三一
大宗師……七三八
火燒的都門……七四七
訴——給友人……七五二
寶劍篇……七五五
夢北平……七五九
露……七六四
拉丁之凋落……七六六
第二輯……七七〇
崩頹——素描尼采的最後畫像……七七〇
絕望的呼籲——給法蘭西國民……七七八
薤露——「八一三」三週年謹獻給全體死難將士之英靈……七八三
劫運篇……七九〇
今禹鼎……七九五
陽光……八〇一

友……八〇五
鐐銬……八〇八
月下風景……八一二
林達與希綠斷片……八一六
「翠堤春曉」插曲斷片……八二〇
幻……八二四
附錄：
無名氏的散文　司馬長風……八二九
無名氏的「火燒的都門」　司馬長風……八三三

抒情煙雲 上冊 目錄

不死的黑玫瑰——代序……一
卷一 抒情夢卷……一
小引……一
第一帖 抒情夢卷㈠……二
第二帖 抒情夢卷㈡……六
第三帖 抒情夢卷㈢……一八
第四帖 抒情夢卷㈣……二二
第四帖 抒情夢卷㈤……二七
第六帖 一封未寄的情書……三三
卷二 抒情煙雲……三九
第一葉 葛嶺夢憶……三九
釋題……三九

第一帖 吟月……………………………………………………四四
第二帖 涓流……………………………………………………五四
第三帖 瀟湘……………………………………………………六〇
第四帖 吻潮……………………………………………………六六
第二葉 西湖風情畫………………………………………………七三
釋 題…………………………………………………………七三
第一帖 維納斯三昧………………………………………………七七
第二帖 平湖秋月書聲……………………………………………八一
第三帖 萬花遮面不知儂（上）…………………………………八八
第四帖 萬花遮面不知儂（下）…………………………………九九
第五帖 心心……………………………………………………一一二
第三葉 荷露墜·離人淚…………………………………………一二三
第一帖 黑色的早晨………………………………………………一二三
第二帖 情簡㈠…………………………………………………一三八
第三帖 情簡㈡…………………………………………………一四四
第四帖 情簡㈢…………………………………………………一四七

第五帖 情簡㈣……一四九
第四葉 橋影流虹……一五一
第一帖 海上飛鴻……一五一
第二帖 橋影流虹……一五三
第五葉 她靜靜睡了……一七三
第一帖 她靜靜睡了……一七三
第二帖 火山反應……一八五
第三帖 淚之河……一九六
第四帖 煙……二〇六
第五帖 秋……二一四
第六帖 一封寄給天堂的信……二一五
跋——黑玫瑰之憶……二一九
附錄㈠ 憶華……二三五
附錄㈡ 「風雨故人情」片段……二三七
卷三 塔外的女人……二三七
第一帖 塔外的喜劇——吉日花絮補誌……二三七

第二帖　塔外的女人——我的婚姻心路歷程……二五〇
第三帖　我的婚姻……二六四
第四帖　跡近白卷——我的另一半……二六八
附錄(一)　緣——我初次客串了紅娘……二七四
附錄(二)　星星點點……二八一
卷四　天真夢卷——西湖夢卷……三〇七
第一葉　天　真……三〇七
第二葉　情　簡……三一九
第三葉　水之戀……三三三
第四葉　尼菴蝴蝶……三四一
第五葉　月亮小札……三六二
第六葉　一封給西湖的信……三七一

卷五　幽蘭之葉

蘭憶

我第一次呼吸這樣奇異的香味。它是幻？是眞？是月亮花的夢？是月亮的夢？是月亮內酒神和柏拉圖山的夢？是星星的夢？是沒有一滴水不苦的星星峽的夢？還是我睜開眼睛看見的——一個醒覺的、完全由香味編織的夢？我的眸子是蜘蛛？我的鼻翅是蜘蛛？在織一幅芳馥的羅網？不斷呼吸、編織，讓每一縷香味、誕化每一條又紆又細的絲，梭織成一繖無始無終的美麗香網。網中，一次又一次，我捕捉那尾透明的魚——生命——那最原始的時間第一秒。

這香是空？是靈？空？不空？它促空間由無情慾化易有情慾，又從有情慾回歸無情慾。一派神秘的輪迴。一隻蘋果是空間的情慾結晶。它卻無果，沒有結晶。它是一片純空間，一個縹緲芬芳的空間，可又是絕無綿延的空間。一刹那間，空間彷彿移化爲膠片上反映的太陽內的米粒狀，又小，又具無限膨脹性。這香味確有空間，卻無連鎖反應，它是印象派的音樂，德比西的鋼琴曲：「水波蕩漾」，那種特殊的和聲，古希臘的和聲，一瞬息間，十朵百朵音符雨點樣落下。稍稍不同是，德比西的雨點似同時灑落，蘭香則偶落一個雨點，迅又一點化十點，百點，彷彿滿室皆香，這十點百點速又煞止，消失，只剩餘音嫋嫋。過一會，又是一陣新雨點……

是夢香，少女眸子香，雲彩香，蝴蝶香，終是地球香。

一個字在我腦海響，一個音在思想亮。是一個最古的字，極平凡的字形，被無數「重複」磨破意象，這一秒，它卻凸顯大紅大綠的新鮮，宛若一片華麗色彩，忽然衝破初春綿綿陰雨。從前，我一聽此字就煩，一見它就膩，現在，它乍與眞形結合，似一穹薄暮天空驟飄鮮麗綢綵，眩目之至。我看見的不再是字，而是一個無限瑰麗的植物肉體——花的肉體。

不該說肉體。它不是與任何肉體起糾葛的生命。它是一種絕對空靈的香存在。它無葉無色無形無體無綠無紅。它只有一個生命符號——

香。

它的眞形，活於無形。它的眞生命，棲息在一種超越任何骸體的氤氳，而且絕不是重複的氤，有閃電迴應的氳。它厭惡太迅速的連鎖重複。它的靈魂不是綿延體，是遠遠看去，點點桃花，一點點的，一斑斑的，每一點與另一斑之間，無連無繫。它不是固體，不是液體，是一種氣體——氣體物質。不管怎樣，我捉不住它。捉不住它的香。儘管苦心尋覓，也不能主動呼吸到這香。這是捉迷藏。你眞找，它沒有了。你疲於追覓，它卻突然撲入鼻翼、懷內、髮上、思想中。可你才醒覺的意識它，它倏又閃開了。正似夢體，你有意尋，它的船從不靠岸——你，但港口沈入失望時，船卻來了——夢來。

啊，蘭香！我眞是偶爾得之。我靜觀這朵蘭花，婷婷舒展於紫砂花盆內。

還是正式開花首日。

這是它的梗，燈心桿的細長梗。那是它的瓣，帶黃水仙韻味的花瓣。這是它的色，鮮色。那是它的紅點，蝙蝠一點紅。上面是它軟蠶蛾的捧，中間是它的小小鼻，下面是嬌媚的舌，左右是平平一肩，但哪裡是它生命的生命的生命？那永遠不能捕捉或靜觀的靈性？

這個，我望不見、聽不著、摸不到，甚至有時也呼吸不到。只能用靈呼吸它的靈。不，用我的韻翕吸它的韻。這不是綠色植物，是音樂植物，是鋼琴植物，而且必然是蕭邦型的植物，或德比西式的植物。它的靈苗正是蕭邦或德比西的那些夜曲。可是，它又比夜曲更氤夜曲味，蕭邦和德比西的，還太綿延，太倚賴形式。它的香不是綿延的，倏然而來，翩然而去，倏然閃爍，倏然逝去，比薔薇花瓣輕。比霍甫特曼的「沉鐘」重。常常的，即使它縹然消失，餘香——香的無形尾巴，卻風箏樣、向你靈犀天空上昇，形成不倚賴任何香味的韻，沒有任何形象的眞綿綿，那重阿賴耶識似地、綿續不絕如縷。

就這一朵！從千萬朵挑選出的。藝蘭者經過怎樣的苦工？看草素、看草蟲、看筋、看殼、看架、看色、看暈、看瓣（看荷花瓣）、看梗、看舌、看蕊、看蕙蘭蕊，再論品。千看百望，千論百品，才栽培出這千嬌百媚的一朵。

它有那麼雅緻的兄弟姊妹；汪字、憲荷、萬字、綠雲、老文團素、天興梅、翠蓋、白珮、翠一品、雀梅、闞項、程梅、金嶼素、溫州素、丁小荷、大陳字……這些兄弟姊妹，沒有一個不是百看千看，百論千品出來的。

我凝坐蘭室，靜觀這朵蘭花，如古代道士夜觀天象，雖然滿室只這顆美麗星星，卻如置身滿天星斗。

我靜觀著、沈思。

我記憶：杭州過去一些春天，有一次蘭花展覽會，曾見一盆「綠雲」，所有蘭花中最名貴的。在嬌媚的綠色翠雲草簇擁中，只寥寥數莖，僅三四寸長，比一切蘭葉都短，據說三四年才偶爾開花一次。每開只一朵。平日培植，卻費盡千辛萬苦，稍一不慎，迅即夭折。就這一盆，這一朵，當時曾有人出三十兩黃金，主人還不肯賣哩！

我總覺得，這是玩物喪志。

現在，我第一次徹悟，從它香韻，可以恍悟眞正的東方靈體。

假如它的葉子再長三四寸，或再多開兩三朵，或每年開花一次，或花瓣稍少幾瓣，或壽命再長點，不那麼容易夭折——假如有了這些「假如」和「或」中的一個或幾個，那麼，它就不會那樣特殊名貴，當作奇珍異品了。

我想起埃及女王克理奧帕屈的故事。有一個歷史家說：假如她的鼻子短個兩分，古羅馬史就要重寫了。

地球上少有比這更小的一朵花，更沒有比這更高貴更幽香的花。

這小小一朵，三四年偶開一次，卻賜我一瓣瓣永恆高貴的奇香異韻。

這小小一朵，有人視它比生命還珍貴。

藝蘭者含辛茹苦，選成培就這一朵，卻三四年只綻一次，花開時，須麗日薰風，才香。陰天、雨天、寒天，不香。賞花時，人太多，太囂雜，人體汗水氣味重，礙香。蘭室不宜煙、酒、不能滲雜味，嘈聲。須窗明几淨，光潔無塵，觀賞時，最好先齋戒沐浴，毫無酒肉氣、汗氣、體氣，這才相得益彰。

這天下午，湊巧天朗氣清，風和日麗，西泠印社蘭室闃無一人。我獨享一室空靜。坐在鑲山水大理石的紅木太師椅上，欣賞黑漆紅木茶几上一盆蘭花，雖不是「綠雲」，也算名品，好像是「翠一品」。賞著賞著，漸漸闔目，覺一縷幽魂，隨一縷縷幽香，忽顯忽滅，終於縹縹緲緲，不知羽化入太虛何境。

選花、植花、賞花，功夫幾如造萬里長城，清規幾如摩西十誡。

人們辛苦了，等待一千或一千四百四十日後，才偶然遇一陣江南春晴、南風，享受這麼半小時或一小時。

江南春分，只偶有幾天薰風拂面，煦陽宜人，接著，天氣大變，轉陰雨奇寒，活埋了那片名貴芳香。

辛辛苦苦，人們等候了這麼長久後，究竟等待些什麼？

只爲這片偶由薰風送來的飄忽的芳香？

千香萬香不要，爲什麼專等這一掬？

它究竟帶來什麼？人究竟珍惜它什麼？

是那麼一點韻？閃光？一芽智慧？一瓣象徵？生命中最神秘最倏忽的？

生命是不是需要一點眞崇高的香？比一切香更高貴。

用它滋養宇宙靈性？地球韻致？

一切神只能不能給我們這點香？韻？

是這樣純粹，潔淨，雅緻，眞醇，似乎比一切神祇更香。它浣滌我們，創造我們。生命萬流，彷彿從中找到最高源頭。

我深深靜觀，呼吸，沈思。整個生命，此刻全集中於這盆蘭花。它的花、葉、梗、瓣、捧、肩、鼻、舌，似化爲我自已的四肢、胸膛、肩膀、鼻與舌。

不知不覺，漸漸的，我恍悟三十幾年來，我所找尋的永恆，不正類似這點芬芳？就那麼一滴、一剎、一閃、一忽，卻又儀態萬千，幻成我的無窮無盡的生命大海？

一切正從這一滴來。

正是找那找不到的，抓那抓不住的，看那看不見的，聽那聽不著的。總有那一剎，一陣清麗南風，我的靈翅偶然呼吸到它——是永恆、是銀河系最高色、最強音。一千次中，九百九十九次沒有了，終有一次，它出現。那一剎……

我默觀、潛思、欣賞，沉入它舌苔的紅點。那掩映於透綠嬌嫩的翠雲草的蝙蝠一點紅，紅得這樣幽雅，沈潛，像個隱士。漸漸的，我又一次聽見了，（不是呼吸到）——它的異香，那是芬芳天籟。

不，是道體香味。它忽明忽滅，忽浮忽沈。像含羞草，我才用呼吸接觸，它倏然闔閉。

比朝露鮮，比電光蝶輕。是一滴淡淡口紅？一星芬馥珠粉？一顆綠葉搖墜雨滴？是一炷綠？一芽蛾翅，一斑夢痕？我在醉？醒？坐？走？我是露水？蝴蝶？口紅？珠粉？雨滴？夢痕？我是綠？非綠？

龍井茶香在口。薔薇花香在鼻。幽蘭花香在——。

恍恍惚惚撲來，如一葉葉花瓣墜臉、肩、身。不是花香，是芙蓉鳥語，不，是蘭花妙籟，是蘭語。

我聽了一下午蘭語。

望著，彷彿變成一個有眼卻無視覺的存在。不，我是一盆靜物，那盆蘭花倒張著兩隻粉紅眼睛，以粉紅視覺深深注視我，當我，深深的、深深的……

胴體凝思

人的肉體或許只是一符號。這符號在顯影定影後的柯達軟片上，是一片黑影，在曬映後的布紋紙上，是一簇光與暗，線與方圓的渲染；在東方水墨畫上，主要是表現眞草隸篆幾種書法線條的意趣，加上構圖、著色與烘染的技巧等等；在米開朗基羅是一尊石像，在主體派畫家，有時則是一堆積木，一隻提琴，或其他種種器具的象形；在達達派眼裡，則是一些沙粒、黑點或其他種種圖案。不管它是從一片黑影變成一堆積木，或從幾種書法意趣化爲一隻提琴，但生命視覺，仍由萬千不同符號透視到它唯一的主人。這符號，從地球旋轉中，自單細胞生物演化歷程，漸漸出現，爬出來，終於在沙地畫矩形足印。它磨擦空氣，發出波動；以它的壁膜與曲折體等等、和樹葉擁抱而成綠，成黃；與花朵密吻而成紅，成紫；海浪投擊它的鼓膜，而彈出水聲；它的頭部空間則佔有一個圓——靜的圓，或動的圓。假如僅僅是符號，這是一種寂寞的符號。一隻吉丁蟲是一個寂寞的符號，永遠只在空間畫無聲的符號，最小的橢圓，或一連串橢圓運動線。原始猿人也是寂寞的符號，它幾乎不藉聲音表現形象，鑿通同類心靈的崎嶇山路，主要藉純粹的無聲動作，如演啞劇。原始生命畫幅，常常接近一部無聲電影——或者，只單純配音、而無對話的電影。

要經過多少萬年，這無聲電影才形成眞正有聲電影，電影的製作和扮演者，第一次意識到，這是它們自己的創作？

假如僅僅是符號，它只能接受光、熱、色彩、不能綜合變化它們，放出嶄新的異樣的光、熱、色彩、符號，只能被動的演啞劇，不能主動創作眞正有聲電影。它只能盲目的形成純粹的原始生命史跡，像柯達軟片未用顯定影液以前的一片黑暗，或者是沖洗後的一片黑影，一堆模糊的原形，卻不能叫你相信這眞是蕭邦，那眞是塞尙納；甲是俾斯麥，乙是愛迪生，丙是一朵蘭花，丁是一株銀杏樹……這裡面，靠另一種或若干種神秘生命機能——神秘元素，或多或少，你知道它，卻不能完全感覺它，看見它，摸觸它，透視它。你不能靠肉體眼睛，只能憑另一種眼睛——無形眼。一切原始生命，變成現代形象，全靠這種接近抽象的微妙的視覺元素。

符號不只是符號。生命不只是生命。這裡面還有另一種接近抽象的色素在，線條在，光彩在，機能在。不只符號在地球上畫矩形足跡或舞蹈形跡，是那接近抽象的在畫；後者本由符號完成，轉來又完成符號。符號和那接近抽象的，不是同時孿生，卻同屬於萬千個時間的大流過程。

地球上有四十萬萬多個神奇的「人」形生命符號，表面上主要是：四十萬萬多張臉，卻沒有一張全同。只靠兩隻眼睛，一個鼻子，一張嘴，一副臉型——僅仗這點點最簡單的符號。

就發生四十萬萬多次不同變化，形成四十萬萬多種絕異模型。彷彿一個音樂家，只憑幾個簡單音符，就創造出四十萬萬多種不同樂曲。即使有兩張嘴相同，你仍覺有異。形式幾乎全似的眸子，卻射出迥異的光彩，那張十分相像的面頰，卻透顯絕對相反的神色。這裡生命不只表現於水樣液、水晶液、透明液，或者口唇緣、結合膜、表皮層、鼻架、基底的游離端，還有那接近抽象的在。

正由於它，才在類似的角膜、鞏膜、虹膜上奏出不同樂曲，在幾乎完全相近的表皮層上，畫出絕對相反的畫。正像兩個畫家使用同一種藍，效果相反；兩個音樂家運用同一樂句，和聲絕異。又像兩個樂隊演奏同一作家同一闋曲子，等是一支貝多芬「田園交響曲」或「命運交響曲」，反應的風格，意趣卻不侔。甚至同一提琴家，奏拉羅同一支西班牙交響曲，在不同時期，演奏的音量、音色、情調、韻味的反射，也不都相等。

生命凝視生命。臉凝視臉。眼睛凝視眼睛。此眼怎麼會流入彼眼？眼怎麼會走入眼？眼怎麼會爬入頭髮、皮膚、頸椎、汗毛、纖維？它怎麼會辨出：這是此眼，那是彼眼？它們相互死死糾纏時，眼睛怎麼知道，那是眼睛？水晶體怎麼知道，那是水晶體？光如何知光？色如何知色？這個瞳孔裡，怎樣形成一副臉的圓，一張嘴的菱形，一條眉毛的直線？一副鼻子的凸突形？是生命最秘密或最神秘的內在空間、先有一個圓，一方菱形，一條直線？

假如視覺沒有圓與線，內在空間怎麼有？怎麼相應？假如內在空間沒有圓與線，視覺裡怎麼有？怎麼相應？圓如何在視覺裡形成圓，而且僅僅是赤裸裸的圓，不是方，不是三角或多角？那條直線如何在網膜、虹彩膜、脈絡膜、水晶體之類一大串機體裡站得住？貼得牢？那內在視覺的圓如何與外在視覺的圓相呼應？是不是先有最內在的圓視覺、線視覺，以後才有外在的？爲什麼內外呼應得那麼迅速猶如閃電？那最內在的圓怎樣形成，憑什麼形成？又憑什麼一形成即知無誤？是圓就是圓？不是方？又爲什麼內在視覺與外在的如此和諧？外面投入一個圓，內裡馬上回應一個圓，外面豎立一根線，內在立刻回應一條線？是那樣千變萬化的複雜的萬象，怎麼會在一秒鐘內，就同時投映入水晶體和水狀線，而內在空間又閃電樣回應這片極複雜的萬象；甚至一秒鐘內、一雙瞳孔就可看透另一副瞳孔主人的一生和全部靈魂，這神秘的閃電剎那，這奇異的一擊即中，它們的整個樞紐，究竟是什麼？一切切開了的或不切開的神經，不能答覆這。

那些視神經、動眼神經、滑車神經、三叉神經、外壓神經、面神經、聽神經，並包含這些圓與線。切開大腦皮層和中樞神經，裡面也沒有這些圓與線或那極複雜的萬象。任何攝影機，也拍不出它們運動時所形成的內在圓感覺，線感覺，與萬象感覺，即使能拍，也不能攝出那在中樞部表現出的最高主宰力量，和最後決定力量；更不能拍攝，那最複雜的最內在的觀念流動的形成，——究竟是什麼在主宰？決定？那靜的機體與動的機能和那最後的判決如何迅速連成一片？

破壞了一切形象的最精緻的結構，瓦解了內在與外在的最後的決定性的聯繫後，剩下的，只是那最粗糙的與最初的。於是，手只是手，腳只是腳，鼻只是鼻，耳只是耳，形成手的是堅硬和實體，形成腳的是實體加上大地空間呈托，氣味成鼻，聲音成耳，光色成眼。暫不搜捕那最後的與最高的，暫穩定於最初的與最低的。

然而，生命不只是符號。生命能瞭解那最抽象的，又環繞那最後最高的。可是，當它了解時，它擺脫舊的符號又變成新的符號。可能，思想也是符號，靈魂本身也是符號。必須眞正超越一切符號——外在的，內在的，肉體的，非肉體的，直達那創造一切符號的最後核心，從一切符號中解脫，從而才又一次把符號再化成光彩萬千的神奇的美與慧。

搜查肉體最內在與外在的機體聯繫，不是我們現在的事。我們既已洞透生命或許只是一符號，一種永恆的象徵，又徹悟另有一片秘密海洋把這片符號浸透，（那片內在的秘密空間擴大了，便形成秘密海洋。）我們現在的主要愉快，就是沈浸在海洋中。我們不像海洋學家或水文學家測量海，也不似化學家式的分析海水元素，我們只是純粹航海家，架一葉白帆，遨遊海上，沈醉於美緻的海洋風景。那個已歷億萬的海之謎底，不需航海者猜透。

更要緊的是，突破符號，突破海洋，架一葉白帆，悠悠盪漾，讓我們每一顆細胞充滿偉大的海洋味——不，我們渾身浸透偉大的宇宙和星球味。因爲，宇宙星球是我們最後的吞沒性的海洋。

只有徹底自覺是宇宙人，是宇宙海洋的一點，一滴，而以這一點一滴爲永恆享受，爲至上樂，這才眞正通神——躋於神境。

靜觀萆蔴子樹

初夏偶然灑下的萆蔴種子，仲夏卻變成一株美麗的生命，兀立窗前。生命是如此迅速成長，他還沒有來得及澆水、培植，它已站在他面前。儘管秋冬山風，甚至夏季的風，將吹折它，這時，它可婷婷款擺著。

當群山繡滿陽光的那些日子，不只一次，他把自己整個靈魂與肉體，交給這棵綠色萆蔴子樹，它幾乎完全支配他的生命、視覺，而又給予他另一種簇新感覺。

他靜坐。他靜觀這株瑰麗的萆蔴子樹。

一手掌一手掌的綠。這綠流入他的眼球壁膜，屈折體，溢滿他的交感神經，他的血管壁，他的肉體纖維組織。是綠流進來？是光溢進來？是圓滲透他？它的植物黃色素，不只是生命質素，也是哲學元素，它吸收光，又緩和光，現在，是否在吸收他的視覺？緩和他的思想？這片明綠究竟從哪裏來？它綠得這樣熱烈，綠得如此情慾，卻又綠得極透明，智慧，像一本又一本綠色無字天書。這綠從它的柵狀柔組織來？自太陽的虹彩中來？由月球的陰影裏來？從大地的核心處來？還是從空間深處來？這綠是葉子的？他的視覺的？陽光的？時間的？綠是液體？固體？氣體？是聲音？是線條？是流水？是山岳？

這一分鐘前，他從不知道這一手掌一手掌的綠。不，他腦子裏沒有綠色的手掌。不，記憶是綠的，思想不綠，感覺不綠。在記憶與現實感覺思想之間，本隔了一座乾涸大海。這一會，卻又突然大海洶湧，氾濫著綠。這樣狂猘的綠波綠浪，而且這樣渾圓的綠色肉體，這樣細緻的綠色線條，葉紋葉脈。他怎麼知道這是綠？不是紅？不是黃？不是紫？爲什麼這是綠？不是紅？不是黃？不是紫？不是無色？他不能叫它水晶？綠色的水晶？它不是移動星團？一座昂星團？一片氦？一幢海市蜃樓？一個夢？一個綠色的夢？一個最綠最綠的夢？一秒鐘後，會色消光滅？綠沒有了，夢綠沒有了。當他躺在搖籃內時，他看見一片綠葉，爲什麼不知道是綠？後來，他知道了，但他只知道，這是柳葉的綠，或萆蔴葉子的綠。綠究竟是什麼？是有綠？是無綠？暫時的感覺綠？永恆的思想綠？是一個短暫的色彩舞臺？一場視覺與光幻的露水戀愛。一個和天鵝座星雲一樣恆久的元素？一個突然的接觸？一種奇異的麻醉？比鴉片還麻醉的麻醉？他絲毫不知道。他此刻凝視它時，也依然不知道。正像他不知道，爲什麼叫海是海，感覺海是海；稱水是水，感覺水是水，名藍是藍，感覺藍是藍。爲什麼不感覺一切水是海？不叫一切水是海？不感覺一切顏色是綠？不稱一切顏色是綠？在一隻狗的眼睛裏，這些分歧複雜都沒有了，它永遠只看見一種顏色：灰色。人眼假如是狗眼，那麼，世界將永遠是一種顏色的世界。灰色的樹、灰色的葉子、灰色的玫瑰花、灰色的聖誕紅、灰色的海、灰色的太陽。

然而，他是一個人的凝視，不是一隻狗的。他的感覺不只注滿綠，還注滿另一些更深更遠的。

色彩——綠色，一種美，一片幻覺，卻又是一座永恆。他明知太陽走後或他閉上眼後，這片綠色將變成一片黑，或一片紅，但目前，他仍深深沉醉在綠裏，不相信它會黑，會紅。這一分、這一刻，這個宇宙對他只是一片綠。綠是上帝。綠是花樹草石。綠是人類的笑。綠是聲音。他不只看見綠，他還聽見綠，正像他的視覺不只看見綠，還看見綠色的思想，綠色的感覺。他的頭顱不是頭，是一片映照萬物的明鏡，他在裏面看見綠色思想正在爬行，展翅，彷彿他眼瞠裏的晶狀體與透明液不是往外凸出，而是向內返射，與肉體內那隻明鏡相擁抱。這片明鏡照見：綠沒有空間，空間卻活在綠裏，綠又像鐘錶，標誌時間，綠色的時間或沒有顏色的時間。這一刻，時間在這一掌掌綠葉上盛開綠色花朵，漸漸的，它將變黃、變枯，終於腐爛。時間不會爛，時間的綠色爛了。他不是看一片片萆蔴葉子，是看一隻隻鐘錶，鐘錶指針是正午十二點。那最鮮鮮鮮鮮的，最綠綠綠綠的，一切都盈溢於這裏。他凝視著，慢慢的，綠變成一隻昆蟲，爬到他頭髮上、眼睛裏、表皮層，又爬入他的喉管、胸膛、心臟跳動處。綠色應和他的血液唧筒，一噴、一收。他有一片綠色的血液。萆蔴樹葉子變成他的思想。思想也像心臟，一隻綠色的唧筒，忽而放散出無限綠色，忽而又收斂。漸漸的，一片葉子變成一座海，一幅仙女星雲，他渾身綠化了、海化了、星雲化了。一整個海流過他的肉體。一整個大星雲在他血液裏旋轉。

要明白宇宙，那幾萬萬萬光年流轉，那些開放星團，流動星團，球狀星團，只要一片萆蔴樹葉子就夠了，不，一點綠就夠了。這兒，有那最原始最原始的，那最宇宙最宇宙的。綠是和第一個銀河系的第一個星座開始存在的。它是與地球上第一個生命細胞同時存在的。它既永恆、又虛幻。你的視覺是永恆的，它永恆，你的眼睛是虛幻的，它虛幻。他只要一閉眼，它就沒有了。月亮一出來，它就變成銀灰色或黑色。月亮一被雲遮住，它就顏消色滅。仍有萆蔴子樹，有葉子，你一伸手就是，你的手掌是一份思想，但沒有綠，沒有圓。不，你可以用手摸到葉圓，但摸不到葉綠。一定要有光，有人眼，狗眼不行，火星上的眼睛或許也不行。綠是風、是燭火，如此易顯，又如此易滅。人如此耽溺於它，卻從未眞抓住它，咀嚼過它，嗅吸過它。他可以抓住葉圓，卻抓不住葉綠。畫家的手可以抓Le Franc的綠色油膏，但他抓住的只是一種油質，從未抓住那不寄托任何油質或固體的最純粹的綠，正像人手只能抓住圓葉、圓環、圓球，卻永遠抓不住那不寄托于任何葉、環、球的純粹的圓。純粹的圓與綠，那和第一個銀河系一樣古老的圓與綠，只是個記憶。這份記憶活在地球上，也活在人血液裏。這就夠了。他總算看見綠，感覺到綠了。讓它海洋樣變幻，燭影樣有亮有滅，此時此刻此分此秒，它總是一片綠葉，是他眼球水晶體和透明液的客人，綠色的客人。他會風樣消失，這片綠葉卻永遠存在。即使它也風樣消失，但它的錶針曾指出過正午十二點，那一段時間雖入墓了，它卻仍活著，換一個姿態活著。綠的記憶即使只活過千分之一秒，這一刹就永生了。正像愛人們即使只吻過一秒，那一刹芳香記憶，就永生於宇宙間。肉體的消失，不等於有關肉體曾存在過的記憶的消滅。消滅的只是能記憶者，被記憶者，不是記憶那件事本身——那件事本體。沒有風能吹散這點綠記憶，或吻記憶。沒有任何火能燒燬它。沒有任何海水能沖掉它。它在四分之一秒的佔有，就是無窮萬萬萬年的佔有。即使無窮萬萬萬年後，記憶堆積得高高的，從地球一直堆到冥王星上，從這一銀河系宇宙直堆到另一銀河系宇宙，（假如人類記憶能像喜馬拉雅山一樣堆積起來。）這曾經存在過的千分之一秒的綠記憶將仍永生，永隨銀河系萬萬千千太陽旋轉而旋轉。

這棵萆蔴子樹，是一尊綠色的千手觀音，頭上是手，肩上是手，背後是手，胸前是手。到處是綠色的手。大氣從它的複葉的氣孔中流瀉。無窮的光透入它的柵狀柔組織。綠色的葉子，多色的日光，葉陽面的亮，葉陰面的暗流，流水樣的風，神秘的運動，它在無限中舞蹈，枝葉明暗與日光契合。每一葉托出一手掌的日光，綠色的陽光，金色的陽光，千變萬化的光。暗處，葉子用手掌托出一片暗綠，它是一種沉醉後的溫柔、沈思。透過葉背面的陽光，是明綠、新綠，特別是朝陽光，它像亞當第一次看見夏娃女體時一樣新鮮。一片萆蔴樹大葉子，亮幾處、暗幾處，亮中有暗、暗中有亮，這一刹亮、下一刹暗，這一秒暗、下一秒亮，哪裏有亮、哪裏有暗，暗就是亮、亮就是暗。一切葉子的婀娜美妙，只有從陰處透視，它們才出現於視覺，鋼琴鍵盤樣彈出你的無窮沉思、記憶。一切葉子的綠，只有被光反透到背面，才幻呈眞正綠色夢境。自正面睇視，太多太豐富的光，反而使瞳孔收縮，想像凝滯，葉子浮淺，綠色單調。只在沒有日光處看日光，於暗裏看暗所反射的光，光才眞深刻，叫人沉沒。這時候，一切綠色全深深深深沉下去，是一杯杯鮮艷的濃濃綠酒。

綠！綠！綠！無窮無盡綠，葉！葉！葉！一掌葉又一掌葉。葉葉是光，綠葉是光，葉背是暗，綠內是影。葉找綠，綠追葉，光覓影，影尋光。綠先葉後？葉先綠後？光？風？葉？不是葉？光？風？綠？是綠色的葉？綠色的光？綠色的風？綠色的綠？是綠動？葉動？光動？風動？時間動？靜體動？人體動？靜動？動動？不靜不動？超靜超動？還是他視覺動？感情動？思想動？還是地球動？雙魚座星雲動？孔雀座星雲在動？麒麟座星雲在動？

他凝望風搖綠葉光暗。是他看綠？是綠看他？他看光？光看他？他搖風？風搖他？他的肉體擁抱葉綠光風，還是它們擁抱他？這美麗綠葉子有向地性、向光性、向日性、向氣性，他也有這些性？他這樣深沉的永恆靜觀，是他的向光性和向日性？他這些性靈本屬於他，還是屬於光明和太陽？他是光明？他是太陽？光明是他？太陽是他？他凝視著，久久凝視著，靜靜凝視著，他的視覺似滲入它們的皮層與維管束。

這棵蓖蔴子樹，含蘊一整個鳳凰座大星球的運動，光、熱、色素、美、幻覺。靜觀中，他自己變成一片綠、一片風、一陣明與暗；他是光、他是熱、他是色素、他是美、他是幻覺。

他的肉體是那最神秘的星球運動。非洲的「粗豪」，地中海上的「崩雪」（註一），正在這片綠葉間運動，隨大氣浸透它的海綿狀柔體組織。諾曼地的「統主」（註二），是它的一片光影，一陣濃綠，以及葉子的無限款舞。他必須從這份光與影的波浪中，透視塞納河水，萊茵河水，第伯河水。這些水正穿越亞洲邊陲，流進他心中，流入這棵萆蔴樹葉子上。他定視光、風、綠、影，無限綠色花朵向他繽紛撲來。他動、他靜、他深、他淺、他醒、他睡，萬千世界正洶湧著他的血管，敲擊他的動脈管。他沒有了他，卻又有了千萬個他，無所不在的他，和上帝一樣萬能的他。他從沒有吸收這麼多光。他的向光力從沒有這麼強過。他的向化力也從沒有這麼豐富過。他從沒有捕捉過這麼多的美——。

有了這片綠、風、光、影、動、靜，他有一切。他的肉體是光它的光。他的靈魂是暗它的暗。他的視覺在綠它的綠。他的心在心它的心。他正是一棵萆蔴子樹——一尊綠色的千手觀音。無窮的思想的手，感覺的手，綺麗的手，它們把全部宇宙光都吸收入內，把所有星球的美都集中於他。他是活？不活？是他？是綠？是思想？是風？是醒覺？是光？是睡？是葉？是明？是暗？他在萆蔴樹前？在樹後？在樹內？在樹外？他是樹？樹是他？五百萬萬年前，他本是樹？五百萬萬年後，樹本是他？這一分——一秒——一刹——五百萬萬年——一滴綠——一羽風——一星幻覺——一個醒覺？

金魚幻思

我靜坐在透明玻璃金魚缸邊，默默凝視一尾金魚，像天文學家通過返光式望遠鏡，睇視空間深處的南魚星座。

這不是魚，是一朵金紅鬱金香，一隻金紅橘子；不，這是一瓶玫瑰精，一片硫化錳，一杯螢光紅鈉；不，這是一個金紅色女人，熟透了的女人，牠什麼都是，就不是魚。我此刻眼睛裡，超於一切的，牠只是一種元素——構成生命的最重要的元素。正像鈣、鈉、氧、錳、鋅、鐵，造成海水，牠創化生命。海水的構成者，永遠作元素循環，生命的元素，也永遠循環。這尾金色鱗介物，正在這口玻璃缸中作生命元素的循環。

假如你是海，會感到海水元素循環。假如你是魚，會意識到生命元素循環。假如你是元素，會覺得你和大海、和生命之間的代謝。這尾小小金魚所以迷我，正因爲牠啓示我：深深沈浸於這片美麗循環，那是豪華的花環，奇妙的虹環，我深深浸淫著……。

神秘循環中，白天，我看見：這條金魚顯示紅色的靈魂，觀念，一顆永不發炎的靈魂，一片永不崩潰的觀念。黑夜，我聽見紅色的肉體，紅色的唼喋。水從牠鰭邊穿過，光從牠翅面擦過，色從牠鱗眼爍過，月亮從牠頭上亮過，早晨從牠尾部飛過，黃昏從牠嘴尖飄過，牠從不惆悵、迷惘。牠又冷靜又熱烈的游著，划鰭，撥翅，擺動尾巴，張開那嫵媚的小小紅嘴，吞水，吐水，吸沫，噴沫。有時，牠追逐水面氣泡泡；有時，潛入綠色金魚草叢；有時，靜如一葉扁舟；有時，鳥樣掠過水。

牠總是安安詳詳，泳於永恆。因爲，他是生命的元素之元素。不管海嘯濤吼，風狂浪獗，海水的元素：鈣、鈉、錳、鋅、鐵，永遠安安靜靜，游泳於它們自己眞理軌跡上。

海面有時和平，海底永無和平，（眞正的絕對海底有和平）魚們總是互咬，鯨魚吃鯊魚，鯊魚吞馬林魚，馬林魚咬黃魚，黃魚追帶魚。但這兒只是一口口玻璃金魚缸，恆久棲息和平。和平滲透玻璃，浸漬白色，潤透靜水，潺透它的圓形、透明，沈透它的主人——可這裡只是一尾龍睛金魚。人不互咬時，能咬自己，金魚卻不會咬自己。牠永遠是慢慢的，不慌不忙的，悠悠的游，眞是悠哉游哉，這麼嗼靜，靜得能聽見每一個氣泡聲，甚至，魚自己每一個動作聲音。牠獨自一個，享受這白色的圓形天地，透明的天地。水透明，光透明，色透明，玻璃透明，圓也透明，牠消受一個透明的琉璃宇宙。任我把牠看個千百遍，從早看到晚，牠絕不理會牠的創造主——我。牠不聲不響，不急不促，怡然自得，優游歲月。

看著看著，我越發入迷了，出竅了。是我凝視魚？是魚凝望我？我能看魚，魚能看我？我是看魚？觀紅？視一滴胭脂？還是貫徹一種元素？一種深刻的精義？就那麼一點點——色。就那麼一點點——光。就那麼一點點——動。游動。魚游？缸游？水游？雲游？我游？元素游？思想游？還是什麼X或Y在游？我在魚內，魚在我裡面？我是魚？魚是我？是胭脂？是紅山茶？我是綠水藻？我是水？是玻璃缸？是圓？我是游？我也像這尾小生命一樣，泅泳在另一口大玻璃缸內？無限空間的暫時有限，是那麼一層透明的玻璃，似有，似無，似動，似非動，似隔，似不隔？魚不以爲玻璃隔，卻是一片白色的空明的神秘光在隔。這光有硬度，穿不破。我——人類，能不能游穿那口大玻璃缸？缸外是什麼？銀河系那麼一片永恆光芒，銀光萬點，是我暫時的玻璃缸邊緣？缸外還有魚，魚外仍是缸？是缸大魚小？是魚多缸小？這片圓圓玻璃能不能衝破？萬一缸破了。怎麼辦？

我凝思，我整個酲酣於這口玻璃金魚缸內，沈醉於它的透明，圓形。它如佛像前一盞蓮花燈，帶給我無限的光，永生光。牠什麼都是，就不是魚。牠是一幅畫畫兒，也許是一架俞伯牙的琴。此時此刻，可以說，花是牠的心，花是我的思想；月亮是牠的眼睛，月亮是我的感覺；水是牠的肉體，水是我的信仰。花沒有情慾，月亮沒有情慾，水沒有情慾，一尾孤獨的金魚沒有的情慾，而我此際也沒有。至少，這一刻，在這片透明天地，牠的慾望達到休止符。只要一點水，一粒掛麵，牠就逍遙游於永恆，如海水元素游於大海。這金魚缸正是牠的海，汪洋浩瀚，無涯無涘，於是，牠悠哉游哉，優游歲月。

人的悲劇在於拼湊，一瞬間，人可以叫亞洲一張美麗臉孔出現於紐約或哈瓦那，但這張無線電傳眞臉孔是拼湊的。人把一張臉分成546格，一格一格拼起來。我的一生也正是一幅無線電傳眞，千辛萬苦，只爲了把那546格拼湊成一幅完整的人生理想圖像。鬥爭了廿幾年，現在仍未拼成。有時總算拼湊成一部分，又擔心它又還原成546個單格。然而，金魚的全部生命卻不是由546格拼湊的。從第一秒到最後一秒，牠只有一個大格——一個「牠」！牠不需要那些複雜的玩意兒：電池、透鏡、光管、激勵燈、振盪器、收像紙、發片滾筒、信號放大器。一句話，牠不需要拼湊。牠永遠是一片渾然整體。牠的呼吸、游泳、凝望、浮沈、感覺，永遠是一個圓全整體，如佛像後面那一圈光輪，亙古一片圓。

這小小金魚，白天我看不厭，黑夜我聽不倦。最深的深夜，那一串串唼喋聲，如夢如幻，水極了，又玫瑰極了，幽蘭極了。那不是聲音，是象牙語言，月光音樂。魚無言語，其夜語是詩，是夜曲。魚無音籟，它黑暗裡的聲響，是美麗天籟，正因爲太黑太暗了，牠必須吐出月亮味的樂音。正因爲一切音波都死了，牠必須讓魚籟活著。正因爲一切花全沈沒了，牠必須教我通過魚籟，夜半觀花，不是教我用聽覺聽花。假如薔薇絮語，正是這片唼喋。如果象牙露妙音，正是這片魚籟。

我靜觀。有時，半個上午兩小時過去了，我仍坐在魚缸畔，靜觀金魚那點紅。

就這點胭脂，映襯小小玻璃圓缸的透明瀅澈水中，紅、鮮、艷、緻！水內有光、有明，似有雲影山光，水草碧綠寧謐、盤虬捲曲，舒展，自如。缸口永遠那麼圓圓，圓得逗人靜，催思想靜，啓一切觀念靜。這點胭脂游泳於白色水光，是紅蝴蝶游於水？薔薇瓣泅於水？是星星在游？穿過來，梭過去，剛出水草，又入綠簇。那份新綠，那芽鮮紅，那片透明。牠的小小胴體這麼美，溫柔，文氣，眞是一條美人魚。然而，牠小小圓頭卻又那樣武氣，且帶點癡傻，不時發怔，正在參魚禪？悟魚道？牠兩隻凸凸小眼睛常看什麼，卻又常不見什麼，眞是視而不見，聽而不聞，感而不覺。牠總是張口，吸水，吐水，吐了又吸，如游龍戲珠，戲那粒無形生命之珠，吸珠又吐珠。若是午夜，這便是一片蝴蝶味的啜喋。

我望著這圓圓玻璃缸，有時，它哈哈鏡似的，奇妙的把牠幻變得異樣大，刹那間，似有一雙巨大眼睛，一顆巨大的頭，一條巨大的金色身子，游入缸底時，凸玻璃更不時叫牠形象幻變，一搖尾，一條巨大的金色尾巴，一陣金光閃爍，金紅的鰭，淺紅的翅，淡紅的尾巴，壯麗得很，燦爛之至。這是生命的黃金一刹！等牠浮上來時，漸漸的，巨大軀體又縮小了。我探過頭，從魚缸上面直接俯視，牠更小了，但是那一點胭脂，彷彿一個女人沒有頭，沒有胸，沒有四肢，只一片菱形紅嘴，游泳水上。

這圓圓凸玻璃是魔術箱，能把生命變得那麼巨大，又縮成這樣渺小。啊！僅僅這一點點圓球形的玻璃。

我必須透過這片玻璃看牠？

我應該只從玻璃外——缸口看它？

不管我由任何角度看牠，魚仍是魚。

玻璃雖有仍無，似有似無。

就這點紅！是金？是紅？是太陽沈？是石榴花開？它比金更金，比一切紅更像紅。假如一切紅有共同紅元素，像一大串數字有一個公約數，那麼，金魚紅正是這個「公約紅」。它紅了，它「公約」紅了，又醉了；它亮了，又醒了。魚躍於淵，這一躍多美。但金魚的翛然悠然，比這一「躍」更美，比大海鯨魚亮翅也美。這眞是悠哉游哉！可能地球上再沒有一條生命更能如此悠哉游哉。

藍鯨魚比人大好幾百倍，勝利者是人，敗者是魚。

這尾金魚比我小好幾百倍，勝利者是魚，敗者是我。

我被牠征服了。

嬰　思

這是一片奇異的新鮮，似比地球上第一滴露珠、第一朵花還新鮮。它震盪我，如猛搖一碗水，所有的水都飛濺出來，磁碗空了。生活於人間，我，第一次電感：自己肉體內似還缺少點什麼。肉體並不缺少肉體，靈魂也不缺靈魂，我所缺的，是這兩者之間的中間物，氣體的或液體的，至少也是固體的，如畫家追求的那種中間色。我本以爲，多年潛思默蘊，自己已相當接近圓全境界了，這個境界有點像佛家大金獅子法輪。現在，這輪光圈卻缺少了一點，或一小粒。這一點，一粒，雖然太微末了，幾乎看不見，可總是那麼空白，一個小微點，或小微粒。這片嬰兒的鮮緻光輝，似是一種放大鏡，叫我迅速發覺，所缺的這一小點，或一小粒。

這嬰孩是一尊小玉佛，渾身上下，似一片透明，沒有一絲一毫褶皺，沒有一撇一抹空間陰影，或時間黑影。他是那麼天然，彷彿宇宙一開始存在，他就存在了。他笑著最笑味的笑，笑著笑著，忽然頭一低，倒在「笑」裡面，他「笑著」了。有時，他哭，哭得和笑一樣，笑著哭著，頭一重，他哭「著」了。生命一切最重要的節目，在他身上都表現出雕刻味——最富凸凹性的形相。他不是笑，就是哭、不是睡，就是大動或小動，——或者吃。他在哭、笑、默、吃、睡、尿、屙中輪迴扮演。這個卓越的雕刻家，把深刻的悲劇與喜劇、沈睡與醒覺、美與醜，雕刻得如此迅速，分明，呈顯它們的連繫與分裂，分裂與再結合。於天眞的節奏中，他似浮雕出一種不斷進展的反應。特別是，他笑與哭，那不是聲音，是一種物體，有陽有陰。這會兒給你陽，下一刻給你陰，不，一陣子是靈魂陽面，一陣子是靈魂陰面。他笑夠了，就哭，哭夠了，就笑，再不就是沈默。他沒有文字語言，他唯一的語言，就是這個陽和陰，以及沈默。他接受世界了，就笑；拒絕了，就哭；哭得無結果了，便默。他說話，不是用嘴與舌，而是用整個臉：全部眼睛、眉毛、鼻子、嘴唇和面頰，表現他的神秘語言。

在他身上，生命以鮮明的節奏進行。那是生物進化史的一幅縮影重演，從爬蟲動物到爪哇原人的史劇。今天，他躺著，被這個女人抱著，下個月，他可能坐在搖車中了，明年，他能在地上爬了，漸漸的，他能扶著母親站起來了。接著是眞正的直立──獨立了，（那是生物進化史上直立猿的一幕）他能喊「姆媽」了，終於他能走路了。這一切，他本能扮演著，開展著。這個小小肉體，存在一切不可知數，那偉大的、危險的或渺小的、無量數的「未來」，藏在他身體，像許多蠟燭隱在黑暗，今天亮一支，明日亮一支，無休止亮下去，直至閃亮那最光明的一支，他的眞正醒覺了的思想火炬。這個簡單的立方形體上，埋伏著無窮的複雜變化，海浪波濤。每一個變化，緩緩的、花朵樣的開放，一朵花疊一朵花，一個變化套一個變化。他比一朵蘭花、一棵萆蔴樹、一尾魚，更深刻的變化著。他由生命走入生命，從無窮流入無窮。永遠是更深更深的生命化。這是他，是一切生命光華的起源，也是一切地球統治者的原始狀態。

微妙的是他的肉體，一個圓滾滾的肉球，卻充滿那麼多的肉。這些肥肥嫩嫩的肉，在午後陽光中，是如此不像肉的熠耀著。每一個看見他的人，都忍不住想捏他一把，摸他一下，像摸一尾剛從海底釣上來的奇異夜明魚。但這不是魚，也不像肉體，倒似一片透明空氣團，彷彿只要輕輕一彈，一觸，都會戳破。不，只要微微吹一口氣，它似乎就要裂開。我不敢把他抱在胸前，怕抱破他。然而，此刻，我實在無法忍受了，我必須把他抱在懷裡。輕輕的，我從鄰居張太太手中抱過來，溫柔的放入臂彎裡。啊！多光鮮潔美的肌肉，滑極了，嫩極了，這是一些在做夢的肉，它正沈醉於原始星雲生命的光輝，在做夢。當我用手掌將它貼住自己胸膛時，不禁渾身抖顫了，多甜蜜的擁抱！多芳香的呼吸！這不是形體，是光明！

不，我正抱著一個大月亮，一個不是夢的夢。我是抱著生命的起點。

客廳的樹

她？

她。

不是一形、一影、深深投我視網膜。我不想看，只「掠」。比蜻蜓透明翅點水更輕、疾。心底裡，卻像掠一株老槲樹。若看，我怕受樹傳染，有一種在原空間釘死感，剎那化樹。

確實，她是這「株」客廳一棵老樹，槲或橡。我說客廳是「這株」，大約因爲、她樹意盎然，太濃，深染客廳，後者這才「一株」了。並不誇張。她是那麼「一株」，根深柢固，植在這裡，是客廳合成體的一個固定體，猶如那一件件衫木黃布罩小沙發、長沙發、杉木矮几、大紅地氈，以及一盆闊葉劍蘭等等。似乎不是客廳固定她，反而是她固定客廳。她像一枚大鐵釘，緊緊釘入這片空間；這一釘，彷彿眞叫客廳更固定了。

說她根深柢固，植在這兒，也涵蓋：她有時消失，不時偶然消失，正似一棵樹黑夜消失，高山樹不時失蹤霧陣、雲海或偶然太濃黑的白晝。

客廳已二十餘歲陽壽，這才愈顯固定。

她的槲樹或鐵釘風格，定義是：只要不出門、不睡、不食，上下午和夜晚，她像上班，幾乎全釘在這間客廳——等同旅館的山中一座招待所的公室。

她釘。

幾年前，自從帶她由巴黎歸國定居的老伴永遠土遁後，她那間兼起居室的大寢室，總隱有什麼生物在驅逐她。

她不得不逃而釘。

客廳生物不會驅逐她。住客聚散無定，不少是輪船乘客的表情、風度，而此所經理夫人，一位俗豔的本地女人，有時也陪她扮演鐵釘。雙方有共同釘語。

那漫長的下午，子午十二點以前的夜，穿著整整齊齊，她釘在客廳，等誰呢？

沒有誰等。沒有誰應該等。沒有誰適合她等。

六十二年生命，她是地球上罕見的幸運者，極少需要、使用、重視「等」的意識。因爲，她丈夫才三十出頭，她未及「而立」，雙雙就踏入永遠富裕而半隱的退休生活了。公公是寧波四大豪門之一，甚至與當時天下第一人沾親，自己出身富戶，自幼而笄而結褵而婚後，任何慾望瞬息化爲現實，她從不需要眞等。有時連她自己也分不清，是活在夢裡夢外。

哪怕那一年，中國歷史上劃出最粗獷的紅線，這之前，像屋坍前老鼠先搬家，他們率先攜帶巨額外國股票、銀行存摺、外匯，和一些貴重珠寶，定居巴黎郊區。這一黑色過程每一細節，他們也不需要焦灼的等什麼。

至少有二十年之久，海峽彼岸萬萬千千生命在等子彈、等鐐銬、等大棒，飢餓、迫害、冷凍，而海峽此岸，則等烽火燒眉毛。

他倆卻在等美國世界博覽會開幕、等洛杉磯奧林匹克運動會、西德奧林匹克大會、羅馬、倫敦的奧林匹克、等巴黎玫瑰雙週展、等瑞士國際滑雪競賽、等瑪麗亞·卡拉斯的歌劇「茶花女」、國際溫布登網球賽、賭城拉斯維加的七彩表演、二十世紀鋼琴之王羅賓斯坦在巴黎的演奏、世界豪華遊輪瑪麗皇后號出售船票、包羅萬象的世界各國燦爛風景、名勝、古蹟……

……

她不斷等視覺美麗吸收，等耳膜卵圓窗柔和震顫，等嗅覺愉快刺激，等味蕾極致饕餮。

諸般等的對象，似佇立窗外，一一聽候她調派。

平生第一次眞正痛苦的等，是獨女快探頭鑽出子宮時，但畢竟是躺在巴黎大醫院的潔白病床上，連手術刀似也放射羅丹雕刻刀的藝術魅力。

第二次眞正痛楚的等，是在臺北榮總醫院加護病房等老伴漸受癌細胞圍攻而永息。不，她是心酸的等癌細胞大發慈悲，放緩圍攻速度。此外，我想，她沒有第三次眞正拔尖的痛苦等待了。

這個星球上，每天，每人眼皮一被太陽光扯開，都是在等。像園圃百花齊放，等有各式風格。等麵包烤好。等公車鈴聲。等異性足音。等黃金美鈔。等博士黑色方帽、等經理聘書。等部長官印。成千成萬的等……

她一生等的風格與衆不同。

現在，她斜倚客廳杉木小沙發靠背，只等兩位客人。上午等太陽拜訪，下午等送這位「紅客」。晚上等星星爬窗，有時等不著。

偶爾，也眞有塵凡客人來訪，那只是沙漠雨點，一季難得有幾滴。

在社交空間，不能怨她只創造沙漠雨滴，所擁有的綽綽剩餘財富，足夠使她畏葸一些社會生命。因爲，那是一扇太複雜的大蜘蛛網。

其實，她是在等最後一個等。但這一自覺是難堪的，它有點像海裡章魚，令人不快的吸盤太多，她必須迫它沈入意識海底。

正因爲對付這條章魚吧！每天她必須有一些密集動作，這就是：中午和菜刀鐵鏟油鍋之類合奏一支室內樂，夜餐則回熱中午已製的菜肴。此外，我不得不暗自代表上帝向她抱歉，她不得不廝守著那幾位老搭檔：那台二十八吋愛德蒙彩色電視機，那隻杉木矮几，那盆劍蘭，那一排舊式玻璃長窗，等等……。有時加上經理夫人。這個女人倒像在北極冰洋度過前世。一丈之外，我就呼吸到一股寒氣。也好，有時，她也許五內鬱結，肝肺燥熱，正需要身畔這個大冰塊鎮一下。當然，那台彩電，得靠她按電鈕，才常冒熱氣。那幾件沙發，也要靠她的親熱，才常散暖意。那一大疊日報，放在矮几上。其中社會新聞版，她是最勤奮的讀者，彷彿只有投入這些白紙黑字中，她才感到自己眞是屬於這個星球，而沒有被什麼「引力」吸到地球以外。

這一切就註定了：她在客廳內的鐵釘角色，且充滿老樹感。

每月約莫一次，她去後山一座墓地。那兒，墳墓像一隻水泥大饅頭，老伴似餡兒，深潛其中。她在墳前放一簇鮮花，徘徊個一小時，大約在思索，墓內瘞葬的那長段時辰，包括月光、玫瑰、香檳酒、咖啡……

也是爲了應付上述那尾章魚吧，我才遷入此招待所，在餐室，她就以異常的目光繚繞我，有點像葡萄藤。從這些藤蔓，我感到鉸鏈、褡絆、鈕釦之類。她的言語相當熱絡。

不數日，職業性的敏感叫我察覺：她正在有禮貌的試探邀請我——扮演一顆鈕子，她好慢慢扣上。說得李逵風格些，她在尋覓上述餡兒的代用品。過度慇懃，特別是一些菜肴餽贈，越來越令我惶恐，我多少有點像在吞嚥一些TNT炸藥。直到有一天，我不得不設法大大沖淡這類TNT性質的奉獻，迂迴曲折的透露底牌：迄今我對外界一直守口如瓶的婚事。

山窮水盡前無路，她卻善能知「盡」，令我感謝。

友誼於是以小慢板節奏維持，兩條平衡線在靜靜延伸。

我倒是欣賞她的巴黎格調。

她的整齊穿著，無論洋式服飾、或中式旗袍，俱落落大方。料子、剪裁多屬巴黎風，款式吻合她的歲數，色調寫意她的心情，年齡足步。比如暗黃、深棕、黑綠、象牙黑。她的鞋子式樣尤其時髦，是巴黎各時代「鞋潮」的結晶。

深山多雨，衣物易霉。是夏季，有一次，她在外面院子裡曬鞋，我幾乎怔住了。那是鞋展。高跟、淺跟、半高跟、平底。春有春鞋，夏有夏鞋，秋鞋、冬鞋、雨鞋、雪鞋、舞鞋、旅鞋、登山鞋。形式光怪陸離。顏色耗盡色譜。我有意數了數，差近九十雙。

她走出來，對我笑了笑：從巴黎回國定居時，我還送了這個數目給女兒和朋友哩！比起馬可仕夫人四千雙鞋展，這是小巫。但在尋常人眼裡，卻是大巫。

有一回，我好奇的問她：以你現在境況，爲何不和女兒同住？

她的嘆息和臉色沈沈，相當複雜。她一定要嫁法國人。我先生是自由派嘛！女兒倒是孝順，不贊成我們回國，我先生故世，左一封右一封信，催我去她家住。可是——

她臉色更沈了。女婿的生活作風，我合不來。才泌完浴，光著個身子，只穿一條短褲衩，竟上桌吃飯。我實在看不慣……

我睜大眼睛，似乎第一次真看清她的臉。

年輕時，她應該是美麗的，五官端正，眸子不算小，身材中等，但時間是一頭專吃「美」的獸。在牠不斷吞噬下，美的版圖遂逐漸蠶食，濃烈脂粉掩飾不住蒼老的深褐臉色，被魚鱗紋包圍的眼神，再加上那副棕色玳瑁闊邊大老花眼鏡，像美神的枷鎖，枷在鼻子上。她終於變成亡國的女王，只剩下優裕生活殘留的餘韻，精緻的習慣，巴黎上等人的禮貌。

可是，她依舊保有相當的自尊，那是寧波人特有的。

縱然如此，我這座本不設防的城市，依舊暗暗設防。這也是爲什麼，漸漸的，偶過客廳，我只「掠」她一瞥，不大敢看，眞有點怕釘牢，受那根鐵釘傳染，心靈沾上些根深感。她應該永遠是客廳生物——一株客廳植物。哪怕當年在巴黎，除了出門「殺死時間」，她肯定常常扮演客廳生物。我之不願勾留客廳，不用說，也有點怕起「月亮感」。這是指太空人大衛當初登月球，面臨哈得梁溝川深一千呎，他差點永遠留在這片荒漠上，浸透永恆寂寞。我現在多少也是。

我不屬於她這類生物，天天在等最後一個等。我還有我的十丈紅塵。

我承認，紅塵並不像我們欣賞的太空那樣美。但各大政治集團和社會勢力卻似太空各大星球，由一種社會萬有引力互吸、互存，暫保平衡。然而，有異宇宙規律，社會太空的各大政治。社會星球，其中一、二，偶爾會脫離萬有引力，兀自墮落，煙消雲散，茫茫一片。這就造成社會恐怖。此外，也還有其他各式各樣的社會恐怖……。

而我，正似我的同類，一些單棲生物（絕非雙棲、三棲、四棲生物），也許正在這類恐怖中泅泳；而比起海峽對岸那種分秒必爭的恐怖，可說已輕鬆多了。

正因爲這些，有時我倒歆羨她這種客廳生物。她似乎不隸屬社會萬有引力軌道。

形成社會恐怖的另一些核心因素，其中之一，是堆積的時間；它對社會生命是一大誘惑，對她卻不是。她不稀罕它。對她，刹那即希望。人類中的多數、若全像她這種模式，可能將是一個變態的不斷退化的地球。因爲，她太久太強烈的在扮飾生命的負數——社會的負數。而她這類負數，卻內含可能是無限的極怪誕的延伸的不可知性，像大、小，代數上的X、Y。而這種X、Y，卻隱涵人類的毀滅。

她個人渺小，她這種風格潛伏的毀滅性卻不渺小。

就在這個寶島上，有不少看來和她性格極相反的人——那些極可怕的人，若眞正尋求社會倫理詮釋的答案時，根基上卻和她具有共同的「公約數」。

我不該再兜形而上的圈子了。還是對她存一點人性的溫情吧！她畢竟不過在靜待生命最後一個逗點。爲了把「待」裝潢得瑰麗點，她遂扮演客廳生命——一株老樹——一枚鐵釘。

一年後，由於招待所一次大變化，她必須搬出，我卻留下了。又五月，我遷至山下自己新宅，她也離開山上另一家旅社，在士林區租了一套樓下房舍。我禮貌性的訪問她兩次，無論是在山上旅社那個小套房，或山下較寬敞的寓所，我發現，她依舊是一名客廳生物。不同是，她的老搭檔換了。不是後者形與質換了，是它們——電視機、沙發、矮几……的山廠名字換了。

大部分時間，她永遠靜靜的、靜靜的、坐在客廳沙發上。靜待時辰沙漏計的最後一粒沙子。

柿子

「哈囉！」

「哈囉！你是誰？」洋文。

「中斷了三十六年的聲音。」中文。

「啊——哈！好極了！龐先生昨天來電話，說你願意住在這裡。好極了！」中文。

這一尊八十老翁，兩秒鐘內，居然就辨出一朵遺失了三十六年的聲音，這一霎，我眞是地球上最富有色彩的人物之一。

龐遺失我四十年，前天和老妻驅車二小時，從馬里蘭趕來華府，聽我一場鼓舌。（註一）名字多美：鴿子路！西班牙那首不朽名歌、每一瓣音籟，全化爲此路每一釐空間。可尋覓這片芬芳空間，過程並不美。

想不到洛杉磯市街那樣長，直似中國大陸公路。一「瀉」就一百幾十里！我們「瀉」了二小時，眞如江河直下，入夜，才算找到鴿子。左尋右覓，我竭力搜索照片記憶裡那幢米黃色平房，像警察搜捕逃犯。（聽說此市防地震，住宅不少平屋。）

「你看看，屋子外面，如果有一個老頭子走來走去，那就對了。」我提示司機黃秘書。

「啊，那邊草地上可不有個老頭子？」才下車，聲音就迎迓我，正是遺失了三十六年的。

一個緊緊擁抱，貼臉。我不相信任何電影能拍出這種高潮。

「三十六年了！我終於看見你了！」我緊捏他寬大脊背。

「啊！三十六年，我也看見你了。」

「我們都是老頭子了。老頭子抱老頭子。」

「他老了，你沒有。」他太太和我擁抱。

也許如此，也許不。可是，如此茫茫黑夜，又在異國我直覺是一個「盡頭」抱另一個「盡頭」。這一「抱」似乎是一種宇宙註釋。自然，這種「老」非常靜，像一兩隻小昆蟲，絕不驚動第三者。

屋外這靜，像影子，尾我入室，靜得很怪，不像地球上的，似地球之外。眞有點矛盾，剛才這一抱其實最具地球香味，竟又像跨出地球以外。在我自己肉體上，我從未看見「自己的時間」，此刻卻在他臉上管窺了。

他正站在壁爐邊，依舊是一副魁梧身軀，頭髮也未全白，臉卻不大對勁，精確點說，是一本蒼老槲樹皮和年輕槲樹的對照。年輕時，他棕臉光色總向外射，今夜卻大大收縮，幾乎接近零點。兩眼愀然無光。

他的神情相當蕭索，比他的肉體更使我感到那份地球之外。

這就是那位英俊紳士，當年和全菲最美的少女斐麗娅熱戀過的麼？（註二）

我還不想提：他曾是香港國際評論界雙璧之一（另一是喬冠華），歷任財政界高官。自然，對我來說，首先，他是我的「塔裡的女人」命名者，舊版書尾那篇散文，出於他的手筆。

……

雖息交絕游，他和五柳先生不同，抱吻我的視覺是：米色的花紙牆壁，米色厚厚地毯，而我的身子正陷入米色的軟軟沙發，几上是發光的米色大燈罩。米色特有的溫柔浸浴著我的細胞，倒像世界永恆和平業已光臨。

壁懸沈尹默行書橫幅，潘伯鷹條幅，吳稚暉的篆籀，從埃及、芬蘭、加拿大、列寧格勒帶回的紀念品，……

他依舊頗象牙——在啜飲沙漠綠洲上一點色彩。

被風沙「改造」得最透徹的女主人。四十年代在重慶，這位身材修長的美人，是一朵深谷幽蘭，一塵不染，而今典賣給州政府，整日與各路人馬混戰，背都駝了。

她的右手不時抖顫，據說一寫字，反而不抖了。

「你還能工作幾年麼？」我懷疑。

「再老，不能做事，就吃房子。等房子吃完，我們也該回去了。」

「不，有女兒？」

「這是美國，不吃人，吃自己。」

話怪淒涼，也挺鋒利，像劍，一下子就刺破我剛才深浸的地球之外的靜。哪怕下一小時要走出地球，這一小時，你仍得要喝水，拍蚊子、蒼蠅。

「你還記得，一九四九年一月，最後一次我在上海看你們？」我必須轉話題，儘快鎗斃家事。「眼看快要兵臨城下了，你卻娓娓瑣談，細細描畫：樓下那兩株長春籐，怎樣慢慢的、悄悄的，爬上你的窗沿，……」

「哦，我窗外那一大片草地，……」他茫然說，彷彿接觸一種沒有實體的符號。那是全上海私邸最著名的草地之一。

音訊阻斷三十載，一九七八年起，忽然心血來潮，竟想和他們偶然通信。七九年春，我從杭州發信：「我還保留最後一個幻想，希望……有一天，也許能在你那小客廳裡喝一杯咖啡，共敘我們在南泉舟中打西瓜皮仗的往事，……」

人間一萬種幻想難成全其一，……

我非常舒服的，把臀部深深埋入沙發軟體，似在傾聽那微妙的幻想之雨，一滴滴的，化爲泥土，以及四周的燈光。

「今夜你不必喝咖啡，我請你喝龍井。這是你在大陸時，從香港轉來的。它走了一萬里。

是我的珍品。我從不輕易款客。」

我瞅著他手裡的彩色洋鐵茶葉罐，打開蓋子，內層是梅家塢炒的龍井。天可憐見，葉色全快變成骨董了，他卻藏著等我。

我又望望他那無光的瞳眸。我暫時閉上眼。

翌日盪狄斯耐樂園，事先不聽友人勸告，我倆居然玩「太空漫遊」。進入飛車後，才知上當。雖未被駭得死去活來，卻也魂飛九霄雲外。巔峰式的驚險，爲生平僅見，直轉得頭昏腦脹。恐怖的大震盪，人彷彿變成一塊鐵餅，隨時會被奧林匹克大會鐵餅冠軍猛擲到兩旁黑暗大岩壁上。我們又幾乎像飛行員表演翻觔斗。幸虧只有三分鐘，再表演下去，我非腦溢血不可。

他卻若無其事。他太太可從不敢問津。

我內人犢生不畏虎，卻大呼過癮。

狄斯耐樂園是人類幻想的傑作。我們最喜歡「海盜船」，一入其境，我們全變爲海盜的視覺、聽覺、觸覺、嗅覺、知覺。

其次是「鬼屋」。他只欣賞地下客廳鬼舞，我倒認爲，時顯時滅的幾位鬼精靈也妙。

夫婦倆我們玩了一整天，傍晚仍昂然傲迎刺骨寒風。七八年他第一封信說：「現在我每天都在死一點點。」我可不覺得。

於是我們又淴浴於室內米色氣氛與燈光中，像水母，並未遇敵，卻把自己膨脹得大大的——一個大球。

談了一整天，仍沒完。嘉陵江頭的落日，重慶生生花園的青石茶座，小豌豆排骨湯，……每一粒記憶全是珍珠，我們似乘一葉扁舟，順三峽而下，而渾身披掛著璀璨的珍珠。

忽然，他的聲音低黯了，帶點沈痛。

「怎麼一回事？爲什麼對老頭子那樣殘忍，一根一根的，把他們全部長鬍子拔掉？廣東鄉親告訴我太太的。」臉色有點氣憤。「而且要他們一口一口吃糞便，而且逼他們站在屋簷下，淋一夜大雨小雨，直到昏倒在地上。」

「紅衛兵是人類的恥辱，卻是毛大王的傑作。現在大陸教科書依舊對毛大王唱讚美歌，而現在居然有些美國學者認同那個政權，你倒說說是怎麼一回事？」

不用說，這兩個「？」如石沈大海。

還是談身邊瑣事爲妙。

終於話及他的獨女，前天去華府了。她信上形容她的宅子：「上千的鳥，上萬的昆蟲害蟲，大家濟濟一堂。」

我們陪他去女兒那裡，他得守門。據說這裡和台北、大陸一樣，不速客會給你來一個全部大搬場。我發現客廳內霸佔了一張長方白木檯子，像乒乓球台，我還以爲她愛玩乒乓呢，後來才知是飯桌兼工作台。關於她的婚姻，他說不可能，「你不能叫王安石天天洗澡嘛！」

行前兩天，她出現了，男裝，黑玳瑁大眼鏡，十里外就可呼吸到她的個性。一個多月來，我聽見的華人美語。以她最道地。她有一副白淨的臉，它向我傳譯了一句話：「我有一顆白淨的心。」

陽光燦亮，亮透洛杉磯十二月上午，頗像杭州秋天。我們麕集後園。他太太信上，說得天花亂墜，我幾乎把它想像成西天瑤池御花園了。極目只幾棵樹，桃樹、葡萄、柿樹，雜點花草，前門倒顯得蔥茂些。大約是冬季，木葉盡落，赤條條的，更是蕭瑟。

吃了一驚，一棵光禿禿的日本柿樹枝椏上，竟孤零零掛了一隻紅柿子，碩大無比。

「這是怎麼回事？」

「等你！」

女主人的聲音。

「九月就結柿子了。有四五十個，全吃了。聽說你要來，留這個，等你。」瞄瞄枝頭。

「你在杭州時，我們就盼你來吃柿子了。」

她綿綿語音，配上廣東官話，和枝上柿色一樣感人。

夫君合奏。

「這柿子越結越大，是我們的柿子王。生怕飛鳥比你先吃，天天來看，謝天謝地，等了兩個月，它總算把你們等到了。」

這肺子確實「偉大」，爲平生罕見，眞似市上最大的蘋果。不像大陸柿子朱紅，最淡緋色，原本硬挺，因爲太熟，開始軟化了。它彷彿正在枝頭望我，盼我，見我到了，欣喜之至，臉紅了。

決定舉行「吃柿典禮」。

「儀式」是：太太雙手請柿「下枝」，虔誠的奉獻我，我捧在雙手上，獨照，合照。進屋，切柿，分柿，吃柿子，再三攝影，忙了一陣子，其樂融融。

坐在餐桌邊，咬著紅紅柿肉，眞甜。我不禁想起昇天的媽媽。她生前最愛吃這個，每年秋天，我總給她買一些。她吃得高興時，嘴唇「嘖嘖」發聲，不時嘆氣，像我們讀一篇妙文。於今，她的骨灰盒大約仍寂寞的躺在杭州架子上吧？

我又看看男女主人，他們也咬著柿肉，興頭頭的。我覰覰他們頭上白髮，一陣心酸，……中斷了三十六年的聲音，聚而終須散。

混合著柿子甜味、澀味的六天最後兩分鐘，寫在我們臂膀上。

又一次緊緊擁抱、貼臉。我雙臂施出吃奶力氣。

……。

「老羅，再會！……蘊華，再見！……圓明，再會！……」

在汽車玻璃窗內，我不斷拚命向兩老一小揮手，直到那老槲樹臉、那駝背，形消影失，手指還在晃。

不，沒有失。那隻日本大柿子仍蟠踞心頭，直到此刻綴此文時。

【附註】

註一　一九八三年冬，龐由美國來台北，部分原因是看我。

註二　斐麗姬是一九三〇年左右全菲律賓選出的「皇后」。

靈與肉

五十年代，中共高幹儘管私生活腐化，公開場合，卻大力提倡清教徒作風。一九五八年秋冬，在農村，有一個時期甚至實行夫妻分居，每半個月只許聚會一次。當時我卻寫下此篇，採取和那個時代完全相反的觀點。

在生命中，沒有人能否認那些樂園的夜，無匹的夜。大地在我們身體下面轂旋，月亮和星星如天女散花，萬千光華，紛紛飛墜於我們四周。時間已化爲一片紅火。一輪輪狂熱的太陽，從我們官能海底昇起，熾烈燔燒，簡直要撕裂我們。肉體與肉體蛇樣交纏，白籐樣難解難分。官能的節奏共鳴著地球的旋轉節奏，不斷上昇又下降。那種極度沒頂的快感，幾乎使人渾身一纖毛髮無一線汗孔不舒不貼。一點又一點，這一觸，那一按，再一擦，又一磨，像古代美麗的「王字」（註），一撇，一捺，一鉤，一點，都表現出千種嫵媚，百般輕快、舒適，甜得令人不能忍受。終於是崩雪式的瓦解，以及瓦解後的樂死人的酥麻感，極敏銳，又極尖細的。

這種境界，純粹是官能的時間，野性的呼聲，加上文明的技巧，兩相結合，使歡樂的漩渦越轉越深，直深到不能再深處，那裏，連地獄最核心的一點秘密，也被貫穿了。一切無保留的袒裸，無保留的交給歡樂。這種時辰，宇宙與人類是不存在的，肉體與肉體自己也不存在，存在的只是歡樂的大波浪，一波又一波，一浪又一浪，淹沒了一切感覺。那片奇異的火焰，如此驚心動魄，彷彿顯示出永恆日球胚胎才形成時的姿態，發射出原始的高熱，絢紅，燦爛。而千百個乾坤顚倒再不叫人有海上暈船感。因爲，這是一場大歡樂的暈船，而船上裝滿了太多太多的官能果子，一伸手，就是一串串的，一纍纍的，一球球的，紅紅的，滿滿的，飽飽的。

這是一些永遠叫人難忘的夜。即使有一天，人們躺在墳底，他們也將把這些夜帶到墓窟內。它們是裝飾有限之生的花環之一，最華麗，最不騙人。正是爲了這些夜，生命的嘴唇才開得如此鮮紅，胴體才放展這樣飽滿，蘭髮才流瀉出如此芳香，眸子才閃射這樣一種黑玉的光輝。沒有一個眞愛生命的人，能逃脫這些夜的包圍，能不愛這些夜。孤立起來看，在一切可能批判的事物中，只有它們永不受批判，不受懷疑，永遠在眞理論辯客廳之外。因爲，它們本身，原就是生命眞理主要發祥地之一，也是一切智慧最起點之一。凡不懂得這些夜的人，不能算眞正懂得人類與人性。

話說回來，沒有肉的人生，固然不能算眞人生。但僅僅只有肉的人生，也不能算眞人生。把全部或大部生活基礎建築在肉上面的人，更不能算是眞擁有一種深刻的人生。人生自有其寬廣在。肉只是生命的若干內室中的一室，雖然是深刻而富有誘惑性的一室。

講生命，就得講生命的延長，生活的深化、豐富化，和表現的複雜化、多樣化。這一切中間，最核心點之一是，健全。人類必須有生命的健全，生活的健全，和表現的健全。沒有肉的生活，不算健全。只有肉的生活，也算不得健全。而絕對受肉控制的生活，更不能算眞健全。

肉本身富有極大原始性，與昏迷性。它的過度放任，將影響生命的清醒，平衡，與和諧。而這些卻是生命中最可貴的。

肉的官能狀態，大多是沈醉的，因而也是昏迷的，暈眩的，它常常有背於生命的清醒原則。過度清醒或過度刻意追求清醒，將使人類精神陷於蒼白，貧血，硬化。一種適宜的昏睡，將使乾枯粗糙的理智心靈更精緻，柔和，光鮮。然而，一超過調節性與滋潤性的有效的需要，過度的肉的沉醉，反而使心靈生命現得更粗糙，更狂野，更鄙陋。

肉本身既涵蘊原始成分，也含有文明成分，它有剛性，也有柔性。利用得當，這二者全有益於生命的清醒，平衡，和諧。它野性的一面，可以強化生命；它柔性的一面，可以精緻生命。如利用不得當，它將使人類行爲更獸性，精神更脆弱。

人類歷史精神，一貫的，主要的，是由高超的理性與優美的感情及卓絕的意志三者所結合、領導的。它們構成靈的整體。肉本身是不能參與這種優越領導的，儘管它能相當有力的影響前者。

我們既必須遵守人類文明與文化的歷史法則，就得遵守上述三者相結合相平衡的領導法則。凡違背這一法則的，我們必須堅決排斥。

嚴格說來，靈與肉的理想的平衡、和諧，似乎不大可能。它正如「紅樓夢」所說：「不是東風壓倒了西風，就是西風壓倒了東風。」因爲，總有些時候，二者不可能同時、等量、均衡的控制一個人。在時間上，比重上，二者有先後輕重之別。傾向於其一時，或多或少總要疏遠另一個。

然而，兩者絕對的平衡與和諧雖很少可能，但相對的彼此相安，卻有可能。實際上，即使沒有這種相對的相安，人們也要創造它。因爲，通常人們不能許可二者之一絕對的獨佔人的整個一生。特別是青年人與中年人。例外的是天主教神父等類宗教徒，和極端縱慾的登徒子。這種例子是悲劇性的，其本身就潛伏重重危機，不足爲訓。（目前，神父這種絕對禁慾傳統漸有改變。作者按。）

事實上，靈與肉的相對平衡，決定於人類肉體的健康，精神的尊嚴，和一些其他現實因素。當「肉」達到精力崩潰狀態了，「肉」的進行只有停止；不停止，也要停止。當「靈」達到瀕於瘋狂邊緣，無法再能自我控制時，一個「未婚者」只有打碎「靈」，衝入任一座妓寮黑門。

談論這二者平衡的人不少，眞能拿出一套理想的具體辦法的人，並不多。

很多人對於靈的領域，只從宗教觀點或宗教境界著眼。人們也應該從廣泛的純粹的美的觀點，予靈以新的估價。在肯定靈時，使它更能接近較健全的自然境界，而不致總帶著修道士或女尼們的臉上蒼白色。

從本質上說，純粹「靈」是不存在的，多多少少，它總感染了一點肉的色彩，它總受到「靈」的一些影響。在根源上，這二者息息相通。我們應該把它們看成生命整體的兩個不可分割的部分。當生命割去其中之一時，生命就變成殘廢了，——至少是殘缺不全了。

【附註】

註 「王字」指王羲之、王獻之體的書法，通稱「二王」。

詠紫菊花

六十年代，在大陸閱某友詠紫菊花詩，忽憶某日觀賞此菊，一時興起，乃綴此小文和之。

選斜白陽光角度，近中午光線，和舒的黏貼在紫菊花叢，顯示出花的生態極度富裕。假如是朝陽或落日光，它們接觸了紫色面，罕有凝聚感，且減少了花的美趣。現在，她裸露出一個少婦風姿，微含睡意，襯著強烈輻射，她似漸漸甦醒，施展大自然賦予的化妝術，在薄薄的透明氛圍裡，輕飄若舞，光的搏點不斷閃動。從她，人們彷彿聽見幽渺的泉音。而這，是不是神的細緻雕琢，表現於她每一片葉的邊緣、莖的延伸纖維？她的襯托，竟把映在附近水影中的籬柵姿影烘染成一片蔭碧，又好像初晴的雲的做夢的眸子？

啊！奇異的紫菊花！你和我都是大自然的孿生者，我們的生命同是大自然的一份現象，彼此應該有共同語言，可以交談對宇宙的感受、幻覺、希望。此刻，我眞想用各種線條——最魅美最燦爛的，企圖讓你復活在我畫紙上，完成神當初賦予你的完全形態，如一個活栩栩的人，日夜伴著我，和我共活。可是，你太超越了！我絲毫不能再顯你眞實的靈魂。而面對大自然的無窮神奇奧妙，多少畫家不得不困惑、迷惘，終於擱筆！

還是讓我的眼睛來畫你，更進一層，讓你的眼睛來畫我此時此刻的精靈畫幅吧！

青衣

人以外的動物的動作美，或動感韻律之旖旎，恐無過於魚。毋論白鯨亮翅，魚躍於淵，或儵魚潛泳，其異樣的美，在於雖動實靜。比之鶴展銀翥，鷗戲波上，青鱗弄碧似更近禪境，充分呈現以身體譜詩的曼妙。

此所以莊子惠子遊於濠梁，觀魚而啓發那一場雖寥寥卻震鑠玄機的對話，比笛卡兒「我思故我在」早一千數百年，爲宇宙核心的「我」開了智。

猶憶四十五年前，區區隱居杭州慧心庵，樓上下十餘間琳舍，僅我光棍一條。大約爲了把四周的靜更深化吧！我蓄養著一尾龍睛小金魚，最喜午夜靜聆它的唼喋聲。有時品鑑那點胭脂泅於白色水光，在玻璃缸畔，一坐就是半小時，甚至發願，想綴一短篇，主角是人與魚，描繪主人後來物故，這朵金紅鬱金香仍在圓圓魚缸內遨游，又自在，又寂寞，而它孤獨的唼喋聲，是跡近梵唄的魚籟了。

此後遷西湖畔，卜居三年半，和鱗介來往的機會更多了。總不耐虛擲太長日影垂釣，僅偶坐觀水。沒有麵包屑時，只要投一簇扯碎的柳葉，魚秧子立刻麕聚腳下，煞是諧趣盎然。孤獨者不好學莊子於濠上，唯與自己心靈對語。

日後倒有好伴兒，可不是惠子型，是趙無華小姐。她愛一竿在手，我不得不陪小姐釣魚。我們的對話絕不會學莊惠，讀者可以臆測。

「瞧，你才出現，那尾魚就沉下去了。」

她用纖指戳戳我的肩，「嗯」了一聲，這個「嗯」似蔦蘿，彎彎曲曲的。

最著名的魚景，自推「花港觀魚」及清漣禪寺——亦各玉泉觀魚。

花港位現今西山公園入口處，毗鄰蘇堤。石池裡盡是碩大的猩紅金魚，撒一把碎餅乾或麵包屑，八十條魚一窩蜂撲過來，搶成一團，未必能享受世外桃源靜默觀魚之樂，倒將紅塵庸俗畫軸複展一番，我並不很欣賞。再說，碑石上鐫刻的乾隆那四個字：「花港觀魚」，也令景觀染了在封建威權的勢利氣，我更不愜意。

我愛玉泉觀魚。清漣禪寺饒有古意，浮泛一片深山湮遠舊剎的深深禪情調。那些五彩大金魚，雖嫌笨重點，倒似一艘艘小小彩色木舟，木而且靜。正配得上這古廟的時光倒流的幽秘氣氛。摩挲著一杯碧綠龍井，凴紅欄看水賞魚，眞可以消永日。只可惜今日此寺大翻修，仿開放園林格局，常人潮洶湧，想領略當年那份靜趣，恐不可得了。

我同樣喜看西山公園常設金魚大展。造物之美，總令人興嘆，這個怪誕世界不管裸露多少醜態，讚賞不盡的美。畢竟存在，千變萬化的妙趣，也終究根生柢固。那些光怪陸離的金魚，單是命名就夠意思的。「藍蛋球」、「銀蛋球」、「紅蛋球」、「花蛋球」，一尾尾魚，眞個滿溢蛋意球意。什麼「銀色扯旗花眼」、「鳳尾珍珠金魚」、「玉印頭」、「黑貓」，各現形象、色彩的神通。我頗愛「玉印頭」與「黑貓」，魚頭上竟突出那一方肉印章，而「黑貓」如此遍體墨黑，樣子——特別是韻味，倒像煞一頭貓。

不過，遍我視覺最蔚爲奇觀的，卻是法國電影名片「靜靜的海底」。那是人類首次探索海底所捕捉的美的秘密。對我們生活在密封罐頭內的大陸人說來，這眞是一次靈性盛筵。我記得連續看了兩遍，並帶紙筆現時記錄。

海底這樣瑰豔，動物就是植物，植物即動物，生命多以花的姿態呈現。那一尾尾魚，眞是穿著綺麗彩色旗袍的美人魚，游來游去的。又似觀萬花筒，全是一幅幅彩畫，卻又是千百條眞生命、活生命。那些白色海菊、紅色海葵，都能吃能喝。一些活魚被活活吞下去。

這是一席燦爛魚宴。

以後蘇聯也拍了部「海底的世界」，大約是在海參崴附近錄製的，藝術不及法國片，但我的雙眼仍飽飫不已。

來臺灣後，沉沒於個人理念，而「長安居大不易」，繁重的工作逼我疏遠了魚友，連訪魚和魚交談的興致也淡了。

不料今晨躺在床上，睡眼尚惺忪，忽然一條魚飛來我的豹紋呢毯上空。

「快看！這條魚多美！」妻剛從菜場歸來，像一輛坦克車，興匆匆的，一頭衝入我的寢室。

啊！一尾綠魚！

我急忙摸來眼鏡，戴上細看。

天！出娘胎七十五年來，我倒是第一次看見這樣美的魚——菜魚！

「你這毯子有色彩，電燈罩也有色彩，得把這條魚放在一張白紙上，才透徹看清牠的美。」妻催我起床。

她又加了一句：

「這條魚叫『青衣』，名字也美。」

在廚房白色餐桌上，雪白紙上，我凝神細品「青衣」，直似激賞八大山人真蹟，雖說山人從不畫這類魚。

魚身的底子半咖啡色，半淺灰帶粉紅色，由於大部分雜繁夥綠色斑紋，遂切割成一些短條咖啡色豹紋，而整條魚乍看似是綠色。扁扁頭部最豔麗，呈鮮明耀目的綠色棕色斑紋，若圖案畫。魚鰭翠碧，雜藕粉粗線條。魚兩側顯藍色短翅。尾則藍色棕色紋路相間。淡灰眼極小。魚嘴及鰭的紺綠色最亮麗。

魚長約一尺四寸，最闊處三寸半光景。

這不像魚，花花綠綠倒像鸚鵡。

我算開了一次魚類眼界。

捕魚人定名「青衣」，大約取平劇青衣的秀氣，衣妝花綵綺麗，止好狀摹此魚的豔致。若稱「綠衣」，就不順口，也不通俗了。

妻說，這種魚罕見，比常魚價昂。還有一種「黑毛」，渾身墨色，黑得直似我現在所著獵裝黑褲，亦少有，售價也貴，但饒有意趣，下回不妨購一尾試嚐嚐。

她最後兩個字，像颳一陣涼風，我不免有點寒意。

我對「青衣」思索片刻，怏怏離去。

不用說，我這時的心態，不可能是晉人王子猷雪夜小舟訪友的歸途情態了（註）。眞正，這個地球，有多少強猛武器，屬於自我的、或非自我的，在不斷圍攻美？

【附 註】

註 晉人王子猷雪夜乘舟訪戴安道，造門不前而返。人問其故，王曰：「吾本乘興而來，興盡而返，何必見戴？」

卷六 豹籠大師

豹籠大師

西湖老鄰舍林風眠先生昨歲仙逝，我迄未正式綴文紀念。往事如風潮洶湧，一時難以細繪，來日擬寫記憶專卷誌潮，此帖權描其一鱗。

那是一九六八年春，我探親後將離上海。這座東方巴黎早變成火山城市，到處噴射硫磺熔岩流漿，我卻渴望一覰火山麓的林。

明明知道，近年他堅決不覆任何來信，拒絕任何來客，哪怕你撳門鈴一晝夜，他也不會開門。去冬數度過南昌路五十三號，我凝睇那熟稔的小小絳紅後門好幾秒鐘，終愴然離去。他的心靈傷口必須休息。他必須暫扮千年孤龜。

這次再忍不住，便以敢死隊的決心輕輕按鈴，想試試運氣，不料紅門呀然洞開。他的臉色卻變了，似在埋怨我。到底是西湖老鄰居吧，躊躇一下，他還是陪我登樓。

甫進畫室，他整個人更失常態了。彷彿有點後悔接待我。相交二十四年，從未見他裸顯過這樣一副衝動性的臉色，那棕色雙頰簡直是熱騰騰的，略帶怒意。我盡可說，此刻他像一隻剛關入鐵柙的野獸。不，他就是大詩人里爾克名作裡那頭「豹」，囚於豹籠，四周晃動「千條欄杆」。他坐立不安。我坐下後，他就未好好坐過，忽而到陽台整理盆花，忽而收拾桌上什物，忽而怔視空空書架，忽而向我使眼色，強我說話注意，忽而用手指指隔壁客廳，暗示有人，忽而一隻手指貼貼嘴唇，禁止我出聲。他一支菸接一支菸，菸不離唇。我這才想起，比起里爾克那隻豹籠的巴黎管理員，這位豹籠中的大師的管理人既多，風格又恐怖百倍。

我不禁沉痛回憶，這位獸籠中的東方米開朗基羅，前年秋季，一夜毀滅一千多幅畫（其中有許多不可能復活的傑作），多半投煤爐餵火，少數撕碎，擲入抽水馬桶，再沖進地下水道。據一旁目擊的學生潘後來告訴我：那一夜，他的表情千變萬化，似哭又像笑，若拍電影，可獲十個奧斯卡金像獎。他對潘苦笑：「我總算畫過了。」這使我想起瘋人院的尼采，某次他看見書，對妹妹說：「我也寫過書啊！」

今天上午他的野獸表演，是這個「偉大」時代專對我開一次極精采的活生生的個展。

客廳女傭打掃完畢，走了。彷彿敵人撤退，他這個被包圍的將軍才算透了口氣，面色迅速稍稍恢復往日安詳。

「她是監視我的。我已受管制，每天要向幹部匯報情況。」

「她不是你多年老女傭麼？」

「嘿！這個時候，連親兒女都不認親父母，還說什麼老傭人？」

看樣子，他似乎要揍我一拳。

我談起潘已被捕，他頓時氣憤：「死要出鋒頭！這是什麼時候！他死不聽話！Bookee（註二）！你千萬千萬當心。我們全是籠中鳥嘛！」

送我下樓，他一再叮嚀我小心，彷彿我隨時會上斷頭台。

其實我們兩人都比鼴鼠「小心」，但這年夏季，我仍被綁票，作杭州監獄寓公，次年他進上海南市拘留所，在牢裡畫了四年毛巾畫，專爲出口中東阿拉伯國家。

【附註】

註一　Bookee是林公對我暱稱。

附錄

豹——巴黎動物園　　**里爾克作**

他的目光穿透鐵欄
變得如此倦態，甚麼也看不見。
好像面前有一千根鐵欄，

鐵欄後的世界是空空一片。
他的闊步作出柔順的動作，
繞著再也不能小的圈子旋轉；
猶如圍著核心的力之舞蹈，
一個強項的意志昏暈地屹立中央。
眼瞳的簾幕偶爾，
無聲地開啓——那時一幅形象映入，
透過四肢緊張不動的筋肉——
在內心深處寂滅。

焚畫

數月前發表某短文，有二三句，提及當代國畫改革派大師林風眠，一夜間燒燬一千數百幅畫，唯語焉不詳。幾位好友認爲這是一頁重要史料，希望我詳寫經過。但我目前尙無充裕時間，只能暫綴此一文，詳細情形等來日撰林風眠回憶錄時再彌補了。我始終認爲：文革期間，當代美術界最大損失，一是林風眠焚畫，一是書法大師沈尹默親手銷毀畢生書法精品近百件。這些精品只有當年沈老親自讓我一飽眼福的手撫宋代蘇黃米蔡四大師之作，其摩蘇黃，尤稱絕唱，惜均變成一堆爛紙漿矣。大師自毀數十年心血精品，天下寧有比此更痛心的日頁否？偶見今日臺灣文化界人物紛紛向對岸採取朝覲姿態，全忘當日紅色政權毀滅中國文化之滔天罪惡，余實無言矣。

一九六六年秋季，全大陸颳起一陣陣造反風、抄家風，風潮狂捲，勢如排山倒海。上海頓時陷入世界末日的恐怖。

根據後來傳說，上海抄家風，內幕複雜，多少折射兩派鬥爭的尖銳化。拿林風眠說，他本是個好好先生，一貫謙虛內斂，並無任何仇家。但當時以曹荻秋市長爲首的保守派，爲了與造反派競爭「先進」「革命」形象，不惜先下手，組織、發動一批農民，大抄上海所有市政協委員之家。而林恰巧又是委員，雖僅掛名，亂軍之中，不免大遭殺傷了。

正因爲事先聽到這一風聲，林決定採取斷然措施。

九月裏，一夜之間，林親手毀滅一千多幅畫，幅幅都是心血結晶，其中不少還是不可能復活的傑作。僅有的現場旁觀者和參與者，是他的學生潘及其妻子袁。後來潘痛苦的向我追述當夜場景。

巨大的壁爐，火光熚熚。雖是秋季，一些熔化的熾紅木炭，卻使畫室燠熱如初夏。面對牆壁，林直似一個神經病患者，雙手疾速把一幅幅宣紙彩墨畫球成一團，一團團投入爐內，迅即化爲一片火光。一張、十張、一百張、兩百張、四百張，到後來已經數不清是多少幅了。總數大約超過一千幅。

壁爐的火燄雖烈，一時卻吞不下這許多畫。他發瘋似的，將一幀幀畫撕碎，擲入隔壁盥洗室抽水馬桶，再放水猛沖入地下水道，大約有幾百幅。

經林一再求助，潘夫婦不甘心的幫他進行這項毀滅工程。

「林先生！求求你！求求你！這一幅送給我吧！我一定會保護得很好。」潘在一邊苦苦哀求，幾乎要哭了。因爲他知道，老師就要煨火的這一張，是曠世奇作，林將來未必可能複製了。

「不！我一張也不留！」林狠狠的說，雙眼露出兇燄。

「林先生！林先生！我求求你！這一幅送給我吧！我只要這一張！」袁幾乎是跪在地上哀求了。

「不！不！說什麼也不留！」林斬釘截鐵，從袁手裡搶過那張畫，扯成一團，投入爐火。

這一夜，林的表情，千變萬化，一會兒像哭，一會兒像哭，一會發痴，一會兒兇狠，一會兒溫柔。假如現場拍電影紀錄片，單論他的表情，可能會獲十個奧斯卡金像獎。

他雙手抖顫的捧著一幅得意之作，看了又看，忽然狼嗥似的對潘道：

「看準了！這一幅！答應我，將來你一定要再給我畫出來！」

痴痴著迷了一會，又狠狠撕成一團，拋入紅火中。

此時此刻，他不再是藝術大師，而是一個謀殺親生兒女的兇手。這個狠心的母親寧把自己所有子女全部殺光，哪怕是成百上千，一個也不願剩下來。

潘眞想大哭，可欲哭無淚。

袁也想大哭一場，卻只能悄悄流淚。

那壁爐卻在哭了，血紅火光是它的眼淚花朵，是血淚，它哭自己吞沒了這麼多的人類傑作。

據潘說，他本有辦法把這許多畫秘密藏起來，但老師堅決拒絕。「不要害別人！」林是個不折不扣的道德家。

發瘋似的，大忙了通宵，所有作品都變成火與水。

「還不成熟！還不成熟！將來有機會重新來過。」大師終於癱瘓了、疲倦的說。他長長嘆了一口氣，苦笑道：「我也總算畫過了。」

風眠是我前輩，也是我四十七年老友。無論在當時或現在我總想，那時其實只要他多勇敢一點，至少可搶救下數百幅傑作。因爲，那許多充滿現代風格的人物、風景、靜物、花草、抽象畫等等，來抄家的農民又何嘗能懂？只要大膽敷衍一下，並不難應付。最多當場銷毀數十或數百幅，也可打發他們了。說到究竟，這些畫並無明顯反共標誌。

再說，若他接受潘的建議，暫時藏畫其他人家，說不定也可逃過一劫。

在國畫革命戰中，他是一個李逵兼孔明。但在實際生活中，他卻是個眞正書生。也許，他靈魂深處所燃燒的特殊敏感化身，這種敏感常令人神經質的懦怯。它完成偉大創作，也促成他面對生活現實時的懦弱。他藝術上的喜劇原動力，卻是他生活悲劇的製作者。

在這方面我和他截然不同。所以在文革期間保存了無名書一百八十萬字原稿，使我畢生心血之作毫髮未傷。

附錄

閱讀是尋寶是探勝

（大陸作家）衛建民

我雖至今尚未跨入「有錢人」的行列，但在買書這項開支上永遠是「賬上有錢」。司馬光談他愛惜書的理由：「豎賈藏貨貝，儒家惟此耳。」這也是我不惜金錢買書的理由。有的人，天資高，興趣廣；我呢？只有這樣一種興趣，幹嗎自己讓自己受委屈？

七月份，我買到六卷無名氏文集，成了今年的消夏讀物。說到無名氏，我有一件「得意」的事：去年，有一套散文賞析類的書在策劃中，朋友請我推荐一篇作品，我便從一本臺灣出的散文選中，抽出一篇署名「無名氏」的《豹籠大師》，但「無名氏」何許人？我一無所知。書出來後，發現有無名氏簡介，才瞭解作者的情況。編書的朋友說，他們是在一本什麼辭典上查到的。

自買到六卷本無名氏文集後，我先讀了他風靡一時的小說《塔裡的女人》、《北極風情畫》，又依次讀散文卷、隨想集，以及長篇《海艷》、《野獸、野獸、野獸》。說實話，《塔裡》、《北極》的故事內容，至今已覺不新鮮；有價值的是他的表現手法。這是眞正的浪漫主義的小說。依次讀他的散文，我感覺到了無名氏的份量；再讀他的長篇，我感到震驚！可以看出，他是從中外歷史、文學、哲學中滾爬出來的人，對音樂、書法等藝術門類有精深的研究，對散文、小說的表現形式作過各種探索。在無名氏那裡，漢文字有了鮮活、閃光的表現。你只要讀讀他的散文《嬰思》，你就能掂出他的份量。

然而，在去年之前，我這樣一位對文學還算熟悉、熱愛的人，竟不知中國還有個無名氏，前幾天，一位同事來借書，我向他推荐無名氏；書還未取出，先滔滔不絕，向他講了一通。他是北大中文系畢業的，在我講之前，對無名氏一無所知。想想文學這碼頭上有那麼多的「著名作家」招搖，而傑出的無名氏長期「無名」，我感到悲哀！——大學中文系不講無名氏，是大學的失職；文學界不給無名氏一席之位，是文學界的恥辱！

——載一九九五年十月七日上海「文匯讀書週報第五〇四期」

倉庫大師

——憶林風眠

前年八月十二日，前輩忘年交林風眠先生，仙逝香江，除於聯副刊出千餘字「豹籠大師」，並在他報發表短文外，我一直未正式綴文紀念這位老友。那卅年，他如何與紅色人物捉迷藏，固守藝術、道德良知、良心，並秘密作畫諷時諷世，我知之甚稔。而他平生際遇慘酷，我所聞亦不少。將來有暇擬撰回憶錄細述。近偶閱四十八年前重慶日記，敘我們初晤甚詳尙饒有意趣，乃加以整理、補充，並插誌其他一二名畫家往事，及風眠先生某些畫評，而成茲篇，聊算我對他一點紀念。一代大師，升天已二載，昔日西湖濱長夜暢敘，笑音宛在耳畔。人生如寄，面對壁上其複製風景遺作，能不黯然？

大佛段訪隱

少年時代，我就聽到有關林風眠的傳奇，這大約因爲：他廿五歲就當國立北平藝專校長，廿八歲又創辦國立杭州藝專。但眞正傳奇內涵，倒往往語焉不詳。直至我變成他的西湖鄰居

（廣義的），常往來後，才獲悉一些內幕。比如，十六歲他偶買彩票竟中頭獎，乍得一千銀元，成暴發戶，族親多想瓜分，他卻斷然決定：利用這筆錢，赴巴黎留學，研習西畫。爾後法屬馬達加斯加的梅縣宗親華僑，見他孺子可教，才慷慨解囊支持，助他完成學業。又比如，他在歐洲結過兩次婚，兩個德國妻子先後夭亡，給他很大打擊。最驚心動魄的，自是下面這件事。幼時母有外遇，爲族人發現，公議舉火燒死她。農場上一片熊熊烈燄，木柴「霍霍」急響，正當衆人要把她推入火中時，林這個幼童忽然急衝過來，大喊：

「你們要燒死她，先燒死我！」

言畢，他要往火中跳。

族人爲他孝行所感，這才饒了那個不幸女人。

林每敘往事，雖未註解，我總覺得，他的記憶簡直是痛苦化身。

不過，這些全是我和他相熟以後的事。

雖然知道他致力國畫改革，但五十七年前，一九三六年，我在南京參觀全國美展，面對他僅有的一幅參展作品「貓頭鷹」，氣韻雖佳，印象卻不深。那時我倒心儀改革名家兼革命家的嶺南派高劍父，朝他那幅「碧柳煙沉」欣賞頗久，而煙雨中的「仰光（白塔）佛跡」，亦令我神往。

眞正比較瞭解、仰慕林風眠，是在抗戰期的西安，透過已故老友趙春翔的介紹。

在春翔寢室白牆上，我發現一幅方形水墨畫，是「暴風雨中的女子」，筆觸新穎，情調有創意，章法在國畫中少見。他告訴我，是師法林風眠。林是他的藝專老師，名家潘天壽則是他習傳統國畫的業師。

他又談起，爲了改革現代國畫，林是怎樣孤獨奮鬥。他在香港看到林的新作，又是怎樣感動，他的一席話很快使我成爲林的景仰者。我雖未識其重要作品，但他那份艱苦搏戰的風格，不免聯想起文藝復興時代的米開朗基羅與近代法國塞尙。先有不平凡的人，終必創造出不平凡的畫，我油然滋生對他的信心。

兩年後，我又回返重慶，探聽到他的住址，決定去拜訪。那是一九四五年十一月七日下午，星期天，日本天皇早已宣布無條件投降，我和海內外數以億計的炎黃子孫一樣，依舊沈浸在本世紀一場最偉大的民族戰爭的勝利喜悅中。

林住重慶南岸大佛段鄉間，聽說是做隱士。

按我這段艱辛旅程來評估，名副其實，他是眞正沒頂在隱逸生活中。

我先渡長江，抵對岸，沿江濱步行，達彈子石，再轉龍門浩，仍緣江走，是一段頗遙遠的路。直到過烏龜石（本名「五桂石」），才能僱一匹白馬。拍馬前進，詣玄壇廟，再下馬徒步，始至大佛段，前後足足費兩小時。路並不好走，有一段是踏石子而行。

若非懷著善男信女朝香心情，或別有特殊原因，一般人（或友人）怕很難跋涉這段「天路歷程」，來造訪他。這也是爲什麼，我在陪都任記者數年，從未見一名記者訪問他。今天我還算是第一個。

我不想以作家名義扣他的門，雖我的兩本長篇小說業已風靡大後方，他未必讀過，而我也不想提我自己的眞正身分。

他既扮演陶潛，大約不太歡迎記者，所以我特地帶了好友龐曾瀛的三幅油畫，向他求教。有關曾瀛，恐怕臺灣文化界少有人知道他的經歷底細，以及他目前成就。我順便簡介一下。

當年他初由臺灣赴美國「開碼頭」，是擺地攤，每畫只售十元、廿元美金。後來每參展必得獎，獲數百次獎狀，聲譽雀起，終受美國大畫商賞識，包下他此後所有畫。近廿餘年，他已成爲在美中國畫家中知名度最高者。從紐約時報以降的許多美國媒體，自著名的「藝術雜誌」以降的許多美國雜誌，全刊載許多名畫評家對他的好評，以致一九八七年編印他畫冊的名出版家T.T.Nieh在「序言」中說：「近廿年來，許許多多評論家已雄辯的讚賞他的才藝，我們覺得再溢美是多餘的。」又說：「我們相信龐的作品會替自己說話，它們將經得起時間考驗。」著名的美術批評家F. Berkman說：「龐的作品證明（英國名作家）R·吉卜齡是錯誤的，他說：『東方是東方，西方是西方，兩方永不會碰頭。』」她說：「龐的水彩結合了中國美術的基本技巧，對大自然的詩意詮釋，以及廿世紀抽象的表現主義的自由揮灑。」

有關衆夥評論家對曾灜的讚譽，我不欲再多引證了。綜括言之，他卜居美國新澤西州時，曾是該州十大水彩畫家的龍頭。他的作品被世界多國美術館所蒐藏。美國六家出版公司印他的複製品，在全美發行。這類印品有的已被裝框掛在各收藏家的客廳。原畫價昂，十年前，即超出百萬臺幣。他的畫極受寵愛，供不應求。他本擬贈我原畫，因海關進口報稅甚高，恐增我負擔，便托人帶我十件複製品。其中一幅畫畫是限印的石印品，他信中特別叮嚀勿送他人，因此幅曾有人開價一萬二千美元求購，他未允。

可以說，沒有一個臺灣中國畫家像他如此在新大陸交好運，受廣泛欣賞，包括張大千在內。

關於大千居士，我想坦率陳詞如下。他誠然對傳統國畫藝術有所改革，我們亦應予肯定，但比起林風眠空前的大破大立，在創造境界上自然遜色。他善仿古畫，幾近亂眞，卻又在歐美以假作眞出售，固可致富，卻頗損清譽。西方人最惡不誠實，不獨美術界爲然。品既降，他在歐美遂不能久居，其畫遂不爲歐美所喜。據說某次他在巴黎開畫展，好不容易請來畢卡索觀賞。畢巡視一週後，突然問他：「你的畫呢？」他說：「這些全是我的畫。」畢說，「不，不，我要看你自己的畫。」他面呈赧色。蓋畢覺得所觀多古人面貌，大千「自我」甚少也。

不過，話再說回來，當年曾灜夫婦爲了參加抗戰，離開北平富裕家庭，遠走西安，卻貧病交迫。既患肺病，亦生計無著。我賞其才、其愛國熱忱，遂獨力爲他舉辦個展。運用我在當地的人脈、影響，替他宣傳銷畫，大有斬獲，他也暫紓困窘。此後他渡海赴臺。我們一別近四十載。直至我投奔自由，他才特地由美國回來相晤，歡聚近月。他在歷史博物館開了一次很成功的畫展。

倉庫大師

我怔住了。並非因爲主人不在，我撲了空，往返近六小時泡湯。而是：傳達室的聲音駭了我。

那門房說，隔室就是林的「公館」。

我原忖度，兩座高等學府的大校長，即使歸隱，也必卜居夠水平的洋房，想不到竟是軍政部一座倉庫。門房兼管該庫，隔壁那個破爛農舍小屋，大約是傳令兵之類的守兵臥室。再不，就是堆物間，只四坪左右大。

兀立在嚴扃的舊木板門外，我眞是說不出的感動。它像巨大磁鐵，比高樓華廈更吸引我。

觀屋如觀人，這一趟倒沒有白行。

從門縫向內張，我一望再望，窺視許久。陋室收拾得極乾淨，一切佈置得整整齊齊。窗前那隻農人用的白木長方桌上，放了一把切菜刀和一塊砧板，以及油瓶。我猜，他讀書作畫時，恐怕還得臨時小搬家。壁上掛的兩件油畫，我曾在重慶美展中見過。那幀東方味的女像相當撼人，另一幅是瓶花，線條、色調也透露古典國畫的意趣，討人歡喜。

門房告訴我，林定居此室已五六年。全部家務自己料理。上小鎮買菜、生爐子、燒飯、洗衣、掃地，甚至連滌浣西服，都躬親動手，毫不假手他人。從彈子石到大佛段，這樣遠的好幾十里路，他也從不坐轎子或滑竿或騎馬，始終徒步。先前他常在家，訪客較多（我猜泰半是他的弟子），今夏起，中宣部專門委員一職，只算兼職，不兼薪，他不得不遠去沙坪縣藝專教書，客人就少了。今天他不在，是去學校了。

我不禁想起孔子曰：「回也居陋巷，一簞食、一瓢飲，人不堪其憂，回也不改其樂。」說說容易，能做的恐百不得一。

昔讀奧國名作家S·刺威格「不能忘懷的經驗」，記他訪問巴黎羅丹。不料主人談不幾句，就發現一座雕像有問題立刻動手修改。一改，就是四小時，完全把旁邊貴客忘記了。改完了，這才忽然發現他，立刻道歉。他說：他倒是感謝羅丹，替他上了永不能忘的一大課。

今日拜訪，絕不能和上述故事相比，但它將是我「不能忘懷的經驗」。我又想起晉王子猷乘舟雪夜訪戴安道，天明始達，卻過門不入，說：「乘興而來，興盡而返。」我這也算是「興盡而返」！

我留下名片。

踏上歸途，邊走，邊緬想林窗前那數本芭蕉……

正轉上大道，迎面忽來一瀟灑中年人，著黑色嗶嘰舊西服，戴黑呢帽，風度不凡，手上拿了一包花生米，一面走，一面吃。他把一顆顆花生米投入嘴裡時，姿態如兒童。

「對，就是他！」恕我不敬，我直像警察抓住強盜。

我遞上名片，提到趙春翔。

「他不是學生，是我的朋友，我們是朋友。」他笑著說。

入室，我展開曾瀛畫。一見那幅「『塔裡的女人』讀後感」，他即露驚訝，連聲道：「畫得很好呀！」接著是另一幅「『塔裡的女人』女主角黎薇」，他更訝然。第三件是「漁夫與魚」，他連疊聲叫好。問我三畫題名與取材，我一一相告。他欣然道：

「哪！這裡的東西很不少，有果根，馬蒂斯，達利，……是超現實派，畫得實在不錯。」

他最喜第二幀，因爲較有力，乾脆，第一幅稍軟一點。

「他極有天才，極有希望，請你告訴他，說我對他很敬佩。」

我對他的藝術造詣表示敬意。

「欣賞您的畫，覺得您在把東西兩種不同的藝術風格結合起來。」

「我是嘗試把西方的東西放到東方裡，再把東方的放一點到西方。有人也想放，在放，卻放不進去。」

「您的線條非常靈感而自然。我想，它們的速度一定很快。是不是多年技巧訓練後，已達爐火純青境界，隨便怎樣畫，線條都很生動？」

「是的，我已畫了二三十年線條，終於熟練了，畫得很快。也只有在這種速度下，技巧才能表現思想。」

他對未來美術的看法是：「將來的畫，一定會有改變。現在我們建築中的光線，都比較暗。但目前德國藝術家已在建議，並開始實踐：未來建築應該大部分用玻璃，好多吸收陽光。建築必影響美術。人的眼睛比過去更明亮時，對繪畫的感覺，會更趨向強烈、單純而原始。」

他談到畢卡索。「中國書法只求線條本身的最高美，並不因爲線條像什麼。因爲線條本身原包含一種神秘美，如一點、一撇、一鉤，……。畢卡索的理論正是如此。他主張畫只求線條本身美感，如方塊、圓形、三角形等等。馬蒂斯較重本能，感情，畢卡索較重理性。」

他說，不少中國畫家，不大歡喜看書，不太注重思想。其實，大畫家應該接受思想家的影響。馬蒂斯就自稱他的畫代表柏格森哲學，專表現人的本能。「柏格森是一個很偉大的人」林曾讀其法文原作，並說他花許多時讀書。他甚至焦灼的問我：「朱光潛的『文藝心理學』那裡有得買？」他極思一讀。我告訴他，是開明版，坊間不難購到。

他自道繪畫經歷。少時鑽研國畫。赴歐洲後，習西畫。歸國初，專作西畫。因爲他帶回十件一丈長的巨幅油畫，當時美術界頗覺他是「不得了的樣子」。然而，「自從我開始把西方的東西放到東方裡面後，人們都說，我的畫越來越不像畫，也越畫越不行了。我自己呢，不管別人怎麼說，依然畫我的老樣子。一個畫家若追隨群衆，實在追不過他們。也有人說，我是表現派，其實，我哪一派都不是，我只是畫自己的畫而已。」

一個畫家被群衆掌聲高舉入雲霄後，一旦又栽到谷底，若要忍受漠視這一恐怖過程，確實需要睿智與鐵志。

論及國畫。他說：「現代國畫，靈魂已經死了，只剩軀殼。畫花草鳥獸，他們從不眞正觀察花草鳥獸。……只有深入觀察自然，我們才能創造眞正藝術。」

我提到司徒喬的重慶畫展。他說：「他到新疆一趟，只抓到新疆的軀殼，沒有抓住新疆靈魂。他的基本功夫差一點。他這類畫，有點像美國畫報雜誌上的一些畫，法國人叫做『救火隊』；意思是『古典畫之騎士』。這些畫學古典派，而把騎士樣子改成今天『救火隊』的樣子，千篇一律是假古典。司徒先生對大自然的態度還欠誠懇。」

我們對魯迅當年大捧司徒喬，全感遺憾。

林對自己作品是無底的謙虛，甚至趙無極好幾次不得不稱羡：林的創作態度比他的作品更偉大。但林對他人作品的要求，也同樣嚴格。比如，他任杭州藝專校長時，拔擢過潘天壽，聘爲教授，在當時國畫家中，潘還算肯用功，有才氣。但林後來和我私下暢談時，說潘從古人只吸收了渣汁，遺棄了精華。豐子愷名滿天下，他與趙無極一齊說：此公僅算畫小學教科書上的插圖。傅雪齋在杭州辦畫展時，他與趙俱有苛評（我倒欣賞其書道）。趙告訴我，曾任僑務委員會委員長高官的陳樹人開畫展，一定要請林捧場，林繞場一週，只評了五字：「顏色還不錯。」

若仔細觀察，今日國內幾位最有成就、享國際盛譽的名畫家，如趙無極、吳冠中、朱德群及已逝的李可染、趙春翔，無不出自他的藝專門下。在上海時，後來他告訴我，李可染其時已飲時譽，大名鼎鼎，特攜畫請老師賜教。林頗難啓齒。一再婉辭，李一再請教，他不得已，只說了一句話：「你膽子還不夠大。」

大佛段倉庫一席話，對我是一場美術盛筵。我的日記只追錄尚留在記憶中的一部分。臨別前，他說明冬擬赴美國開畫展。曾在上海舉辦一次，一百件畫，外國人買了九十多幅，中國人只購一件。他嘆氣。

由於抗戰，他損失了戰前多幅畫，他笑笑。「這一點不可惜。畫家的眞正好畫，應該在四五十歲以後，我還有時間。」

寫到這裡，我的心子不免沉下去。我想起文革期，他以六七高齡燒燬一千多幅精華作品，事後他卻泰然對一個學生道：「燒掉的畫還不夠好，將來我會畫出更好的。」

兩年後，我在杭州，和他過從甚密，每週必與他及趙無極相聚一整日，甚至兩天。有一天，我們坐在玉泉山門口（本地俗稱入口爲「山門口」）他那精緻小洋房的客廳裡，望著裝飾花樹與盆景的花園草地，談起大佛段倉庫初晤往事，他淡棕色的臉膚透出笑意，輕鬆的道：

「當時大官劉健群（後任臺灣時代立法院長）乘汽車來看我，發現我住在倉庫裡，不禁楞住了。他說：『住在這種地方，不是白癡，就是得道之人。林先生，你是得道了』。接著，他又說：『在希臘，有個哲學家德摩頡尼斯，坐在木桶裡，對亞歷山大皇帝吐唾沫：「滾開！不要擋住我的太陽！」』在現代中國，只有你！」

我笑笑，不好對他說眞話。對大官們是沒法說眞話的。……我倒想說：我既不是白癡，也不是得道。我只是一個「人」，一個普普通通的「人」。正是那間破舊陋室，那張白木舊桌子，那些廚刀、砧板、油瓶、洗衣板，叫我眞正變成「人」的。在北平和杭州當了十幾年校長，住洋房！乘私人轎車，身上一點「人」氣幾乎耗光了。你必須眞正生活著，眞能體驗今天中國幾萬萬人的生活，身上才有眞正「人」味。首先是「人」，徹底「人」化了，作品才有眞正生命活力。

他的話絕非浮誇，或說漂亮話。就在樓上畫室裡，夜以繼日，他進行一場與線條、色彩、構圖、自然形象的偉大革命戰爭，數十年如一日，奉行苦頭陀的生活基調。四十年後，這場革命終於勝利了。而今，海內外沒有一個有識者不承認，他已結束國畫舊時代，揭開了現代新國畫的輝煌第一頁。

附錄㈠

小憶林風眠

前年十月，林風眠在歷史博物館開「九十回顧展」，轟動全臺灣。有學者在某大報撰專文推崇林畫，曾引用四十三年前區區評介林畫的幾句話。這幾天，某大報刊某名作家一篇宏文，說：「一九八八年蘇富比（美國藝術公司）的『古琴仕女』以五十萬港幣拍出，爲至今林風眠畫作最高之紀錄。」此文也有兩處引用了我過去說過的話。

大約現已成公論，一九四七年我發表的萬字專文：「林風眠——東方文藝復興的先驅者」（後收入「沉思試驗」），是第一篇預言林「是一個偉大的先驅者。他在中國新國畫革新運動上的影響，將如賽尙納對歐洲現代畫的影響。……由於他的偉大藝術，這個又蒼又白又殘破的東方，才顯出一個文藝復興的明天。」四十七年前我的預言，如今完全兌現了。連牛津大學蘇利文教授也承認：「他眞正是中國現代繪畫的先驅者，他占有獨特的地位已是世界公認的了。」

說到這裏，我不禁想起許多往事。我記憶中的若干資料，是夠寫一冊八九萬字的「林風眠回憶錄」，其中有不少珍貴史料，高度啓示性的藝術經驗，和一顆卓絕靈魂的內核秘密。這些只好留待來日，能抽出時間再執筆了。

自一九四七至一九五〇年，有三四年，在杭州西湖畔作爲鄰舍，我們幾乎每周必聚會一二次，海闊天空，暢敘個半日。以後，他還上海，每年我赴滬幾度，亦餐敘數次，歷十六年之久。八二年我由大陸赴香港，此時他已隱居香江，息交絕游，幾脫離紅塵。但一聽說我出現，竟未忘記我這位老友，迅打電話，請我在醉紅樓午餐，足足暢敘了三個小時。前冬他來臺開畫展，百忙中，還到處找我，請我在麗都飯店早餐，談了一小時。他表示，將來擬悄悄秘密入臺小住，找二三老友長談，我是其中之一。

這是一位極可愛的藝術家，最大特色，是一顆赤子本眞的心。

猶憶當年在滬，一些番邦人士無法把財產帶出赤色中國，便偷偷把財產換成林畫帶出去，迅速銷售，在香港換成港幣。那時，我曾對林開玩笑：「林公，我現在手頭只要有四千人民幣（合美金約一千三百元），三四十年後，就發財了。我會全買下你的畫。」他笑道：「Bookee（是我的名字暱稱），外國人現買我未裱過的畫，要一百塊人民幣（合卅三元美金），你買，我打對折，只要五十塊。」四千元可買下他八十張畫，今天價格至少在三千萬港幣左右。我的眼力自是準確，卻無好運氣罷了。八九年前，香港友人王良福以三萬六千元一幀，購下近百張林畫，如今漲了十幾倍。

不過，一個偉大畫家成功，絕非偶然。我親見林公日夜作畫，每天工作十數小時，三四十年如一日。在上海南昌路五十三號他家中我看到他一方硯台，磨墨數十屆，連核心硯底全快要磨穿了，只剩薄薄一圈，眞應了古人「鐵杵磨成針」之說。這種苦工，當代又有哪一位畫師能躋及？

附錄(二)

中國巴黎畫展——簡記林風眠先生

「中國・巴黎・——早期旅法畫家回顧展」，三月二十六日下午在臺北市立美術館揭幕。這是臺灣美術界一件大事，也是中華民國文化界一宗盛舉。因爲，這些老畫家中，有幾位致力中國藝術改革，不僅關係中國傳統美術的命運，也涉及中國文化發展的前瞻性。早在四十年前，我以「林風眠——東方文藝復興的先驅者」爲題，論述林風眠的藝術風格和美術思想，甚至哲理思惟，就點出了：林風眠的藝術探索與中國文化的新探索息息相關。

參加這次畫展的畫家，有林風眠、徐悲鴻、劉海粟、趙無極、朱德群、常玉、潘玉良等人。此文限於篇幅，無法泛論，只能稍稍專敘林風眠。一則我對他瞭解稍多；二則中國現代水墨改革以他收穫最豐；三則他的人品和風範最値得介紹。

展覽會第一部分，標題「民國初年藝術改革與巴黎」。其實，林風眠畢生俱從事改革。他的改革，在一九四七年（民三十六年）以後才見眞正成效，開始滋生藝術新境界。至於徐悲鴻氏，僅限於把巴黎學院派的寫實技巧移接國畫（比如他以畫馬馳名，即參用寫實派洋畫透視法），未像林風眠廣泛借鑒巴黎浪漫派、印象派、後期印象派、野獸派、立體派，甚至形形色色之現代流派，吸收它們新的技法、結構、觀念、視野，並溶入他的革新國畫中。劉海粟的國畫改革幅度較小。趙無極一直投身油畫，晚年的高度抽象的水墨畫，尚未能受到美術界重視。

林風眠生於一九〇〇年，廣東梅縣農家，祖父是石匠，專造石製墓槨、碑石。十七歲，他留學巴黎，畢業藝術專科學校。二十五歲，應蔡元培之邀，創辦國立北京藝專，可以說是全世界最年輕的國立大專校長。數年後，又開辦國立杭州藝專。海內外知名的中國現代畫家，多出自此校，或在校任教。

林先生是我的前輩，亦我好友。在杭州西湖畔，我們可說做了四年鄰居，後遷上海，每年我們仍有聚會。現在一提起他，說不出的，我心中仍充滿情感，忍不住想說幾句感性話。因爲，正如大家所知道的，我們共同經歷了人類歷史上空前的恐怖時代，全受到無法想像的可怕迫害。而且，從一九四七—一九六〇，他的畫我全部看過。而一九五二—六〇，能獲許窺他美術全豹的，連我總共不過三四人。他一直秘密作畫，正如我始終秘密寫作，他思想上從未受紅色汙染。五十年代，他告訴我，徐悲鴻和齊白石逝世後，周恩來等人一直希望他任「中央美術學院院長」，他拒絕了。別的名畫家千方百計想鑽營此職，他卻視如敝屣。記得五三年我到上海南昌路五十三號看他，他出示許多新作。我笑著問：

「林公，你現在怎麼畫孫悟空大鬧天宮了？」

「Bookee！（此是他對我暱稱）現在不正是妖魔鬼怪大鬧天宮麼？」他笑著說。

他的不少作品含深刻寓意，恐怕只有少數人洞透。比如他的名作之一「李花小鳥」，是那樣綺麗的大自然風光，一隻隻小鳥竟睡著了，似毫無聲息。（牠們閤眼不敢看大陸人間現實，也不敢囀唱。）眞是妙絕。有些人不贊成滲政治入藝術，其實，融化結合得好，只有更加深化藝術內涵。

一九六一—六五年，是他創作黃金期。他告訴我，這個時候，他的視覺很進步，敏銳得能發現一些過去很難透視到的。可惜文革期間，一九六六年九月，在紅衛兵風暴襲擊前夕，一個晚上，他燒了全部傑作，和畢生作品，約一千多幅畫。不顧學生潘其流夫婦哭著哀求，他幾乎一張也不肯留，全投入熊熊壁爐火燄來不及燒的，都揉成一團團，扔進抽水馬桶，再沖入地下水道。

「這些畫都不成熟，將來有機會重新畫。」

這是他對潘氏夫婦的答覆，也是一個偉大藝術家罕見的偉大虔誠、謙虛。

我寫了兩首未發表的長詩：「林風眠焚畫紀」，紀念此事。

一九六七年春夏，我和他最後一次見面，他說，已受嚴密監視。當時他種種表情，我永不能忘。後來我寫了一篇「東方米開朗基羅在獸籠中」，可惜八二年未能帶出大陸。

六九年起，他入獄四年，七七年離開大陸。八三年一月，我們在九龍醉紅樓相見，在場的有他義女洪葉，和他的作品最大收藏家王良福先生。我們擁抱了又擁抱，暢敘了三小時半，談著談著，他竟睡著了。到底是八十三歲老人了。臨別他親筆簽名題贈我「林風眠畫集」。

所以喋喋不休談這些，因爲，一生中，他是我最敬佩的現代中國畫家。他的超脫，深厚的中國傳統倫理色彩，他的誠摯、謙虛以及強烈的人性放射，我極少在中國現代畫家群中發現過。我不能不談這些，這是深入投進他的繪畫藝術的鑰匙之一。

這次展出林風眠二十五幅作品，有二十二件屬王良福先生珍藏。我在香港時，王先生曾邀我到寓所欣賞所蒐八十餘件林畫。由於此文執筆時，林畫尚未運來，我不知所展何幅？只能粗淺的泛談一般。

我個人覺得，在現代國畫革新運動中，林風眠至少已作出下列十一點貢獻：

一、能把歐洲印象派、後期印象派、野獸派，甚至俄國大師夏迦爾及康定斯基等人在色彩上的創造性的藝術溶入國畫，使國畫在色彩上蔚爲新的奇觀，他是第一人，成就也最大。

二、運用中國墨筆同時揉合色彩作畫，雖說宋朝已始作俑，但水墨混合，多種色彩同時運作、突破性的擴大色彩種類。性能效果，而釀成高度藝術魅力的，他也是當代中國第一人。

三、關於色彩層疊法，有人著文提及五十年代陳其寬氏。其實比陳早七八年，一九四六年左右，林就開創此法了。爾後大陸國畫家唐雲，平生雖宗八大，也受林影響，把層疊法用於國畫山水。這可算是林的國畫創新。

四、在美術造型上，無論是仕女、風景、翎毛，或花草、靜物，他的畫面嶄新。當年他一再向我強調：「美術是造型藝術，你總得造出一個新的形式！」可以說，在國畫史上，他的造型是一大突破。比如，他繪暮秋林樹，其象徵性很濃而寫意性極強的形式，不只過去國畫無，西畫也罕見。

五、他的線條，有時如閃光石火，電透箭疾，高頻率速度軔創了極致流利感，因而譜奏新鮮的氣韻。

六、氣韻生動，而又不落傳統窠臼，是他特色之一，這得歸功於他畫面的不同層次的空氣滲透作用，各種光色的複雜配製，眞似交響曲的美妙和聲。

七、他的構圖變化多端，繁的如風景（「村前」），簡的如枝頭獨鳥（「立」），無論繁簡，多饒弦外之音，充溢哲思。

八、我深知他早已悟道（他也向我透露過）。所以他某些畫幅涵有禪味，一片大超脫氣象。

九、他的仕女以東方靜態爲主，卻滲透西方文藝復興「人的發現」後的生命力瀰漫，藝術成就直追敦煌藝術中的女像。

十、他有一些特殊用筆技法。例如他畫叢草，根本不是畫，而是舖開筆毛，在紙面速擦過去，因而取得了超畫的效果。

十一、他和關良最早發現平劇臉譜饒具人物動態神韻，但關良筆墨較拙，不若他敏感生動，靈巧慧黠，繪聲繪影，可謂韻絕（而且他的戲譜寓有對大陸現實的諷刺）。

十二、在國畫改革上，他開風氣之先，且卓然大成。受他影響而又自立門戶的高足李可染、趙春翔等人，在海內外都是現代新國畫的重鎮。

論功力，他也罕見。在大陸時，我親見他日夜作畫不輟，每日工作十幾小時，數十年如一日。現在已屆八十八歲高齡了，仍勤於敬業。在上海他家裡，我看到他一方硯石，硯底只剩極薄一片，幾乎快磨穿了，眞令人感動。

我和風眠香江一別，又是五年。他目前還不是自由身，而香港有關方面也不許可我入境。恐怕今後難重逢了。想到這位偉大藝術家的一生坎坷，眞是百感交集。所幸他的偉大藝術，刻已呈現國人眼前。我相信，他畫面那片迷人的美，酒一樣的足可令人沉醉，會受到許多人喜愛。過去多年，臺灣從未一次出現過這樣多的林畫，我們眞該感謝王良福先生，他給我們一個飽飫機會。

此文匆匆寫成，掛漏不免，改日再細加補充，訂正。

畫價

前此年，荷蘭後期印象派大師梵谷的名畫創造天價。先是其「落日風景」以九百九十萬美元售出，接著其「鳶尾花」標五千多萬美元賣斷，終於一位日本財閥花七千多萬美元購入其「加舍大夫」。我曾在華副寫過一篇文章，談及此事敘述和一位國內名畫家細析的結論，其天價實由於好些原因。這位畫家友人肯定了我的一個論點，就是：梵谷作品所投射的跡近神性的人性，他那種幾乎是瘋狂的博愛與精誠氣勢，恐不是十九、廿兩個世紀其他名畫家所能望其項背的。

不過，梵谷在世數十年，只賣出兩張畫，每幅五十美元，共一百元，還是他一個長輩親戚憐憫他貧困潦倒，才幫了他一個忙。

從梵谷的離奇命運，我不禁想起前輩好友林風眠的際遇。他廿五歲就當了國立北平藝專校長，廿八歲又創辦國立杭州藝專，但他不斷熱中於國畫大革命事業。一九四六年秋在上海開畫展（此時他已四十六歲），我去幫忙宣傳，竟發現沒有一個中國人買他的畫，購者多屬西人，雖說銷路尚不惡。大陸易幟後，他遷居上海，我每次赴滬，他必請我餐敘、暢談，我常發現，他家裡總有洋人。後來他解釋，這些洋人財產不能帶走，只好買他一些末裱的畫，球成一些紙團，一到香港，裝裱後，每幅可售一二千港幣。我問，洋人購畫定價多少？他說，是一百元人民幣一幅，當時合美金約四十元。我當即笑道：

「林公，我現在沒什麼錢，否則，我一定買你一百張畫，廿年後，我一定可以發一筆小財。」

他也笑道：「乃夫兄，你現在如買我的畫，我可以打對折，只收你五十元人民幣。」

林從不送人畫，後來卻贈我一幅風景，還準備餽贈我一幀「仕女」。

這是本世紀五〇年代的事。

一九七八年他定居香港，極具卓識的友好商人王良福兄不斷買他的畫（其畫多一尺餘，長不足二尺平方的方形畫面），每件已售四萬港幣。十年後，他赴東京舉辦畫展，每幀漲至九萬港幣。一九九一年來臺開畫展後，更高漲到廿九萬港幣一幅。次年他逝世，後來美國蘇富比公司辦拍賣，他的一幀仕女高達四十九萬港幣，亦爲人購去。

不用說，王良福兄當初以數萬元買的林畫，多至一百餘幅，皆精品，他當然發了小財。不過，林生活向來淡泊、樸素，從不講享受，再多些錢，他仍喜穿舊衣、舊鞋，飲食與房舍也簡單。他最大享受仍是畫，一幅佳作的完竣，是他最大的喜悅。

當年大陸三位名畫家是劉海粟、徐悲鴻、林風眠。林態度最謙虛，也最用功，故成就爲當代美術界第一人。徐用功，卻不虛心，國畫雖有成，卻少突破。劉則既不謙虛（常自稱「

我大師」「我大師」的），亦不用功，故造詣最次。但他在港臺開畫展時，聽說林、徐畫作甚高，他不服氣，也標出高價碼港幣一百萬元、臺幣一百萬元，卻無人問津。最後，爲了保全他的顏面，大陸當局授意某一商人訂購這高價的一幅，以後又悄悄的還給畫主。

關於林的苦功、逸事太多，他赴港後，滬舍交某弟子住，後者則請我宿數日暢敘。他給我看林的一方硯石，我一看，幾乎駭了一跳，硯底薄薄的，幾乎快磨穿了。弟子說：「這就叫做鐵杵磨成針啊！」

我又想起，劉海粟任上海美專校長時，常賭撲克「沙蟹」，後來連學校裡所有家具全輸掉了，一月後才貸款贖回。上述二事可顯林、劉二人之爲人風格。我想，再負盛名的藝術家，若不虛心發憤求進，單是「坐吃」盛名，遲早總要「山空」的。

我又想起，美國佳士德公司某次在臺拍賣，一幅「龜山圖」標一百七十萬，亦被人買去。但作畫者從未被當代中國美術史料提過，而顧畫名思義，其內涵亦可想而見。後來友人告我，此畫家屬本土籍，購者亦爲本土財主，此筆交易之眞實涵義，不想可知。

想借畫作抬高畫的眞正價値，劉「大師」失敗了，這位畫家是成功了。

可眞的成功了麼？

昇天

六十四年前，我溜出母親子宮，除了呱呱初觸地球那一天，今兒是我全生命最重要、也最精采的一日。

我開始從地獄上昇天堂。

只要走出大陸，哪兒都是天國花園。凡是醒酣紅色經驗達三十三年之久的人，多數全這樣想。

上午九時一刻，登國際列車，揮別廣州。

從杭州先運我行李來穗的學生宋友杭、畢茂全二君送行，另外是本地林希翎。宋與林流了淚，畢的眼睛也潮濕了。我熱烈擁抱他們，與林緊緊握手。同行有青年黃君，林的友人。

十一時二十五分抵深圳，排隊等邊防檢查站驗證放行，鵠候半小時餘，接著通關。

我攜帶四大件兩小件。那巨無霸型的特大號行李捲，重達三十六市斤左右，高約一米，一隻大皮箱塞滿衣服，另二口是大書箱，還有一箱稿件和字幅，兩小件較輕，所幸九龍來了三位年輕朋友接我，是李相傑君、陳君與蔡君。

多年傳染恐懼症。儘管浙江省對臺辦公室一口答應，將行文邊防檢查站與海關，予我照顧，並開了證明信給我，但我仍神經質的恐懼邊防站的刁難，特別是海關，能放心我那一箱紙張嗎？

那半小時多的鵠候眞是煎熬。好容易放行了。命交吉運是：這天出關人特多，海關檢驗室也輕易通過了。

李君他們幫我運四大件過羅湖橋。

印象中，這水泥橋頗可怕，象徵陰陽兩界交割點。但目前已蓋設屋宇，形如浙江龍泉的橋上人家，傳說中的種種悸怖一掃而空。然而，我雙睛仍不斷察看四周。當年戍兵射殺偷越此橋者的鎗聲，橋下水面浮起的擊斃者的屍體，特別是一九六二年難民潮，數萬人衝過羅湖橋，許多血腥故事的記憶猶在撩撥我。

暗自透了口氣。我居然如此輕快的過橋——出鬼門關了。

霎時間——我才抵英國境界，整個人突然變了。有點像齊天大聖孫悟空拔一根猴毛，說變就變。

安那其名人柏克曼繫獄美國二十餘年，釋放那天，他整夜狂奔，跑不動時，就狂走。我現在完全瞭解他的心情。坦白說，如能狂奔，此刻我也想奔個一陣。

一個聲音不斷在心底暗響：

「我自由了！」

確確實實，失去三十三年的人生無價之寶，我終於復得了。登時渾身有點發熱，每一根樹枝狀神經似在膨脹、燃燒。我幾乎想大聲喊：現在我可以高喊「打倒任何人」的口號，而不致被捕了。

我投入移民局出入境室蜂巢，辦入境手續。接待室到處是人，不是蜜蜂！或坐或站，連舉步也不便。室內幾乎每個人都沾點沸騰情緒。港友陳君幸爲我先獲一座，我哪坐得穩？不時入內室打聽消息。足足耗了三小時。怪，我一點也不焦灼，只在回味、享受腦子裡那棵火樹。說我此刻精神上是個火焰人，絕不誇張。我唯一感覺是：幸福！

四時五十分左右，終於踏上羅湖車站。一名記者想捕捉我第一個鏡頭，等不及，就欣賞我行李二小時，寫了一篇〈無名氏的行李〉。

五時十分開車。我只覺自己是一隻神話天鵝，不斷往九重碧霄飛。

六時抵達九龍紅磡車站，這是今天「出大陸記」這齣戲的高潮。二哥少夫及二嫂足足苦等四小時，創平生紀錄。兄弟三十三年才獲一擁抱，又是一項紀錄。我們貼了雙頰，他流淚，二嫂也淚汪汪，我卻微笑，因爲我終於勝利了，多少有點像當年凱撒遠征高盧凱旋羅馬的心情。

一群記者包圍我。鎂光燈不斷閃亮。美聯社派了四名大將來。

香港兩大報：明報、東方日報的記者緊追不捨，隨我們座車追至二哥寓所前。而豪園晚宴時，先後又到兩批記者，一位女記者說：「今天如果得不到你的新聞與談話，老闆會開除我。」我笑著道：「爲了效法我佛悲天憫人精神，努力保持你的飯碗，我們就談幾句吧！」

宴畢，返二哥寓所，才知道這一天，家裡接了一百通左右電話，電話鈴一直響到午夜十二時十五分。我勸二哥不必再接了。

但我們兄弟還是談到兩點。三十三年生離，多少事如長江黃河，洶洶湧來。

超於一切，這時我眞是抵達但丁《神曲》三十三天「最高玫瑰天」，鼻孔每呼吸一次，連空氣也是香的。

（一九八二年十二月二十三日·日記香港）

浮士德時辰

甲　篇

一九八二年十二月二十三日，正午十二時許。

我原來決定：看準腕錶，當我一跨出羅湖橋第一步時（註一），迅記時、分、秒，把這當做我轉世投胎的時辰，而且，不妨模仿耶穌，「爵封」這一日爲區區個人復活節。

眞正，這是平生最驚心動魄的時刻！沒頂於三十三年冥府烈火、刀山的煎熬後，終於衝出分割陰陽兩界的鬼門關了。

可是，這天出關客特別多，我雙手又提著小件行李，旅客後浪推前浪，一熙攘忙亂，就忘記看錶了。

直到快速投入英國移民局入出境事務署，宣告我轉世投胎與復活的空中綸音登時鐘鼓齊鳴，四個大字直似四萬大軍，火疾占領我的意識高地：「我自由了！」我雙目不斷瞪著這小小接待室，它絕不像一個窄隘蜂房，擠滿人蜂，簡直是一片綺麗的寧謐大海，卻伸展無數碧藍色波浪手臂擁抱我，是那樣熱烈，盈溢人性。我幾乎敢肯定，全世界恐怕沒有第二個人，穿越羅湖橋後，會繁殖我此刻複雜的感覺圖卷，渴望瘋狂擁抱每一個人，渴望大吼。但我不能瘋狂。我只能聽任自己渾身發熱，腦部樹枝狀神經系統蛻變爲一株株火樹銀花，靜靜燃燒，而每一朵火都放射幸福。眞怪，辦手續前後足足折騰了三小時，我絲毫不焦躁、不急。眞得移植浮士德的最後聲音：「時辰，停住吧！你太美了！」

這以後，登火車，九龍紅磡車站和哥嫂三十三年一擁抱，記者的流水鎂光閃電，毫華晚宴的綠色蛇羹，……。這天二哥家裡接了一百通左右電話，各方面打來的。

一切又一切，使我彷彿面對創世紀，上帝剛造好這個宇宙，地球，一草一木，一人一犬，一磚一瓦，全是通體發亮，燦爛如太陽，無比新鮮，魔魅，神性，令我不敢碰觸，甚至不敢逼視。

要怎樣形容我這個冥土來客的視覺萬花筒呢？

香港夜商店直是海龍王水晶琉璃世界，照耀得澳大利亞雪梨又大、又白、又亮。那日本巨蘋果又紅又豔，似美人斷頰醉紅。全世界鮮果都在街側開展覽會。而聞所未聞的各式咖啡竟像紛落五彩雨花，淋得我味蕾發癲。走在街上，瀝青道彷彿才在海裡洗過澡，紅塵無塵。精美的地下鐵則是亞洲的驕傲。這些發光的物質投懷送抱，令我目迷五色，如入西天王母瑤池仙境。但眞叫我暫時變成神仙的，卻是霧一般的奇異幻覺，亦幻亦眞，整個乾坤好像濃縮爲我的自我宇宙，我是盤古氏，在開天闢地，一舉手，一投足，都是花花草草。

一句話：三十三年籠中鳥又一次狂熱抱吻無限空間。

無停休的靈魂飈線雷雨絕跡。

乙　篇

一九八三年三月二十二日，夜七時許。

「乃夫先生，現在你已經進入自由中國地區了。」

華航張麟德總經理，特地由臺北趕來啓德機場，參加我這齣「虎窟出逃記」的演出。歷經有驚無險的剛才幾幕，此刻他微笑著迎迓我。

他微笑，大約因爲不需使用他早已準備好的最後秘密武器，就大致幫我解圍了（註二）。我買了去上海的機票，卻邁入華航八〇四班機的候機餐廳。我不安的巡視四周，唯恐黑色不測如榴彈爆炸。

「張總經理，這是英國地區，還不算安全。」我對他說，英國人是不可信賴的。我的危險警惕感異常準確。後來他們告訴我，今夜我若不離港，明日紅老虎就會對我下毒手。

七點五十分左右，飛機在三萬呎高空騰雲駕霧，如莊子的北冥鯤鵬。我舉起鮮橘汁玻璃杯，忍不住激動的對鄰座二哥道：

「來，乾一杯，慶祝一下，現在我是眞正自由了，勝利了。」

霎時間，無數的希望虹環，似在圍繞我旋轉。轉著轉著，漸漸的，彩虹化爲我的視覺、聽覺、觸覺，融入我的髮絲、纖維、肌肉。我不再乘銀翼空中巴士，卻騎著虹霓橫貫宇宙，翺翔星空，又如太空人漫步太虛，自在遨遊星宿海……

至少至少，這幾十分鐘，我是眞正羽化爲神仙了。

這是上帝對我三十三年靈魂堅定的最大酬謝！

又一次我在默誦：「時辰，停住吧！你太美了！」

【附註】

註一　這個決定似屬錯覺。因爲羅湖橋是一條平坦柏油路，由中共與英方各占一半，道中央那條線，被海外惡謚爲「陰陽兩界交割線」。從前我誤認此橋拱形，屬中共轄管，乃有上述決定。

註二　爲防香港檢查關卡不許我出關，張總經理乃設最後一套錦囊妙計，保證我可出關，但這是一個秘密，此處不宜公開。

香港書簡

十二月十九日下午六時四十五分，我從杭州乘英國三叉戟客機飛廣州，來機場送行者達廿四人。這是我生平初次坐飛機，深感科學造福人類之大。這段旅程，古代利用舟車，需數月，火車也要三十小時，飛機僅費一時四十分即到達，約當杭州至嘉興的旅程，眞叫我這個鄉巴佬讚羨不置。而且，飛機遠比火車汽車舒服。八點廿五分，我走出白雲機場，開始進入一個語言陌生的世界，只聽得廣東人舌頭上「咭哩咕嚕」響，卻不解其意。幸得弟子茂全友杭來接我，這才順利抵鐵路分局宿舍。

翌日赴火車站探詢，才知道必須由深圳出境，不能在廣州乘直達車至九龍，而深圳是特區，茂全友杭無特別證明，不能進入。這樣，我那幾件笨重箱籠行李，將害得我寸步難行。不論是進站、上車、下車、出站，赴邊防處受檢，過海關受檢，或是再提它們過橋，再入香港移民局辦理入境，再離局、過英國檢查站，再入羅湖車站，……這一串過程中，我的那些箱子行李對我簡直是一種災難，太可怕了，沒有法，只得和HK友人某君通長途電話，請他轉託李君與趙君來廣州接我，以便應付上述災難。晚上，又與趙君通長途電話，總算接通。他們允派救兵。這樣，我那顆緊張的心才稍稍鬆下來。

廣州是一個可愛的城市，冬天氣候溫暖，中午幾如春秋。街上到處是綠色的榕樹，還有一種開滿紅花的樹，不知其名。在杭州植於盆子內的聖誕紅，這兒卻像一株株灌木似的長著，很美。珠江的流水，蕩漾著金色日光。比起杭州街燈暗淡來，長堤夜景有點輝煌，至少，其燈光亮度超過杭州街道。特別令我驚奇的，是東方賓館，據說是港商建築的，那簡直像神話上海龍王水晶宮，一派富麗堂皇，爲生平僅見。可惜僅此一家。越秀公園結構佈局，頗見匠心，它雅緻的特色，與杭州公園甚異其趣。在人民文化宮欣賞了廖冰兄（廣東美協主席）的漫畫展，內容頗別致。他是我第一部長篇小說『北極風情畫』封面的繪製者，晚間晤談，閒話三十八年前重慶舊事，不勝滄桑之感。二十二日上午，晤花城出版社及「花城」雜誌幾位編輯，他們抱怨我早不給他們電報，以便招待我食宿，陪我遊覽，介紹我與廣東省文藝界見面，並與我的一些讀者會晤。我說，時間實在太緊迫，所以突然襲擊，作你們不速之客，以便不致過分騷擾你們。

二十三日上午九時一刻，我與新認識的黃君登火車，分別時，友杭流了淚，茂全也傷感，我安慰他們。車誤點十分鐘，十一點二十五分才抵深圳。剛下車，HK李君偕兩個香港大學畢業的青年來接我，一姓陳，一姓蔡。這樣，我如虎添翼，區區幾件行李，何足道哉！在邊防站排隊等檢驗出境證，約半小時，檢驗畢，始一一呼名，放出去。我通過鐵柵欄，入海關檢驗室，一切特別順利，因爲我有浙江省某工作小組辦公室的證明信。於是，一走過羅湖橋，就算是進入英國境。想不到在移民局竟耽擱了三小時，窄小的通道上，擠了近百人，如悶於沙丁魚罐頭，眞是吃不消。陳君陪我，並作翻譯，其他三人則帶行李至羅湖車站。據陳君說，英國警察局還想找我作特別談話。由於移民局手續拖得太久，一辦完，我與陳立刻悄悄遁去，不理會警察局了。

在車站上，趙君也來了，算是有五個人陪我上車。明報蔡兄等待近三小時，見我未出現，急於上班，走了。五時開車，六時廿分抵九龍紅磡車站。我的二哥卜少夫與二嫂徐品玉，已在車站上等了四小時。我們熱烈的擁抱著，二哥流了點眼淚。我們貼了左臉，又貼右臉。一群新聞記者不知從那裏得到消息，紛紛集聚車站，一片片鎂光燈不斷閃亮著。他們包圍了我。我連連表示抱歉，說實在很疲倦，不想說什麼，改日再談。但他（她）們仍緊追不捨，有二位一直跟著，直到餐館，我只得說了幾句話，簽了名。在餐館內，先後又遇到了兩批記者，有一位女記者竟說：「今天如果得不到你的新聞與談話，老闆會開除我。」我笑著說：「爲了效法我佛悲天憫人精神，努力保持你的飯碗，我們就談幾句吧！」

人們幾乎把我當作明星，眞受不了。明天決躲兩天，住入一個風景區，好好休息兩天。然而……暫談至此爲止。祝好！

卜寧　八二年十二月廿四日

又及。想不到做了三十三年隱士，現在我竟成了新聞人物。從十二月二十三日上午七時起，我二哥家裏電話就不停響，害得二嫂接了半天電話。下午二時，他們到紅磡車站接我，電話鈴仍不斷響。女工人乾脆用粵語同答：「唔知道」（我不知道）。吃完晚飯（這頓晚飯，二哥與一位友人招待我，花了港幣一千五百元，合人民幣四五〇元，同席僅十二人），九時半歸來，電話鈴又不停響，直響到午夜十二時十五分，前後達一百次左右。我實在吃不消，想睡了。建議再來電話，不必接了。大家全在問我消息。大多是本市電話，一部分則是ＨＫ以外地區的長途電話（今天上午還接到從美國來的長途電話，對我們弟兄團聚表示祝賀）。另外，本市電話有祝賀的，有邀請吃飯的，有採訪新聞的，有關懷我的，有探詢我今後計劃的，有報告外界對我反應的，有來信向我致敬的，有外地來電報來祝賀的，全是知名之士；妙的是一位知名和尚「悟一」，特由臺北打來賀電。從十二月十九日起，臺灣日銷一百萬份的二大報（中國時報與聯合報）就很突出的刊我各式文章、詩、雜感、訪問記、舊詩、字幅、照片等等。二十三日聯合報搶先在新聞版以頭條詳細刊我將來ＨＫ消息，配以文章，這樣臺北各報全大大熱鬧起來。（注）

【附　註】

註　兩大報副刊整版介紹我達一週之久。

鯤鵬第一踏

——那魔幻的一夜

濃情蜜意的感性畫卷且不算，區區平生曾神仙過三次，此即所謂：徹底沒頂於「浮士德時辰」。頭兩回仙境，已筆走龍蛇素描過，此篇擬縷繪第三幅神仙景致。

話說一九八三年三月二十二日，夜八時左右。

我與法國空中巴士型華航八〇四班機、共舞三萬呎高空。我的意識流已舞蹈化，而我的白熱狀態已感染這架銀機。我們恣意翩韆臺灣海峽星宿海。

正是這股舞蹈瀑流衝擊我，我忍不住與鄰座少夫二哥碰杯——我激動的高擎鮮橘汁玻璃杯，他興奮的舉著咖啡杯，慶祝我完全獲得自由。

這應該是一七九二年法蘭西人狂歌「馬賽曲」的心情。

醒醐、酩酊，如癡如醉，迷離惝恍，你把什麼樣的對酒徒的形容詞擲到我身上，使我如淋暴雨全行。一句話，這時我眞是心花怒放，整個人彷彿溶解了。這種液化心態，叫我變成莊子的北冥鯤鵬，刹那間，「水擊三千里」，「摶扶搖而上者九萬里」。飄飄飄飄於宇宙洪鈞八荒，羽化而登仙。這一軸軸神仙境、又被客艙豪華氛圍渲染得五彩繽紛。我這個大陸土著，過去三十三年，何曾嘗過如此矞麗鮮美的航空禁果？（在大陸，恐怕只有中南海的貴胄們才能如此享受。）晶亮如畫的燈光，貴賓席的絲絨沙發，如花的空中小姐，豐富的飲料、西點，我眞像置身仙窟。四周似湧顯無窮無盡的燦爛燈光、美女，生命甘液、甜點和芬芳的衣香鬢影。

夢耶？眞耶？畢竟是眞！我不禁酕醄在排山倒海的大勝利歡樂中。

三十三載煉獄生死搏鬥後，終於昂然進入靈魂凱旋門。

微閉雙睛，我得意著近十天的種種錦囊妙計。它們助我順遂逃出虎口。我早就準確無誤的判斷（後來的情報也證實了）：今夜我若不迅速離開香港虎口，明天那隻紅老虎就會猛撲過來，我絕無逃脫可能。

像咀嚼橄欖，我回味著妙計之一。中華民國政府相關部門堅持：我的投奔自由的聲明臨行前必須先交香港媒體發表，好向海內外證明，我的抉擇純屬自願，絕未受任何政治壓力脅迫。這一堅持自屬明智，卻苦了我。如果動身前我把「聲明」送交各報，消息立刻傳開，紅老虎必然提前對我下毒手。情急智生，少夫哥頓出一計，決定專挑幾家偏遠報社，坐落僻區的，如北角的明報、星島日報、半山的華僑日報等等，囑好友趙敏夫兄，算準時間，當我們飛機將昇空時刻，火速把幾分內裝「聲明」影印稿的密封信件親送這幾家媒體的中區辦事處，它們位居香港核心，若派人轉信到報社時，我已騰空在三萬呎雲際了。

逃過了香港紅老虎，偏另有數十頭溫柔老虎在桃園機場等著，牠們雖不吃人卻夠纏人的。天可憐見，出大陸前那一個半月，我激情火爆得像一輛噴氣汽車，在參加世界冠軍大賽。入香港後那三月，又受魂魄「五馬分屍」的緊張生活的懲罰，再加上這十日的「投奔自由」工程在「疲勞轟炸」，今晚我哪有充沛的精力、智能，來應付那如狼似虎的「無冕皇帝」群？

少夫和臺灣方面完全體諒我的困難內情。

說時遲，那時快，華航銀鳥才落地、停定，安全人員們迅速前簇後擁，領我由機艙後門悄悄溜走。一輛黑色轎車風馳電掣，穿過停機坪，只有一位女記者眼尖：「無名氏從那邊溜走了！」大夥兒卻一擁往前，團團圍住少夫。

這一齣金蟬脫殼，幫我們順利安抵財神酒店，不進大門，轎車卻直駛地下室，我們由另一座冷僻電梯直昇十四樓。

我好奇的問安全組長吳世昌同志：

「假如記者們的汽車緊釘我們，你怎麼辦？」

「你放心！我們這一輛車有特殊標誌，駛過每一座警哨時，後面任何車輛必須停一分鐘，才能過崗。」

「萬一他們眞有辦法釘梢呢？」

「那我們乾脆開到××××（註一），任何車輛再開不進來。」

行蹤詭秘，此時靈魂卻透明如水晶，我再度心花怒放。

我這隻太空鯤鵬，終於完成眞正人性的空間的第一踏：足蹠親吻我的自由祖國的芬芳大地。

我這名大陸生番，眞被這兩間套房的旖旎風光怔住了。一片雪白，到處纖塵不染。連抽水馬桶都貼上封條。每一隻玻璃杯也套上白色消毒紙罩。這漂白空間的潔淨香馥，那一種逼人的美學純粹，令我這個神州灰男子（仿「灰姑娘」）目瞪口呆。記得二十年前，我們院子裏吃午飯，家家戶戶菜碗裏，全下雪似的，灑著隔壁石粉廠飄來的也像天女灑落金色粉末似的粉末，算是免費供應調味胡椒粉。而這座著名酒店的絢爛華彩的星河狀大吊燈。卻令我目迷五色。我想生命有幸一穿過宇宙兩極，等於轉世投胎。我的大陸視覺、聽覺、觸覺、知覺，在香港本已變形，今夜越發奧伏赫變了（註二）。所謂自由世界，不僅是一串串形而上的靈性象徵，更有萬千形而下的硬體，勢如排山倒海，在實證，遂把人類靈性演化爲光怪陸離，遠超過七色霓虹世界奇觀。

現在，超於一切的，是窗外璀璨的燈火夜。這是一個魔幻夜。從登機翱翔太空後，今夜我一直扮演魔幻人。彷彿手執一盞阿拉丁神燈，能化腐朽萬象爲神奇。而過去三十三年地獄深層黑洞過程，也變成一場魔幻經驗，絕不像眞實世界上其實也沒有多少人，能把漫漫長期的恐怖魔幻突然轉爲幸福魔幻，而且全生命滲透且敏銳感應這一偉大的轉化圖卷。此際大玻璃外面不是夜，實是發光的白畫。這一刻、一分、一秒，我的呼吸正像三個月前初抱香港那一夜，吸入鼻翳的每一立方釐空氣，全是香的、甜的，鼻觸賽似味蕾，也能舐，能咀嚼。地球的旋轉，從未像今夜這樣溫柔過、繾綣過、小夜曲過。我自覺，今夜全身所穿的已不是衣服，而是一部人類歷史的「自由」。住久了，香島的自由誠然美麗，到底玫瑰叢中還夾著殖民地的刺。今夜，我是採擷我的眞正祖國大地的無刺玫瑰了。

一個聲音悄悄在我心底響：「這是我第三次做神仙！」

鯤鵬下凡第一踏也好，奴隸人奧伏赫變爲自由人也好，可也有幾位親友爲我付出「慘重」代價。

從這一夜到此後兩日，有五戶人家因我而抄家。那些野蜂風格的記者群，權扮「捕頭」角色，到處「捉拿」我這名新聞「逃犯」。他們一陣急旋風，颳到舍弟舍侄兩家。又颳到我的出版人之家，少夫「新聞天地」辦事處，以及他的密友劉家。差點像紅衛兵造反派翻箱倒櫃。畢竟是水銀瀉地，大清洗大搜索一番。非抄家而何？

六年後，第一位來臺探親客的一句話，替我精采的註釋了上述一段。她說：「臺灣記者們簡直叫我像淋了一場傾盆大雷雨（未帶傘）。」

尾　聲

我之對自由女神特別感恩，除了我的黑暗靈魂從此已轉世重投胎外，還有一個小小插播

理由：

一位美麗的臺灣姑娘渴望與我二合一。

我不免想起，德國詩聖古稀歌德向一位波蘭少女求婚而被拒。

【附註】

註一 這個××××，是某一個機構，我不好洩密，以免妨礙後人使用這 招。

註二 「奧伏赫變」是黑格爾哲學一個專用名詞，意指一種矛盾的統一，一種特殊變化又瓦解又保留。

我的行李

一九八二年十二月十七日上午，經過一個半月的空前忙碌（註一），我終於結束了離開大陸的所有準備工作。現在，只剩下一件事：綑好行李捲，和三隻箱子兩件大手提包一起，交給兩位小友，由他們先搭火車運到廣州，我打算乘十九日下午六點卅分英國三叉戟，空手至穗。

這件行李捲，用細麻繩綁紮得密密麻麻，高約一米四五，闊約一米二〇，重約三十六市斤，可謂其大無比，其重無比，堪稱「行李之王」，是畢大伯、其女阿芬和我合作，集體勞動的「成果」（註二）。按畢大伯形容，這件行李，哪怕從三萬呎高空摔在地球上，也絕不會拆散。

可是，他好奇的問我道：

「卜先生，我有點不懂，你爲什麼帶舖蓋捲去探親？你到了香港，難道你哥哥嫂嫂不替你準備行李麼？」

「是呀，我也弄不懂。其實，你眞不必帶行李去！你不怕香港人笑話你麼？」阿芬附和著。

他們所提問題，看來簡單，其實不簡單，我很難照實回答。我只得找了個藉口。

「據我所知，我哥哥嫂嫂從來不留客過夜，家裏不會有多餘的舖蓋。」

我這個托詞，可以堵塞這兩位老實人之口，卻難以阻止聰敏人的懷疑。我的「大弟子」（註三）S君得悉我的探親準備後，早就一再反對我「綑行李捲」（註四），態度異常堅決，彷彿我做了什麼大逆不道之事。但我也極堅決的對他道：「你知道，我的人生態度之一是：自力更生！在生活瑣事上，我盡可能不想麻煩至親。我帶行李去，與其說是爲了實用，不如說是爲了貫徹我的生活原則！」

我的語氣義正詞嚴，且一再重複，他力諫無效，也就知難而退了。然而，他和另一弟子B君把大小六件行李先行「押解」到廣州後，第三天，我一出飛機場，他就在接待站發牢騷道：

「卜先生，你這幾件行李，眞要了我半條命。下了火車，把它們搬運到寄存處，我忙得渾身是汗，一件襯衣全溼透了，小B差點摔跤。」

看光景，他又要對我那「行李之王」宣讀討伐性的檄文了，我連忙道：

「上廣九直達車時，我決定花大錢找人搬運，不想再偏勞你們了。」

翌日一打聽，才知持雙程通行證者，必須從深圳出境，不能乘直達車。這可急壞我了。大小六件，由寄存處提到火車上，是第一關；從深圳車站拎到出境處，等候檢查證件，是第二關；再搬運至海關受檢查，是第三關；再帶過橋，至羅湖英國移民局，是第四關；最後，再運到羅湖火車站，是第五關；還不說由紅磡下車是第六關！

想當年關雲長僅「過五關」，我卻要「過六關」！天！

我只得急忙打長途電話給港九親友求救兵。這天是二十日，二哥還在臺北，九龍趙君無回鄉證，李君有證，父親新歿，廿二日「冬至」，卻必須留在家中，廿三日才能幫忙，但他只能到深圳，不能來廣州。（這也就是：冥冥中，命運注定我非接受英國當局二十三日所頒布的雙程通行證新規定不可！）

饒這樣，在穗市勾留三天，不只一次，S君仍對我那位「行李之王」進行突然襲擊，數說它種種不是。恰巧又遇程女同志，她的一位友人將與我同行，願任我的搬運伕，但她卻不肯饒過我的行李捲，不僅把它說得十惡不赦，而且還連帶對我加以人身攻擊。記得某下午，她陪我逛粵秀公園及南方大廈，一路上，足足奚落我一小時，說我這樣的作家居然帶這樣的行李捲上香港，簡直是鄉巴佬進城，會叫人笑掉牙齒。她那段話若予記錄，大約比「打鼓罵曹」戲文還長。然而，我「下定決定」，笑罵由她笑罵，「行李」我自「帶」之！眞是天曉得！她這片笑罵聲居然足足綿延一個月。抵香港一月後，因爲我寄了一封影印信給她，她回信大加聲討，連帶也對我的行李捲事嘲笑了一陣。

我的兄嫂及其他友人，接見這位「行李之王」時，不用說，也有點嚇得目瞪口呆。他（

她）們的好意是：在香港買點行李用品，極是方便，你又何苦花那樣艱鉅的工程，遠遠從杭州運來呢？

聯合報副刊，有一篇「無名氏的行李」，專談此事。好友蔡元培在文章中也說到它。香港記者採訪時，也提起它。

現在，是我應該自畫招供，如實答覆大家疑問的時候了。

英國名作家福斯特曾說過三句石破天驚的話。他說：「我個人認爲，在某種時刻，朋友比國家更重要。」大家——包括區區在內，當然不會首肯他這幾句肺腑之言，雖然很欣賞他的勇敢。

不過，若有人說：「母親和國家一樣重要。」恐怕不少人會私下同意，雖然不願公開承認。

我並不同意此語。然而，在感情上，我卻常常想：世界上最美麗的兩個字是「母親」。任何一個最醜惡的女人，一當她懷中抱著一個嬰兒時，她就是人間美女了。

在一切人類愛中，母愛是最純粹的愛。

然而，這兩個比珍珠寶石更瑰麗的字，母親或母愛，雖被人類歌頌了幾千年，卻有幾十年之久，在一片廣大空間被嘲笑了，甚至被侮辱了，這就是一九四九年以後的中國大陸。那個時候，兒子或女兒鬥爭母親，甚至鬥死去的母親，並不稀奇。在個別地方，甚至從墳墓中挖出棺材，鬥爭地主成份的母屍！

儘管如此，當時許多人仍暗暗熱愛母親，把她放在極崇高的位置上。我也愛我的母親。如果沒有她老人家，那幾十年我不可能享受家庭的溫暖。

現在，我要補充說明。在那些史無前例最黑暗的日子中，除了媽媽，還有另外一些朋友也整天陪伴我，安慰我，他們就是：我的四扇牆壁、我的地板、我的書桌、檯燈、窗子、椅子、書櫥、床舖等等。他們的總名稱是：我的房間。

晚間七八點鐘，媽媽一早就睡了，燈下讀書，或寫作，或臨摹碑帖，只有上面這些朋友廝守著我。特別是七七年三月媽媽昇天後，這些朋友成爲我最甜蜜的親人。每赴友人處作客，深夜歸來，分外感到我的簡陋房間的可愛。我絲毫不覺得，那四扇白色牆壁冷冰冰，相反的，他們彷彿展著笑臉迎迓我。我的藍色螢光燈似藍眼睛，我的棕黃書檯似熱情的胸膛。我的椅子似溫暖的脊背，讓我倚靠著。我的地板似巨大手掌，愛撫的托著我的腳步。超於一切的，是我的棕棚床，只要一躺下，我就像嬰兒被抱在母親懷裏，萬千閑愁一筆勾銷，而我的礱糠（即稻殼子）芯子的枕頭和溫軟的棉被，則代替我的伴侶，柔柔偎貼著我。

我雖是單身漢，卻並不孤獨。我這個房間，住了三十二年，已成爲永恆的精靈，是我不朽的伴友。特別是：那些苦難的歲月，他們全是我的痛苦與災難的見證人！再沒有一個活著的生命，能像他們那樣明白我，瞭解我。儘管他們是沈默的。

八二年六月，叢甦女士由美國來杭州，訪我不遇，我去華僑飯店看她時，她劈頭就問我：

「你住的那個院子，爲什麼那樣破爛？」

由於禮貌，有一句話她未明說，就是：「你那間房子爲什麼那樣糟？」

我當時回答道：

「我住的房間，確實很破舊，但從感情上說，你就是拿凡爾賽宮和我交換，我也未必愉快。」

她問我爲什麼？我把話岔開去了。

我的眞實回答是：先不說上述那些朋友們和我同甘共苦，生死與共，友誼深厚，單就歷史論，世界上再沒有一個空間，能像我那座房間、充滿那麼豐富的記憶，與我休戚相關。我怎忍心爲了物質的豪華，竟拋棄我這些可愛的朋友、又美麗又痛苦的記憶？

去年十二月十九日，爲了另一位更偉大的朋友——自由，我只得揮淚告別他們。我無法把我的房間帶走，卻能把枕頭、褥單和棉被運去。這樣，當我定居大陸以外的某一空間時，我一面享受自由世界的自由幸福，有一天，我仍可頭枕著熟悉的枕頭，躺在老朋友褥單上，偎著舊相識棉被，依然重溫錢家花園舊夢（註五），依然覺得有幾位患難相共的老友伴著我。

世界上有各式各樣的幸福。這也算是一種幸福吧！

【附註】

註　一　去年十二月五日，浙江有關方面通知我，已批准我赴港探親。從第二天起，我足足忙了一個半月。

註　二　畢大伯是我附近鄰居，我在他家搭飯四年半；他爲人極忠厚，是我好友。阿芬是他第四女，這天同來幫我綑行李。

註　三　我並未正式收學生，但S君卻拜我爲語文老師，自稱大弟子。B君則自稱是我二弟子。

註　四　俗云「綑行李捲」是「滾蛋」同義字。

註　五　我住處是五代浙江錢武肅王後人宅第，稱爲「錢家花園」。

從生命深處出來的人

——一個大陸人心目中的經國先生

一九三七年七月，是一個特殊燠熱的夏季，不只是我所住的南京熱，恐怕大陸一千一百萬平方公里，沒有一里不特別熱，所以「特別」，是因爲：七月七日蘆溝橋炮聲雖然暫停了，但那段硫磺硝煙的熱力，卻分外膨脹，散發到每一吋中國大地，折磨著許多中國人的靈魂與肉體。

直到上海虹橋機場鎗響了，這種折磨才化爲一片眞正的精神自由。自一八四〇年鴉片戰爭以來，所有緊緊捆綁著中國人的繩索，從八月十三日那天起，統通解開，扔到歷史垃圾箱裏。

從蘆溝橋的炮聲到虹橋機場鎗聲，這中間卅六天，我們只能等待。我們只得忍受特殊的夏熱，和密雲不雨期的沉悶。

在等待和忍受中，某日閱報，有一篇短文，卻使我如服清涼散，感到高興，而且，它簡直是磁石似的吸引我。它報導經國先生已由俄國回來了，並簡略介紹他旅俄十二年經歷。

我自少年時代即愛讀英雄傳記。對這位富於傳奇色彩的英雄人物，自然感到濃厚興趣。當時我的直覺反應是：他是一個從生命最深處出來的人！這意味著：他是從時代最深處——生活最深處走出來的人！

爲什麼我如此反應？

瑞典國王曾說過幾句很動人的話（自然，當年這些話是動人的，今天未必了。）：「廿歲時，你如果不是無政府主義者或共產黨人，你沒有出息。卅歲時，你如果還是無政府主義者或共產黨人，你也沒有出息。」

本世紀廿年代和卅年代，不少中國青年憑著幻想與熱情，全想祭起馬克思主義這根「魔杖」，點石成金，把憂患人間變成鮮花似的天堂。我因爲仔細看過一些蘇俄黨爭文獻，特別是閱讀了莫斯科大審的若干資料，早在抗戰初期，就對共產主義打了問號。但對某些知識青年來說，莫斯科仍是全世界革命的核心和司令臺，即使是象徵性的。換言之，它當時可算是二十世紀革命大時代的「最深處」，再想想俄國以後那廿年的人民物質生活窮苦，加上黨內鬥爭與濫捕濫殺所造成的精神奇壓，莫斯科也成了人類痛苦生活的「最深處」。關於這些，索忍尼辛的「古拉格群島」說得再清楚沒有了。更何況經國先生獨特的家世，格外增加了他旅蘇時的困境。

經國先生從這樣的生命深處走出來，回歸祖國，他的異常經歷自非常人可比。先不講以後的反共經驗，單就他在蘇俄的那十二年說，他就成爲當時「反共學」的權威之一了。

他在贛南那幾年，與當地老百姓打成一片，樂民之所樂，憂民之所憂，被人民稱做「蔣青天」。

在抗戰陪都重慶中央訓練團，我聽說他穿草鞋，著背心，親自替廚房挑水。他的勤勞樸素風格，連我的幾位左派朋友也表示由衷敬佩。

以後他主持青年軍政治工作，種種措施，使人耳目一新，十足表現了一個革命家的創造精神。

給我印象最深刻的，是他任上海經濟專員時代，那眞是對上海地頑固勢力一場血淋淋的肉搏！

這以後，國內形勢越來越嚴重了，中華民族的苦難也愈益加深了，他緊緊追隨 蔣公，無時無刻不站在大時代血肉最深處，與中共作殊死鬥爭。

一九四九年五月，杭州淪陷，此後，從報章雜誌上，我再不能得到經國先生的消息，只偶爾偷聽自由中國廣播，知道他正埋頭苦幹，爲保衛中華民國最後一片自由土地而奮鬥。

這時，我的想法和十幾年前一樣，他永遠投入生命的最深漩流中，作最勇敢的搏鬥。

鄧小平上臺後，爲了炮轟汪東興等「凡是派」下臺，耍了一套假民主。一九七九年夏季，有一天晚上，我的一個學生來訪，告訴我一件駭人的事。

「卜先生，你知道今天下午柳浪聞鶯公園發生的事麼？一些社會青年和學生演講，要求邀請蔣經國先生回大陸主政。他們把臺灣各種統計數字背得滾瓜爛熟，說大陸各方面要趕上臺灣，起碼得二三十年。……」

我聽了這個消息，既興奮，也擔心。中共那套「引蛇出洞」的假民主，我太清楚了。果然，不到幾個月，汪東興派被轟下臺，假民主也草草收場，那些演講的學生，大半也被捕了。他們和魏京生一樣，是中國最優秀的青年，也是中華民族最富正義感的兒女。

我感到興奮的是：先總統和經國先生在臺灣的偉大政績，終於得到大陸廣大青年的讚賞、景仰。

後來，從內部小報「參考消息」上，我也得到證實。這張小報帶給我兩條消息。其一，臺灣進出口貿易總額已高達三百億美元左右，與大陸不相上下（一九八二年起，更高達四百億元以上，超出大陸）。其二，經國先生每週必赴臺灣鄉間訪問農戶，多年如一日，幾乎風雨無阻。

這兩件事雖二而一。如不是經國先生關心民瘼，親訪農戶，上下打成一片，戮力同心，臺灣農工商業的經濟絕不可能如此發達、繁榮；更不可能在全世界一百幾十個國家中，臺灣會躋於第十七位貿易大國。

時間是無情的。卅二三年如流水消逝了，在軍事、政治、經濟、文化、教育等等建設方面所造成的奇蹟，逼全世界有識者不得不承認：自由中國是第三世界的一個樣板，一面旗幟。中華民國就要脫離不發達國家隊伍，廁身發達國家行列了。中共仍龜步遲遲，甚至停滯不前，在「一窮二白」的泥沼中，作可憐的掙扎。

中共是徹底失敗了。自由中國人民卻勝利了。作爲一個復仇者，自由中國人民算是初步向中共報仇了。贏得這場偉大勝利的人民領導者是先總統　蔣公，是經國先生。也正是這種偉大勝利，鼓勵我去年三月廿二日從香港飛來臺灣，投奔自由，拋棄了我所愛的住了卅年的杭州。

投奔自由前十月，即前年五月中旬，我有一個機會，可以旅行溪口。對我來說，「溪口」這兩個一共才十六劃的字，早就是一種巨大吸引力。它不僅是一個風景點，一位偉人的故鄉，更是大半部民國史的象徵。當我走在大街上時，看著陽光閃爍的剡溪清流，各式各樣的感慨、思緒，眞如暮春落英，繽紛凋落。午飯後，參觀了蔣公「素居」，我盤桓得最久的，卻是經國先生的寓所。那是剡溪濱的一幢小洋房，樓上下兩層各三間，房舍很小，無論是外形或內部陳設，全極簡樸。樓下小院內，右牆角有一塊石碑，上書「以血洗血」四個紅字。上款是「先慈毛太夫人罹難處」，下款「中華民國二十八年十二月四日經國泣書」。相傳日機轟炸溪口蔣宅，毛太夫人遇難。此碑原立於毛太夫人墓前，後來移此。我留連徘徊了一會，又兀立在外面平臺上，眺望溪水，一面望，一面想，民國卅八年春天，宅子主人還在這裏過四十歲生日，前幾年，卻在海峽對岸度七十華誕了。他大約絕不會想到，我這個大陸人今天會如此欣賞此山此水此室，而通過這片空間，我彷彿又回到美好的往日。這恐怕不只是我一個人的感慨，也還是許多大陸人以及到此旅遊者的感想。宅子主人最想不到的是，這幢簡樸樓房還能完整無缺。這倒並不完全基於政治理由，我看，由於它的主人正在海峽對岸創造了宏偉事業，像巴黎艾菲爾鐵塔一樣，高入雲霄，受到全世界人民欣賞，甚至也被中南海大頭目所秘密欣賞。他們爲了不願過分暴露自已非人性的一面，這才對此山此水此室特加維護吧！

我這樣想，回過頭來，旁邊那幢房子，似乎連每一片屋瓦也向我微笑、點首，表示同意我的想法。

溪口之行，是我畢生難忘的經驗之一。

現在，一切正如前年我站在剡溪濱的想法，甚至遠遠超過當時的想法。

回歸自由祖國後，親見各項建設突飛猛晉，人民生活富裕安定，和大陸相比，不啻天堂地獄，益使我感到：先總統　蔣公和經國先生，是眞正爲千百代中華子孫造福。而毛澤東那幫魔王，卻不斷爲中國人民造禍、造災、造難。

特別教我感動的是：近十年中，退出聯合國，　蔣公崩逝，中美斷交，美軍撤退，再加上世界經濟不景氣，和中共強烈和平攻勢，歷經如此重重難關，經國先生以「泰山崩於前面色不變」的大定、大慧、忍天下所不能忍，決天下所不能決。他披荊斬棘，化險爲夷，終於完成十大建設，促使經濟復蘇，提昇國際貿易，推展政治民主，加強實質外交，而一年左右，前後竟有吳榮根、孫天勤、王學成三人駕機起義來歸。一些反共學人、義士、也紛紛投奔自由。政績如此輝煌，無怪乎西方報紙要推選經國先生爲當代廿位著名政治領袖之一了。

再論到精通「反共學」，在全世界，經國先生可算是第一號權威人物。整個自由世界都應該向他學習。

作爲一個從大陸來的人，我的總的想法、大體和四十七年前一樣：經國先生是一個從生命最深處走出來的人。今天，他不僅是大時代最深漩渦與逆流中的泅泳者，更是大勇者和大勝利者。

自由中國眞需要這位大勇者，大陸十億苦難人民眞需要這位獻身者，全世界熱愛自由的人民，更需要這位堅忍不拔的戰士！

天鵝之音

去年十一月一日下午五時，我和內人去看梁實秋先生，愉快閒談了一陣，直到六點一刻才握別。萬想不到，五小時後，先生竟陷入劇烈病痛，再三十三小時，就永遠離開我們。後來向梁夫人求證，我們果然是先生生命中最後兩個客人，他和我那番談話，算是他對外界——這個世界的最後聲音。

我眞是百感交集，乃愴然記錄「天鵝之音」。

五十三年前，我就是「新月」讀者。先生和魯迅的論戰，雙方文章，我幾乎全看了。那是一個複雜的時代。「九一八」後，深慮國亡無日，不少青年都有點「左」，這是一種道德色素，與智慧無關。當時我的心靈不免隨國難日亟著「色」，卻又時受智的反噬，因而有時盪鞦韆。大體上，鞦韆盪到魯方爲多，蘆溝橋炮響之後，才漸漸盪向梁方。

雖然心儀已久，來臺灣後，也和梁先生數度謀面，聚過餐，一時卻未起意敲這位前輩的門。瑣務蝟集，是一原因，更慕古典交游「淡如水」境界。當年蘇門大才子黃山谷與坡公神交，友情篤厚，其實平生見面不過寥寥數次耳。

但敲門終是一種禮貌。而且，應該虛心求教。

我才站在門口，不料先生也出現在門邊。知道我是嚴格守時者？還是巧合？誠意至令人感。

我奉贈「海的懲罰」求教，他接過書，意味深長的道：

「究竟要死亡多少人，才能使你寫這本書呢？」（此篇連載聯副時，他大約早看過了。）

他對大陸苦難者的關懷，眞是溢于言表。

出版「走向各各他」時，決定求序。首日發信，第三天「序」到。謝函忍不住說：古有神行太保戴宗，您這是今之「神行太保」。

很想再訪。又知先生「晚年唯好靜」，不宜多擾，這回叩門，緣于稍早瘂弦先生約餐，是請他們賢伉儷和愚夫婦。此夜敘甚歡，而梁夫人因事未到。後來通電話，她說：

「眞不知道你們來，否則，我一定到。」她早就表示：想見見內人。

也許曉得我沾百分之幾的李逵氣吧，這次，先生第一句話，依舊和上回類似。

「你的精力眞充沛，四十多年如一日，發表這許多文字。」

我把這看作前輩對後學的鼓勵。

正式對話，是從海對岸的黑色音符開始。我告訴他，那晚飯局後數日，瘂弦先生來書，讚「梁實秋先生是文學上反共的先知」。

梁老微笑道：「早在五十多年前，我就讀馬克思了。他批評資本主義某些缺點，我同意，廢除私有財產制，我卻不能接受。我送你一本書看看。」

他去拿了一本新作送我，是前年出版的「雅舍譯叢」。翻到第卅頁，赫然是美國穆爾教授的文章：「資產與法律」。他又翻至篇末。

「這是民國十八年譯的，離現在五十九年了。我覺得此文寫得很好。」

回來翻閱，確實精采，作者一針見血：「資產可以說是文明的根源。」同樣令人欽佩的，是梁老勇氣，那正是紅色思潮席捲整個時代的歲月。

「方勵之那本書我也看了。那些話，我們大家早已說過了，他能在大陸說，勇氣倒令人欽佩。……魏京生不過是個工人，並沒有受什麼高深教育，卻把中共的壞處說得那麼透徹，敢于公開對抗，也眞難得。現在怕大吃苦頭了。」

我補充，魏判十五年，早幾年就被折磨得神經失常。我坐過紅色牢房，其苦絕非外人能想像。

他念念不忘大陸鬥士，我不禁聯想起三十年代，他編「新月」，孤軍作戰。

「這裡出過『新月』合訂本，分平裝和精裝。起初胡適先生不贊成，怕闖禍，後來果然闖禍，若是現在，就不要緊了。三十年代，胡先生寫文章，說孫先生的主義是一種學說，爲什麼不能討論、批評？」接著他把話題引到「新月」大將孫大雨。「孫大雨這個人，你初見，會吃一驚，那麼大個子，又粗、又壯，模樣不大像詩人。讀他文章，是愉快，和他交朋友，是另一回事。目前他住在上海一間小房子裡，不和任何人來往。」

我又補充，這些年來，孫專心藝蘭，那是他生命寄託。

梁老頗讚許朱生豪的才氣。他們是莎譯同行，雅舍主人卻顯雅量。

我問他：還爲「讀者文摘」迻譯不？他說，已譯了二十多年，有三百多篇，版權不屬於他。林太乙是友人林語堂之女，起先以美金計稿酬，頗豐，現在可不比臺灣稿費高，但他還是譯。以他如此高年，這份醇厚人情味，眞不容易。

依舊堅持每日譯五小時。我不禁凝視他堅挺的額。

談到某些時下小說，他又微笑了。「讀了三四頁，還摸不著頭緒，文字也沒有多大意思，受不了，只好不看。」

算是美麗的黃昏。夕陽照屋子發亮。室內裝置、擺設，使我想起從前老影片，影片上展示十九世紀英國中產家庭的氣氛，一脈傳統的香味。雅舍的燈光、家具、盆景，正散溢這份香味。主人確是一枝傳統花朵。他的聲音雖微微高亢，略帶喉腔，也不時流瀉這種香氣。兩隻文雅的花貓偶作蹦跳，稍稍加速這片芳香的節奏。

我又一次定睛，主人氣色正常，反應靈敏，思路清晰，記憶強健，音量宏響，我忍不住輕拍他的肩膀。

「梁老，你篤定活一百歲。九十大壽時，我們眞要好好熱鬧一下。」

「你們再坐一會吧！聯合報飯局不去了。嚐嚐香港帶來的龍井。」

先之以濃咖啡，繼之以淡龍井，倒素描出雅舍的精神平衡。論源頭活水，主婦原似一杯咖啡，主人卻似一盞龍井，雙方的智慧調理出一片詩的和諧。

要不是去扮餐聚主人，這杯龍井淡香可能會多留我坐十五分鐘。

「明年五月，杭州朋友若帶龍井茶來，我會請你們嚐新。喝龍井最好是五六月，香氣未散。」我站起來。

「謝謝你送我水果。」

這怕是梁老對世界的最後一句雙關話，象徵臨別前他對生命的謝意，若我偶然湊巧扮飾「外界」的奉獻，謝謝他對歷史的高貴奉獻。

中國泰瑞莎

坐在我對面的，正如總統經國先生所說，是「一個弱不禁風的女子」。一襲長長灰布僧衣，緊裹著她瘦長的身材。她清癯臉孔黑中透黃，說述她極度勞瘁，營養不足。她那發亮的黑睛，顯示她意志堅定，而又無限慈悲。我迅速發現，這孱弱、單薄的形軀，卻通體透出巨大的生命火燄，強烈的博愛之火。她是那樣一種罕見的典型，深愛著世界一切受苦受難者。我相信，當年釋迦牟尼那雙眼睛，有時也會閃爍她眸子裏的光色。只看看這種光色，我就聯想：這是一個不說話也能叫人流淚的人。這種眼淚，是有感於今日普世衆生如此多苦多難，而無邊苦海中，竟奇蹟似地，出現如此聖潔的拯救性的博愛心靈。這顆心靈，此刻正坐在我對面沙發上。

當年我曾爲印度聖雄甘地的絕食和死流過淚。讀「林肯傳」時，我也因他的偉大人格而流過淚。現在，我面對臺灣這位女聖人，若不是強行克制，我眞的又想流淚了。

從她那顆火燄的心裏，流出的每一滴血全是愛。在她大腦皮層內，每一顆思維的細胞也是愛。「禮記」裏那幅大同世界畫圖，在她所生活的空間，已初步出現藍圖了。這眞是一片發出萬丈光芒的愛之空間。靜思精舍，慈濟功德會，佛教慈濟綜合醫院，我全把它們看成人類大同世界最初的萌芽性的一角。因爲，整個地球上，至少這一角絕對沒有恨，只有愛。

我想邀請讀者看看這位女聖人帶來的愛的奇蹟。

從民國五十五到七十一年，單這十七年，她就動員了四萬五千人，募得一億一千五百多萬新臺幣，救濟了成千上萬貧苦家庭。現在，功德會會員已發展至十萬人，每人全投入宏愛事業，每年救濟已固定爲六千戶，多爲老弱殘障，送衣、贈棉被、發救濟米、治病、送錢，解決各種困難。

當然，最大的愛之奇蹟，是慈濟綜合醫院。自六十八年募款籌建，短短六年，就募得近八億元。七十二年破土動工，本月初基本落成。從三日起，先義診二周，十七日正式開始門診。義診期，即使住院動大手術，也分文不收。醫院土地面積八．九六一九公頃。五層建築，現擁有二百五十張病床，將來增至六百床，門診服務將達一千五百人次，急診一百人次。以醫療器材設備言，在全亞洲排名第一。

從此，臺東區萬千病患者，不必遠涉數百里，趕赴臺北求醫了。

這位女聖人，就憑她一顆血淋淋愛之心，赤手空拳，日夜奮鬥，替我們創築了東亞最好的醫院。我們能不爲她的舉世無匹的至上善流淚麼？

「本來，一位日本財閥知道我的願心，願捐助我兩億美金。考慮之後，我還是拒絕了。那樣，恐怕綜合醫院會全部由日本人掌握了。」女聖人證嚴法師對我低低道。「如果接受了這兩億，今天這兒恐怕也不會有這麼多的臉孔掛笑了。」

眞的，當我們參觀醫院各處時，從護士到病人，全是微笑，好像在度一個盛大節日。

證嚴法師一定請我向護士們講幾句話。我低沉的道：「三年來，在海內外，我作過二百五十次以上的演講。可是，今天，站在這裏，我卻一句話也講不出。」為什麼？她們全知道，我太感動了。我害怕我的啜泣會阻塞我的喉嚨。「我完全可以肯定：證嚴法師是一個偉大的女子。這座醫院，不是尋常的醫院。在這兒，人們不只可以治肉體病患，也可以治精神上的『缺愛病』，和其他種種疾病，只要你們把這片聖潔空間的一切故事告訴患者。現在！臺灣社會的『缺愛病』很流行，也猖獗。……」

後來，法師對大家講話，說我的言詞使她想哭，但她強忍住了。

我絕不敢當。坦率說，這次訪問她和綜合醫院，我所受靈魂教育，勝讀千卷書，更遠遠勝過三年來任何一次最深刻的生活經驗。

上述八億元怎樣募來的？那簡直是一本「道德聖經」上的許多眞實故事。

大家知道，那位開釋的罪犯，浪子回頭，現在正進行環島叩頭，一步一叩首，懺悔贖罪。他把人們先後贈送的數十萬元，全數捐給綜合醫院。

一位善士捐獻一百萬元，堅決不露眞名姓，功德會只得書「無名氏」。小菜販高愛女士，每天黑早，參加臺北市政府養工處，作清潔工二小時，把兩年半所得三十萬元，全捐給醫院。

我看到這個爲愛而活的女人，矮小身軀內卻跳動著一顆不尋常的心。這些崇高的大善大德的故事，書不勝書。

用俗話比喻，釋證嚴創造愛的事業，愛，像滾雪球，越滾越大。千千萬萬人，受她絕對無我的奉獻精神所感召，全加入這支偉大的愛的隊伍，是恢宏佛陀的無上大慈大悲心，也是反抗臺灣社會目前激盪著的一片爾虞我詐的寒流。上述隊伍、隊員遍全臺灣，並發展到東北亞、東南亞、南北美洲。

我還得說明：釋證嚴主持靜思精舍，她們一不趕經懺，二不做法會，三不化緣。她們自食其力，到工廠拿原料加工。證嚴本人，發願一不做「法師」，二不做住持，三不收弟子。

我去看了靜思精舍，比之一般寺廟，太窄小、太簡陋、太樸素了。

儘管窳陋，這小小空間，在精神上，倒眞像人類大同世界的一角。這一角，釋證嚴居首位，在道德上，我卻認爲她是臺灣眞正偉大的女人，可以媲美曾獲諾貝爾和平獎的泰瑞莎修女。憑她偉大的事蹟，她完全有資格做諾獎候選人。平生屬文近五百萬字，唯獨此篇，我絕非寫文章。我只是用一支拙筆，把一個偉大女人的道德故事簡告大家罷了。儘管今日臺灣世風日下，人情日趨澆薄，有這位偉大比丘尼在，人類愛的火種絕不會熄。

東方馬丁路德

民國七十二年三月廿二日，我「投奔自由」來臺，至七十四年冬季在美、加、日三國作廿四場巡迴演講止，這兩年半左右，我粗粗統計，前後約作過一百五十場演講，而由我參加或主持的座談會，次數亦大致相同。不用說，最重要的是三次「莒光教學」電視演講，一由政戰校長林強中將主持，一屬參謀總長郝柏村上將職掌（屬國防部高級軍官團紀念週），一是國防醫學院的大型座談會，由我主講。這三講，每回俱經華視播出三次，規定數十萬官兵及其眷屬須聽講，總人數爲一百幾十萬人。三講聽者達四百數十萬人。

七十二年夏，中國文藝協會在佛光山辦文藝營（似稱「星火文藝營」），邀我演講。起先我倒有點躊躇。因這段時期，我每講多有千人以上聽衆，而該營聽者僅百餘人，我又須赴高雄縣，往返幾耗一日旅程。按我當時生活日程，形同「戎馬倥傯」，異常緊湊，似不宜爲了一次小型演講，竟終日僕僕風塵。不過，稍後轉思，佛光山乃臺灣佛教重鎮，藉此可朝覲並觀光，似不虛此行。

這幾個月，每講總由政戰部駱敬伯上校或救總聶曉明科長相陪，有時二人共往。我們抵山後，這才曉得，在我此講後，晚上尙有星雲大師一場演講。

我講演訖，星雲大師領我們大家參觀大雄寶殿及佛教文物展覽所等處。

這是我初覲星雲大師。

我細細端詳，他身材偉岸，眉清目秀，氣度軒昂，面呈慈藹，常露笑容，裹在一襲巨大土黃袈裟中，端的眞是一尊活彌勒佛。我不禁暗暗納罕。

令我微驚的是：他操一口維揚音，字正腔圓，竟是區區鄉長。久不聞鄉音，自然備感親切。

但給我印象最深的是：他介紹大雄寶殿的一磚一瓦，一樑一柱，一雕一像，娓娓動人，如數家珍。而他感性之靈敏，思維之細緻，透視之犀利，在在顯示他聰睿過人。不材平生雖「閱人多矣」，卻少見這樣慧氣如虹的生命。

猶憶當年拿破崙初見歌德時，不禁大聲衝口而出：「這是一個『人』！」不材雖屬「小小馬鈴薯」，卻也想東施效顰，暗自在心中輕語：「這是一個眞正的『人』！」

星雲大師待客醰醰有禮，殷殷請我們勾留數日，可惜我此後幾天的日程已排定，只能婉謝，不得不漏夜匆匆遄返臺北。

數月後，瘂弦受大師託，代邀文藝界友人赴其午間素筵，地點是其臺北道場。記得那天到名作家數十人，有已故的臺大文學院長侯健先生。大師款客週到，賓主就宗教問題交換了不少寶貴意見，大家獲益非淺，可算盡歡而散。

從此次餐會，我深深感到，在佛教界，甚至在宗教界，星雲大師恐怕是唯一最看重作家的宗教領袖。

後來友好名版畫家陳其茂教授告訴我，他與大師交往數十年，據他所知，不只作家，即畫家或藝術家，甚至凡是文化人，大師都很重視，並加禮遇。可以說，他廣事結交文化界朋友，這幾乎也開了宗教界先例。其實說穿了，並不奇怪。大師畢生提倡「人間佛教」、「生活佛教」，而文學與藝術正是「人間」「生活」的一面鏡子。

寫到這裡，我想略談談智識分子與佛門的一些因緣。

大家都知道，貞觀十九年，唐玄奘天竺取經返長安，旋奉旨在弘福寺、慈恩寺、玉華宮譯經，多達一千三百三十餘卷。太宗並爲之親撰「聖教序」（後來甚至集王右軍字而成爲書法名帖）。自茲以後，佛教愈益鼎盛于中土。（玄奘返長安時，沿途擠滿善男信女，均欲瞻仰法師丰采，路爲之塞，眞是人山人海，盛況空前。）凡著名哲士、文人、畫家、雕刻家、建築師，幾無不受佛教文化沐浴，尤以禪宗思想影響文人最鉅。當年達摩祖師來華，肇創蓮宗，他恐亦未料到，不過數百年，此宗竟在九州如此繁茂的開花結果。宋元明理學大宗師如二程、朱子、象山、陽明等，無不引釋入儒，演化、發展了古典儒學，創造出較新的理學及心學哲思體系。史家嘗稱春秋戰國爲中國文化思想的黃金時代，宋元明以後則爲白銀時代。我們敢說，若未經佛教文化思想洗禮，而銳意轉化、創新，則燦爛的白銀時代恐不可能孳生。

僅此一端，即可見佛教影響中國文化的深鉅了。

不材少受古典傳統薰陶，自不免時涉禪宗，乃與佛門結緣。抗戰勝利後，我卜居杭州慧心庵，茹素一年十月，潛心撰「無名書」。後又與南高峰琳舍方丈諦閑法師、紫雲洞心耀法師往來，時聆法音，並赴昭慶寺參觀藏經三種版本。拙作「無名書」第四卷「死的巖層」，其最後部分敘主角遁入空門之故事。而第五卷「開花在星雲以外」，更記述並分析主角參禪悟道的心路歷程。

我雖欣賞佛教，來臺後，徒因百事蝟集，且須撰大量文章，幾無暇晷赴佛光山向星雲大師請益，每感遺憾。轉念佛門慈航普渡，重在引領衆生早脫苦海，而我十二年來不斷孜孜報導大陸苦海眞相，或與釋宗原旨相符。這樣想想，也就聊以釋懷了。

近獲苻芝瑛撰「傳燈」——「星雲大師傳」，文字生動，寫大師一生，史料翔實豐富，描繪他的品格，尤栩栩如生，讀來若飲醇膠。我這才恍然，他一生成就，實遠比我平日所知悉的爲多。掩卷細思，在中華民國佛教史上，他所以能超邁前賢，創造出不平凡的勝業，若予縷析，恐怕至少是由於下列五種因素。

㈠他聰睿過人，讀透佛典，含英咀華，復深入淺出，辯才無礙，口若懸河，開啓衆生，聽者如醍醐灌頂，多有所悟。這樣，便形成他的魅力，遂如磁力吸引大衆。

㈡吸引大衆，受其景仰固不易，鞏固大衆，永遠崇敬他尤難。這必須仰仗他的品格，處處感動信徒，使他們心悅誠服。以生活中衣食住三大事言，他一年總穿那兩件土黃色袈裟，常吃一碗陽春麵，所住僅六坪斗室，平日自己剃頭，洗衣服，浴畢自洗浴缸，如此刻苦耐勞，嚴于律己，對人卻又愛護備至，寬大爲懷。他不只支持各種文化教育事業、救濟事業、醫療事業等，連民運人士吾爾開希初抵美國後，他都資助過這位流亡青年，唯恐後者生活成問題。正因爲他言行一致，這就凝鑄他的人格光環，持續感動、感化信徒。

㈢他目光遠大。民國七十四年，他身體尚健，即卸佛光山住持，傳位大弟子心平和尚，以顯無私，以固佛光勝業之制度化。這一豪舉，備受各界稱許，國內媒體尤衆口交讚。他卻藉此集中精力、智慧，籌劃、實現將佛光偉業輻射至全球五大洲——歐、美、澳、非、亞洲。不只民國以來，即中國自興佛教一千餘年以來，這也是開天闢地的創舉，益顯他的高瞻遠矚，氣魄巨大。

㈣他思慮淵深。他深知佛教不僅是偉大的宗教勝業，亦是偉大的文化勝業。際茲廿一世紀將臨，中華民國將開創嶄新的民族機運與文化契機之時，近年他更籌建佛光大學，並請國學界奇才龔鵬程氏任校長，藉爲未來溶化儒釋二種文化體系創條件。且爲弘揚佛教、佛學開創有利條件，俾進一步奠定文化、學術基石。他又多次在海內外舉辦國際佛學研討會，有意以佛教文化的新生命注入未來世界性的人類文化，凡此皆可見他思維之深度。

㈤他銳意求新、求變、求改革，他深知水流不腐，萬事萬物，只有在不斷變革中才能獲持久生命力。傳統佛教給人的印象多是：「出家與「在家」是兩橛，兩個不同世界，涇渭分明。現在，他提倡「人間佛教」、「生活佛教」，就是把兩橛化為一橛，兩世界是一世界。教義深入「人間」、「生活」，則發揮的效果更大。試看他常叮嚀弟子的二語：「血液與大衆分不開，擊搏與群衆共跳躍。」古往今來，從沒有一位僧人講過這樣的話。說穿了，此二語其實最能道出我佛如來大慈大悲胸懷的眞諦。但他能勇敢突破傳統佛教格局，創造新機運，正如唐德剛教授所言，實無愧為當代宗教改革家。

我完全肯定高希均教授看法：星雲大師已為臺灣創造了宗教奇蹟。

我也大致同意唐德剛教授意見：星雲大師正在扮演東方馬丁路德的角色。

私意至少大師乃當代鑑眞：唐代高僧維揚鑑眞法師，為大師同鄉，四次東渡日本弘法未果。結果雙目失明，第五次渡海，始完成夙願，攜大批經籍文物抵日本，隨行有二百餘人，在彼邦建著名的唐明皇寺，對該國宗教、文化影響至鉅，千年來受數不清日本佛教徒供奉和膜拜。今日交通稱便，星雲大師在西方諸國開山建寺弘法，不如當年鑑眞艱苦，但所成就的勝業，則有過前賢，這是値得我們慶賀的。

永恆火油鑽

——獻給母親

每年春節，恪守古俗，用紅紙墨筆書寫「卜氏門中列祖列宗之靈位」，貼在供桌正牆上，再配以老母的放大照片。每次燃亮紅燭，焚線香，向她老人家長揖、鞠躬行禮如儀後，我總深深凝視她面色堅定的慈容，深深深深的默哀，沉思。儘管初一——初三，三天早、午、晚共九次爲此行禮、佇立默哀，每回我卻幾乎忍不住要流淚。雖然她老人家昇天已十幾年，我還是想大哭一場。哭我們這些子女對不起她，更哭這個國家對不起她，和像她一樣畢生受盡苦難的千千萬萬母親。當年我們子女若設法把她帶到香港，她老人家豈不免遭此後瀰天浩劫。

這時，我心頭總氾濫一片洶湧的思潮：「母親」是天底下絕無僅有的寶貝。她比太陽光還珍貴。太陽能照射你，也能照其他幾十萬萬人，母親心頭的陽光，卻只照幾十萬萬人中的一個——你，和你的兄弟姊妹。寶石儘管隱蟄深山，只要你有黃金，它們全會長翅膀，飛到你身邊。「母親」一旦埋入深山，你的黃金哪怕堆得比喜馬拉雅山更高，也再換不到她老人家一聲溫柔呼喚：「啊！『我親愛的孩子！』」

每年正是在這樣的沉思中，媽媽和我相伴的歲月，便一幕幕的，像放映電影，展露腦際。我雖感痛苦，卻也深深呼吸著自痛苦深淵昇華雲端的永恆母愛的芳香。

童年記憶似珍珠發光。我永忘不了唸私塾時患傷寒，當本世紀四十年代後期綠黴素未發明之前，此症就算是中西醫的重病了。媽媽爲求名醫，不遠數十里，帶我從南京下關商埠進城，請一位中醫診治。她摟著我乘馬車，那「滴達、滴達、……」馬蹄聲清脆的價響了一個多時日，直到現在似還在我心頭「滴達」。「餓不死的傷寒」（那時連西醫似亦尚未發明葡萄糖點滴），大餓助我度過最危險期。當醫生宣佈我可進食後，一回家，我像老鷹搏小雞，緊捉住半個燒餅，狼呑虎嚥，勝似吃西天王母的瑤池蓮花筵。這時，媽媽多日愁容才第一次綻出笑意。多美的笑之花啊！它在我靈魂深處永不凋謝。

越過廿九年和平混合戰爭的光陰，類似世界末日的奇災橫禍終於降臨，我們母子不得不在深淵底掙扎，一九四九之後，老哥老弟遠走海外，我必須侍奉老母，相依爲命。

恐怖的一幕幕簡直數不清，只能選重點回憶。

一九五八年七月十五日午夜，我被逮捕，囚於杭州下沙鄉集中營，那是飢餓、鬥爭會、奴隸勞動、精神虐待、烈日、苦海水（只能飲苦海水）所混合製造的空間。首先是呻吟於飢餓中。眞想不到，有一天，媽媽忽然在這片可怖的不毛荒地出現了，她以八十五歲高齡，居然花重金，僱三輪車，越過六十里長程（其有十里是爛泥路，崎嶇不平，極其難行），幾乎以超人意志，不顧數小時顛簸、震盪，來探望她的兒子。哪怕三十八年後今天，寫到這一景，我也要流淚，……請原諒，我眞寫不下去了。

我只能用兩句話總結一切，她帶來最偉大的愛，和一大包袱食物。

這就拯救了集中營裡的兒子。

五十年代是人類歷史上最恐怖的時代（文革十年也是）。爲了延續人類文化的傳統價值，維護人類最低尊嚴，抗議史無前例的黑暗專制統治，我不得不在地下進行一場反抗馬列史毛文化體系及效忠自由民主信仰的新「三十年戰爭」，這就是我秘密完成二百六十萬字的六卷「無名書」，並從事其他自由寫作。媽明知我這樣做，可能招殺身之禍仍不阻止我閉戶寫作，她愛子心切，寧願坐在房門口爲我把風，見有人來，立刻大聲報信，好讓我藏起稿件。

文革期，一九六八年我被綁架，入杭州監獄。妻子劉菁亦在上海受「隔離審查」，軟禁於其單位。我在大陸唯一親人只剩下老母。她以八十五歲高齡，每月藉口送點毛紙、牙粉給我（禁止送食物）越數十里，請鄰人僱三輪車載她到獄門口，想見兒子一面，終不可得。她只能望望高高白色獄牆，默念兒子在牆內挨餓、受苦，終流淚而去。一年後，我出獄，一返家母子抱頭痛哭，當晚我吃了十五碗飯。

妻子終於和我離婚。現在，娘兒倆眞是相依爲命了。有感於這些年來受災難，我雖很窮困，仍設法常買點她心愛食品，讓她稍稍感受點口腹之樂。每逢生日，我特意製許多碗壽麵，分送十幾戶鄰居，與衆同樂，並帶她上街照相留念。對她飲食起居，我加意照顧，助她健康正常。在我悉心呵護下，有幾年，她從不生病，體質硬朗。我多盼她長壽，不只能多陪我幾年，也是回那個黑暗制度的無聲抗議。「你越巴望我們這些人消滅，我們越生存得長久。」她倒也肯聽我話，冷暖加衣脫衣，飲食習慣，生活保健，全聽我指導。拿便秘說，我在獄中時，她每天本要坐馬桶一小時多，才艱難的解下鐵硬糞一糰。自從聽我勸說，每日吃二三大碗以上青菜，便秘立癒。她見我處處關心她，而我的良言確有助於她的健康，她便把我當作家庭醫生。過去多年，風雨同舟共濟，母子感情本不尋常，現在因妻子仳離，我們相依相慰，相扶相助，那份血緣親情自然分外強烈了。不過，年近九十時，（一九七一年，她是八十八歲）她渾身機能畢竟愈益衰退，特別是腦子，不免偶爾小病，我全包治。但七一年下半年至七七年春，她卻先後患四場大病，起因總是她未聽我這個「醫生」的話。

有一次，我出外歸來，見她不斷咳嗽，立刻察覺她並未遵我囑。此時仲秋，早晚甚涼，我勸她穿大衣，回來發現她貪涼，竟穿夏季縑綠褂褲。儘管我逼著加衣，但已感冒發燒，不久，昏睡在床，水米不進有五天之久。按中醫看來，一旦「水米不進」，即宣佈死刑。鄰居們紛紛勸我接洽殯儀館，早早準備後事。但我哪肯聽？我說：「我媽若病死，我只得認命。但若讓她餓死，我絕不甘心。」於是，我除了延西醫入門，服藥打針，每四小時還硬撬開她的嘴先後把牛奶、豆漿、橘汁、蛋花湯及其他營養流汁強灌下去。

第六天，她竟清醒，燒也全退。鄰居們無不認爲是奇蹟。

第二場大病，並未全日躺倒，西醫說是「老弱」症，接近「老熟」，她日趨衰弱。麻煩是：她神志不清，滿口胡言，而不斷咳嗽、吐痰，幾乎不能吃。一進食，即咳，吞不下去。有一天，我偶進橘瓤，想不到竟止咳、能嚥，我大喜過望。便不斷餵她橘片、橘子水，終於止咳、止痰（後來我才知中藥「陳皮」即橘皮，能止咳化痰）。漸漸能食，不久，神志也恢復正常。此次染疾，前後達二十日左右，我總算治癒。

九十三歲，她第三次生大病，臥床二十餘日，水米不進幾乎十天。這回鄰居們苦勸我辦後事，甚至連黑紗布全強買了，但我的回答仍像上次一樣。這次我晝夜不分，每四小時一次，強灌她流汁，後來西醫又注射葡萄糖。大約是第七天，她退燒，第十一日，她甦醒。大家又認爲我再創奇蹟。但這回我因護理辛勞過度，某日赴藥局購藥，竟暈倒在地，躺了近十分鐘才恢復。這些日子，我給香港二哥二嫂信說：

「兩個多星期來，我是生活在另一個世界，這個世界只有一個生命『母親！』這個世界只有兩個文字『母親』！儘管我們一千次一萬次談母親，但只有這一次我才深深深深透入人類親情感最血肉的核心：那種對於母親的依戀。……從本月六日至今天，十五天來，我只有一個觀念，我必須竭盡我最後一滴力量，來挽救我的母親——不，我們的母親。」

著名文學史家司馬長風先生後來讀到我廿七年的家書（註二），他在一篇短文中說：「讀

完他廿七年信，我深感到，像讀完『西遊記』唐僧師徒歷經克服了九九八十一難，之後望見佛光普照。」（註三）

司馬預言果中，數年後，我當眞享受了自由世界的「佛光」，但媽媽似無此好運。

俗語說，「一、二不過三」，但我卻三次從死神手裡搶回媽媽，救了她的命。第四次冥冥注定，我再搶不回了，依舊因爲她不聽我話，深冬偷偷多吃了幾隻凍蘋果，（註四）乃罹嚴重胃病，畢竟年歲太高，延醫服藥無效，水米不進，我施故技亦罔然。前後臥床一月餘，一九七七年三月一日清晨，她永遠離開我們。

臺灣六弟看到喪禮中的照片，哀毀骨立，悲慟極度，他來信說：「你這幀形象是震撼性的」。他勸我保重身體，但我如何「保重」呢？生命中最愛我的人已走了，我自己生命中的一部分也隨她走了。…………

有一兩個月，我幾乎不敢進她的臥室。

但不管怎樣，我仍要感謝上蒼賜我這樣一個深深愛我的好媽媽。我們曾共同生活廿九年。雖然物質、精神兩受迫害，我們母子互愛，溶爲一體，這幸福卻遠遠遠超過萬千黃金珠寶和任何生命自由。而且我的媽媽的母愛可媲美一顆永恆火油鑽，永恆照亮我一生，縱使她已昇天。

我還想蛇足幾句，大陸紅色新貴最高壽數，是沈鈞儒九十二歲逝世，朱德亦同。我的母

親以一介平民，生活艱苦，卻享壽九十四高齡。這證明自由生命遠比及自由的生命堅強，富韌性。（註五）

好媽媽雖已離我而去，可我還有一個好哥哥好嫂嫂，他們給我極大安慰。

現在，我必須補敘哥嫂對我的深情幫助。

在漫長的個人偃蹇生活中，除了偉大的母愛，我還該感謝三個人，這就是二哥卜少夫，二嫂徐天白，和前妻劉菁。有卅年之久，哥嫂給我們經濟接濟，而劉菁也支持我們近廿年。在一九七四年以後，六弟幼夫也匯了點家用，約八年。由於哥嫂經濟並不最寬裕，從一九五三年起，有十幾年，我只要求他們每月匯港幣五十元，這些外匯可以附送特別物資眷如糧、油、糖、肉、布票及其他物資，價値亦達好幾元。劉菁每月亦幫我們人民幣廿五元至卅元。這樣，就保證了我所最基本生活，使我們得以溫飽。沒有這些金錢支援，我個人不可能完成二百六十萬字「無名書」及其他許多作品，媽媽也不可能獲得安定生活。至於慈母仙逝後，二哥在香港爲我出全集，發表作品，並匯我一些稿費，那幾年，我的生活可算相當富裕了。我眞得特別感謝二嫂，因爲二哥是大忙人，有時無暇處理瑣務，但卅年之久，二嫂從不忘記按季按節匯錢給媽，她也代二哥寫了許多信慰藉我們，使我們備感精神溫暖，對我來說，她是我們家中另一位慈母。骨肉之情，眞是血濃於水啊！

我爲有這樣的哥嫂而自豪。

【附　註】

註一　火油鑽是一切鑽石中最名貴的。

註二　這些家書載「無名氏生死下落」一書。

註三　參閱司馬長風「當代大家無名氏」。

註四　快過春節，我參加一個學生的單位，到原產地買一千個蘋果大家分，極價廉，但學生老實，只分到一百多個凍蘋果，分我約卅個，我恐老母多吃傷胃，特別藏起，每回只給她一個，不料她乘我外出，竟老鼠似的發現蘋果藏處，一口氣吃了四隻，我歸來見她叫肚子痛，便道：「媽！你多吃了我的凍蘋果吧？」她先不響，終承認。

註五　馬寅初享百齡高壽，但他非「紅色」，後且受中共批鬥。

聽潮語幻：「創世」紀

兩個月前，名作家無名氏卜乃夫先生來本會參觀創世清寒植物人安養院，目睹院中這一群動彈不得的植物人，有口難開，有苦難言，任何飢寒病痛都說不出，無聲無息地忍受著人世間最大的苦難和不幸，度著無助無告、無窮無盡、苟延殘喘、無語問蒼天的歲月，心中大爲感動，唏噓不已，特撰「創世紀」一文，在青年日報發表。本刊徵得卜先生同意，全文轉載，以饗讀者。——編者

我常想，我是生活在形形色色教育中，如魚游於各種水。偶轉首，窗外那一朵朵白雲，一扇扇陽光，一片片綠葉，全是一頁頁課文，甚至經典。而飛過的一頭麻雀，一隻蜜蜂，就扮演了我的瞬息教師。宇宙萬事萬物，都像一柄柄鑰匙，時刻在開啓我心靈內核的那些鎖。

拿今天下午說，我就享受一次感人的教育。

我是在聽一個故事。

臺灣有這麼一個人，立志在「四十而不惑」之年，做一件「無人做過的善事」。他想爲植物人做點好事。經十年研究、評估「安樂死」，覺此路不通，全球沒有一個議會通過有關立法。美國僅二三州採取「不施救」、讓植物人餓死等等，但法院仍起訴，雖說最後並未判刑。他發出六千張問卷，絕大多數答案，否定了安樂死。

於是他計劃成立全世界第一家免費清寒植物人安養院，東瀛日本早捷足先登，開設了千葉植物人安養中心。

他走遍各縣，由縣而省而中央，希望官辦，鎩羽而返。寶島約有二百所基金會，資金豐裕，他發出二百封信，未報；又親去撳二百家門鈴，落空。

於是他買了一大堆乾侉餅，裝入大袋，背在肩上，足跡遍全省。他深入僻遠鄉村，以餅充飢，飲白開水。他叩每一座門，僅問三句話：

「你知否植物人？我養植物人，你肯幫忙否？你若肯幫忙，請告姓名、地址。」

他跑了四年，詢問數千人，聽了百花齊放的罵聲，大都把他當江湖騙子。然而——虧得這個世界還有「然而」，在花了一千四百四十個日頭之後，他畢竟爭取到七百個溫暖的聲音。他怕聲音流失，每三到五月和他們通訊一次。八年後的今天，「七百」已變為五萬八千人左右了。

四年前，他「天命之年」，由於這七百多善士數目不同的匯款，加上他從臺糖公司所領的一百二十多萬退休金（包括公保）全數奉獻，「創世清寒植物人安養院」開辦了，完全免費服務，時為七十五年十月。愛心像滾雪球，今年一月，臺中安養院也向植物人張開雙臂。籌劃中的新店安養院，將有較完善的設備，可容納更多植物人，建地兩千坪，已發起募款，每人認捐一坪合五萬元，現已獲八百坪了。

我聽著這個故事，看著主角兼說故事者的曹慶先生，他矮矮的身軀，閃亮的雙眸，微紅的臉，和誠摯而謙抑的聲音，全顯示一種不尋常的熱力。再望望那些躺在床上僅屬純粹象徵性的生命——幾乎被全臺灣遺棄的「大病無病」的病人，我不禁感受到一種難得如此深刻的心靈教育。又一次我回憶陀斯妥亦夫斯基的「罪與罰」的一段。書中男主角大學生拉斯科夫涅夫斯基跪在女主角索尼亞（曾做妓女）面前，沉痛的道：

「我不是跪在你面前，我是跪在全人類痛苦面前。」

雖然痛苦性質各異，但曹先生確實代表全體中國人，勇敢的擁抱了臺灣大地最深痛苦之一，而且，不管痛苦對象有無知覺或回饋，他本著人類最純粹的良心，減輕、緩和痛苦，他如火的奉獻赤忱，令人由衷起敬。

我走過一張張病床。這是平生初見植物人。有的在昏睡，已睡了好幾年，是永遠無夢的睡人。說是植物人，其實不準確。植物尚開花結果，至少也以綠葉表現其生命成就，以娛悅觀賞者，而我眼前躺著的，卻只是一個生命符號，曹卻爲這類符號支付他自已有血有肉的生命。

有的，乍見與好人無異，眼球轉動、放神，面色正常，能聽，且有點知覺，卻不會說，不能轉動，或只一手可動。最佳的一位，還能說「謝謝」二字，而另一位卻愛粗語罵人。這些略有知覺的，其實比那些睡人更苦！不過，他們已不可能讓我們深深感覺罷了。這眞是一

「知」一「覺」之隔，恍如地獄人間。

約略巡視了這十三「棵」睡著的植物後（有三「棵」當時醒著），有生以來第一次，我這才現場明白：人世間大苦，竟有比我們日常所知所見更遠遠深刻、長久，甚至跡近永恆者，我們這些人，又怎不該刻骨銘心，感謝上蒼，賜我們如此正常的生命、生活？而多多少少本來享有大致算是相當幸福的生命，卻又不斷蹧蹋幸福，侮辱生命，不知以感恩態度面對蒼生和萬事萬物，這又怎不叫人痛心？

於是我又心折的聽故事了，有點像聽現代唐僧取經。

植物人絕不會傳染，也不像痲瘋病，但人們視如瘟疫恐怖。安養院的房子租了一年，第二年拒租，只得設法購屋。初辦時，人們不時抗議、貼標語，甚至在門口扔大便，彷彿這個象徵博愛的空間是一顆定時炸彈。曹的結髮妻子與兩女及一些親友，沒有一個不反對他。

「植物人安養院應該辦。但不是你這種人應該辦的。」

在衆視之敵意中，他咬牙苦撐，以安養院爲家。收最初兩個病人時，他把人家丟棄的廢壁櫥翻過來當病床。護士難找，找到也做不久。伺候別的病人，還有回饋，至少也會說聲「謝謝」，她們現在眞像服務一個個木偶。病人患疾，任何醫院一概不收，只馬偕醫院一家不搖頭。有些計程車亦不願送病人。病人動手術，家屬亦不肯簽字。有的家屬送植物人入院時，滿口答應不時來探望，卻似「黃鶴一去不復返」，竟將活人當屍首「埋葬」在這座「安養」

墳塚了。

千難萬難，眞是一言難盡。

全臺灣有三千植物人，百分之八十由於摩托機車肇禍，騎車者不知保護頭部，不戴安全帽。現在全省八百萬輛機車，平均每七十三分鐘一次車禍，每一百三十分鐘死一個人，每九小時增加一個植物人。

怎麼辦？

這位退休的臺糖「工作分析師」，奮鬥了近十年，仍壯志昂揚，定要再創辦容有三百床位的新店安養院，好爲那許多被人們遺棄的生命作更好的奉獻。過去，他從零著手，已創造了現在的規模，臺北院有八名人員，晝夜二十四小時，三班護理十三個病人，臺中院亦相似，另有「創世植物人雜誌」和院內八個工作人員。……他相信，隨著時間，支持他的近六萬善士一定會大有增加。

這個故事永遠說不完。「愛」的長江、黃河滾滾流動後，一入大海，就似無窮無盡了。

又一次，我的視線，投入曹的臉，接著又望望那幾張睡在床上的「活死人」的臉，在他的臉和他們的臉之間，眞有一種磁力，似超過牛頓萬有引力的牽引。其實，這不只是大自然的物理引力，更是偉大的人類獨創的心靈引力——愛。正是由於超過民胞物與的更深的對「人類」的愛，因而連僅具「人」的符號意義的幾乎等於無生命的生命，也激起曹慶先生全生命的傾注。他是爲了「人」的更大光榮，更高的尊嚴，才無條件的自我犧牲。

當我看他微笑著，多情的撫摸著兩位病人的臉和四肢，逗他們反應時，我相信，他眞是把這些幾乎眞空的生命當作他最暱愛的親生兒女的。

這個下午，我眞是讀了重要一課。

這篇小文算是課餘小小作業。

我認爲，在茫茫中國大地上，曹慶先生算是第一人，爲「殘障中的殘障者」做了多少跡近聖經「創世紀」的工作，乃題此文爲「『創世』紀」。

無名氏

龍山寺是古刹，古色古香，稱得上臺北勝蹟。它鯨吸巨量善男信女，一度掀起政治人潮，是草莽野派興風作浪的空間。可是，寺內大慈大悲的金色雕像如來，或座座梵音繚繞的佛尊，或那些誓志要爲寶島人民打拚的政治族，他們的高貴視線似乎從未投注離寺十數丈外的地面餓殍。後者約有二十幾個，零零落落蜷臥在寺對面的商場的水泥地上，仗著塑料篷，暫避風雨，而凜冽的嚴冬寒氣，並未饒恕他們，仍蛇樣的游走肉體。他們或中年，或老年，或患病，或衰弱，間有一二才十歲出頭的幼童，都是孤伶無依，是一群被社會遺棄的雖生猶死的生命。

他們顏色憔悴，形容枯槁，幾乎將要接近奄奄一息，臥以待斃。他們的生之權利似乎被褫奪了。

商場裏，人們熙來攘往，在炮製經濟繁榮，卻無人對這蜷臥的一群動物布施人性待遇。他們忍受著冰冷的漫長冬夜，空蕩的商場寂寞，在等待黎明，也等待新的飢餓、寒冽。

想不到奇蹟降臨。某晨一覺醒來，魚肚白曙光中，他們發見每人身邊出現一紙盒半磅鮮牛奶，一袋兩個大麵包，身材高大的，有兩袋。這些麵包，店裡要賣二三十元一個。他們饕餮的喝著、吃著、想著，龍山寺到底是佛地，菩薩在顯靈。

奇蹟本不可再。怪的是：隔了一天，清晨牛奶麵包再度出現。

更怪的是：再隔一宿，飲料食物三度顯靈。

世界扔棄他們，像扔垃圾。或許我佛尚未拋棄他們。有幾個人入龍山寺大雄寶殿，對輝煌的金色世尊叩了幾個響頭。

漸漸的，奇蹟竟成爲常態了。每逢星期二、四、六，神賜的奶與麵包飄然降臨。他們似乎愈益信佛了。

更奇的是：其中有幾個未穿棉衣的，翌晨甦醒，發覺身上蓋了一襲舊棉衣。是偶然？抑刻意？其中某甲，某夜不成寐，在水門汀上輾轉反側。大約凌晨一點多鐘，他矇矇矓矓發現兩男一女。一男揹了一隻大塑料袋，內儲牛奶，一男扛了一大袋麵包，年輕女郎則一一分發。

這不是夢。也不是佛。

也許他太疲憊了，也許太麻痺了，也許太絕望了。他知道，卻不想說。

儘管自動封鎖，日久，故事仍悄悄傳開。

故事發生在前年整個冬季。去冬再版。可能明冬還會三版。

九年前，在爲我舉辦的一次餐會上，金耀基先生當面稱我是「一個不可救藥的樂觀者」。

但近年來，我對所棲息的寶島倒開始有點悲觀了。我懷疑四千年中華文化對這個島嶼的某些頭面人物的教育效果。有時候，政治地位彷彿愈來愈和個人道德水平成反比了。在一片肅殺而骯髒的氣氛中，上面這個傳說的故事卻相當感動我，至少，稍稍恢復了我對人性的樂觀。

作爲女性大慈善家或大善人，花蓮那位飽負盛名的女尼應居首位。但男性大善人、首席候選人倒有好幾位。我所知道的、有一位爲窮人默默耕耘善事數十年的某先生，可能是候選人之一。由於我曾偷偷把他的動人事跡形諸筆墨，今年某日上午，他和女助手及支持他的某教授來訪。談話中，我忍不住提及上述故事。教授笑了，用手指指女助手，和某先生。

「你故事裡的那位午夜神秘女郎就是她。策劃並實踐此事的，就是他。另兩位男子是義工。他（她）們是步行去龍山寺。一路上，凡看見躺在地道或商家門口的，他們全散發牛奶麵包。希望你暫不公開眞名姓。我這位朋友一向堅持：爲善切勿使人知。」

「那麼，我這個『無名氏』應該讓位了，他（她）們才是眞正『無名氏』哪！」

笑聲結束了這個小故事。

附記：還得蛇足數語。這兩年，每逢冬季，在萬華區，這位並不富裕的善心先生不只午夜給一些臥地丐民送牛奶麵包，下午還駛去一輛小車子，車上用木板隔成三個洗澡間，內置熱水器，供他們輪流沐浴，並餽乾淨內衣，甚至外衣長褲，都是向外界募集的。去冬，下午六點三十分起，更分贈六十分便當給他們。義工們穿了件黃背心，上書「愛心處處飄」。

為了他發菩薩心，整個家庭鬧翻了，妻及子女全和他決裂，他仍不之顧，照樣繼續進行實現博愛理想。

從一隻纖手想起……

有一個上午，在義大利翡冷翠的加沙別墅客廳裏，英國大詩人白朗寧，站在窗前欣賞庭園風景。悄悄的，從背後伸出一隻纖手，悄悄的，把一束稿紙塞到他大衣口袋內。他聽見一陣輕輕腳步聲。他拿起稿紙，全神貫注的才看了幾頁，立刻瘋也似地衝上樓，對他害羞的妻子大喊：

「這是自莎士比亞十四行詩以來，最偉大的英國十四行詩！」

這個女人是英國女詩人巴拉特．白朗寧。這束稿紙是英國不朽抒情詩「葡萄牙人的十四行詩」。

使我激賞的倒不僅是這些詩，也是她向丈夫獻詩前後的悄悄動作、舉止。這眞是靜穆中的溫柔、大雅，而白朗寧的喊聲，更烘托出她的無比潔白、純粹。

同樣值得讚賞的是：他明知她秘密寫了這些詩，卻從不強索，只是默默的等待。她呢，覺得正面把全部靈魂獻給他還不夠，再一次偷偷把整個心靈秘密獻給他，卻在相當長時期以後，一個神秘的時辰，才把這份心靈結晶悄悄遞給他。

男女間的靈性交流的風格，還有比這種境界更崇高的麼？

我原以爲她那個悄悄的手勢，不過是偉大女詩人把自己優美的詩篇化爲動作罷了，無限深情和靈語悄然到這種態度，差不多已成歷史的絕響。想不到一九八〇年一個初秋下午，在距風光明媚的西湖約五十公尺的一個空間，我又聽到這一絕響的傳續，而且，居然還是一種綿延。

明確點說，我是被栗原小卷主演的「生死戀」迷住了。恍恍惚惚，似夢似醒，我簡直在夢之海底層漂浮了兩小時。

她不少動作、舉止，甚至一顰、一笑、一視，全像那位女詩人的詩意的手勢，靜極了、細極了，卻深極了，充滿了詩情。可是，你得透過那些鳥雀跳躍式的活潑線條，才能領略那深處的靜。在她的演技中，我充分吸吮著眞正的東方溫柔、細膩，靈妙處眞不可以言語文字形容。一言以蔽之，她是東方古典美混合現代線條與芬芳的化身。

在她之前，西方的葛烈特·嘉寶、英格麗·寶曼、費雯·麗，一直是我電影的女神，我幾乎絕望的斷定，在演技上，東方女人不大可能和這幾位西方女大師平頭了。可是，她正像富士山的雪光，從日本海面昇起，閃爍於東方藝壇，而且向西方擲出挑戰性的表演藝術。當然，曾經轟動過西方的印度不朽名片「流浪者」，其女主角納爾吉斯（意爲「白色的花」），也有驚人的表演，差不多很接近上面的大師們了。

在中國大陸上，經過三十年創造文化大沙漠後，日本影片「生死戀」的出現，宛似一聲霹靂，轟動了許多大城市。特別是千千萬萬的青年，眞是如癲似迷。此片根據日本名作家武者小路實篤名作「愛與死」改編，原名「愛與死」，大陸譯爲「生死戀」，由中村登導演，栗原小卷飾女主角夏子。故事是個悲劇，情節並不複雜，但藝術手法頗新鮮。我所以特別歡喜這影片，還有個人理由。我覺得，在風格上，它有點類似三十年前我在「海艷」上所用的手法：從各種不同角度，來表現愛情的詩的畫面。不過，由於時間的因素，這種手法，用之不當，在小說上，會感到沉悶，在電影上卻不然。

沐浴在這影片裏，是詩的享受、美的享受、花的享受、月的享受、海洋的享受、大地的享受。我們也享受了栗原小卷的靜態、動態、媚態、雅態、詩態、花態、月態、畫態、音樂態。她表現一個日本少女的溫柔、純眞、爛漫、火熱、細緻、高貴，令人嘆爲觀止。特別是她臉部表情，可以說，連每一絲肌纖維都是情感、畫感、音感，是戲，也是眞、也是美。如此豐富的生命表現，只有在英格麗·寶曼的臉上才能看到。她似乎掌握了各種情感的發酵元素——那種原子情感，因而像魯賓斯坦彈鋼琴似地，用她的肌肉、動作、形態，一一彈奏出來。

當天晚上，我在日記上寫了這麼幾句話：

「栗原小卷是一個偉大的女人，她帶給我們高度的美的享受。我個人認爲，她的表演藝術可以和美國好萊塢的葛特烈·嘉寶、費雯·麗、英格麗·寶曼媲美。」

我還可以補說幾句。好萊塢大師級的女明星，不管演技怎樣精湛，但在表現純粹女性精神方面，由於她們過度強烈而垂直性的情感，有時不免失之剛硬和粗豪，但栗原小卷卻能發掘東方女人性靈最纖細處，最柔媚處，最空靈微妙處。

此片我前後看了五遍。每一次，總把栗原小卷的形象與巴勒特·白朗寧的崇高的詩的靈性連繫起來。

先是盡情咀味此片美的果實，咀味多了，漸漸嘗到它的悲劇的苦澀，終於不忍再睹。但此片仍常在各地放映，賣座始終不衰。

接著看了兩遍「望鄉」。由社會意義和現實性說，「望鄉」自比「生死戀」有倫理深度和歷史深度。在此片中，栗原小卷扮山谷圭子，一個研究日本婦女歷史的作家。從老妓女婆崎子口中，她終於蒐集了豐富資料，瞭解本世紀初大批日本婦女被騙，集體到北婆羅洲山打根港口賣淫的史實。此片是日本婦女血淚史，基本無愛情故事。栗原小卷是一個訪問者和作者，幾乎始終是襯衫長褲，穿男性服裝。然而，儘管衣著樸素，摒棄濃脂艷抹，通過各式各樣鏡頭，她不只流瀉出各式各樣的情態，也呈現出一片天然淡雅的美。而極動人的本真的人性，人情味，和人類愛，也由她與飾崎子的由中絹代投映入觀衆眼簾。從前有一位評家形容一位名演員：「他站著不動都是戲！」好萊塢名牌影星馬利蒂斯形容布魯克雪德絲：「一舉手一投足、或喜或愁，無一不美。」「望鄉」中的栗原小卷足可當之無愧。

在杭州時，我曾和幾個學生談夢想，說：

「我有些夢想，此生怕永遠不能實現了。比如，到巴黎羅浮宮看看雷奧那多・達・文西的名畫蒙娜・麗莎；到梵蒂岡西斯庭教堂欣賞米開朗琪羅的壁畫『創世紀』；遊威尼斯，坐坐貢陀拉，走走中世紀弓形石橋；逛威瑪，摸摸歌德故居的樓欄杆；旅行日本，有機會，訪問栗原小卷……」

他們也百分之百肯定：我只是畫夢充饑罷了。

想不到——眞是連「畫夢」也想不到，前天下午，我竟有機會和栗原小卷會面。

（請讀者們原諒，由於一種特殊的幸運，我終於像扔棄一隻煙蒂頭似地，把中國大陸扔到一邊了。現在，我和你們一樣，可以大模大樣，走進臺北市富麗堂皇的來來大飯店，喝一杯咖啡了。而我們尊敬的客人栗原小卷小姐，這時就住在九樓九一二室。）

先是看各報影劇版。我直覺：那些粗陋的照片並不是栗原小卷的生命原型。靜態攝影只是時間的堆積，絕不能顯示超時間的永恆生命動力和火燄。

九月廿七日下午四點半，房門一打開，果然和照片判若兩人，她正是我所熟悉的那個夏子，與山谷圭子。她一身縞素，白衫白褲，白色高跟鞋，配上粉白臉蛋，白色透明耳環，和烏黑的鬈髮，飄一綹髮絲在髮邊，眞似白衣天使下凡，瀟灑出塵，大約剛剛休息過吧，還流露了點「梨花一枝春帶雨」的綿綿情調。

不用說，電影上的夏子，由於正當二十幾歲的青春，加上強烈的化妝，色彩的渲染，攝影角度的選擇，美的背景的襯托，和刻意的表演藝術，比起此刻本人，自然收到更集中的美的效果。可是，一個三十九歲的女人，看來只像二十八九，她那一百六十四公分的身材，有幾個迅速動作、輕快直如十七八歲小姑娘，眞夠叫人讚嘆了。特別是她那雙水汪汪烏溜溜的靈活眼睛，及唇邊的笑靨，簡直是她電影形象的翻版，毫不受時光剝蝕。她的眸子特色是：別人只用一雙眼睛看你，她的眼睛裏卻有幾十雙眼睛，叫你猜不透，究竟是哪一雙在看你。至於她的笑，倒不全是白樂天的「回眸一笑百媚生」，更多的是無限純潔，渾然天成，加上誠意的溫情。

這個女人，似乎是天使和人間的化合。人間味時，她總像一陣陣綿綿春雨，使室內滿溢雨韻，雨致，氤氳著綿綿纏纏的氣氛。

而且，我還可以肯定：這個時候，她的淡裝素裏的家居姿態，比在各種公衆場合，更能散溢出她的風度本色。

就在這樣一種白色又帶雨韻的美的氣氛中，我和導演劉藝先生，坐在她臨時客廳的銀白色大沙發上。

我送給她兩本作品。劉益東先生把我的扉頁題詞譯給她聽。

一行是：「贈栗原小卷女士：二十世紀偉大的表演藝術家之一。」

一行是：「贈栗原小卷女士：東方影劇界的一顆明珠。」

我很抱歉，聽完翻譯，她像白色天鵝中了一鎗，「啊」了一聲，做了幾個手勢，有點不知所措的樣子。終於對我表示謝意。

臺灣一般觀衆現在才開始看到她的「望鄉」。而幾年前，「生死戀」在大陸風靡一時，中共官方影劇雜誌並不給她極高的評價，只是浮泛的應酬幾句。因此，我可算第一個中國人，毫不含糊的，對她表示我極高的讚賞，她自然感到震驚。

同來的東寶國外部部長菊池雅樹，曾畢業於臺灣師範大學，中文很流利，接著，把我下面這段小插曲翻譯出來。

我說，「生死戀」在杭州初演，轟動一時，很難買到票。一天，我正在一個學生家吃午飯，他忽從外面走進來，說臨時搞到一張票子，是城內西湖電影院的。這時是十二點四十分，影院開演是一點半；由學生家走到電車站要十五分鐘，車停後，還要走十分鐘才達影院，車子要開廿五分鐘，加上等車幾分鐘，說不定堵車，肯定來不及了。於是，我連飯也不吃了，利用平日練習跑步的本事，一口氣跑至車站，只花了五分鐘，下車後，又狂奔至電影院，只費四分鐘，結果，抵達時，還欠一分鐘才上映。

「票原小卷小姐，爲了欣賞您的大作，近三十年來，我第一次這樣發瘋，搞得大街上的行人全望我，不知是怎麼一回事！」

她和菊池全大笑了。

大約爲了酬謝我這個影迷的誠意吧，她和我，又和我們大家，合攝了十幾張照片。只聽得一陣陣「咔嚓」聲，我們這些人近一坪大的肉體面積，將濃縮到幾張四吋大的畫片上，夠美！也夠慘！她拿出好幾張獨影，請我挑，我巴不得全數收下，卻怕人們笑我來自大陸，不脫共產本色，便只選了兩張。她用一枝青蓮色的粗筆題了「無名氏先生」，又簽自己的名字。眞難爲她，幾個中國字倒寫得頗像樣，簽名尤漂亮。我告訴她，離開大陸時，我曾把電影畫報上她的一張彩色照片帶出來，那是她參觀上海電影廠時攝的。

她表示，歡迎我到東京去玩，她將請我小吃。

回答我的問題，她說：她演過莎翁劇本「羅蜜歐與茱麗葉」、「馬克白」（飾馬克白夫人）、「奧賽羅」（飾德斯蝶摩娜）、「克里奧帕屈」，而莫利哀、易卜生、契訶夫、羅斯當、霍甫德曼，和梅特林克等大師的一些名劇，她全讀過。連俄國名導演兼演員史坦尼斯拉夫斯的著作也看了。她花在舞臺劇上的時間最多，其次才是電影與電視。這兩三年，她未拍電影，主要是演舞臺劇和電視。最近排演「貴族的階段」，本無時間訪華，她一來，全班人馬只好休假三天。劇中她扮一個十六七歲的姑娘，以她的年齡，眞不容易。但今天我看了她的一些敏捷的動作，就是在習舞臺身段與動作！再連繫觀察她的眉眼、舉止、表情，竟與那個銀幕上的夏子姑娘並無二致。我不禁笑起來。

「栗原小卷女士，我似乎掌握到你成功的一部分秘密了。你簡直把一個舞臺人或電影人放到生活裏了。你平日的個人生活與舞臺生活或電影生活，可能不太容易分得開了。人們不大分得清：你究竟是在演戲、演電影，還是在過日常生活。在這種情形下，你的表演當然是非常眞實、自然、感人了。」

她和菊池雅樹也笑了。她點點頭，多少同意我這種說法。

她的記憶力頗強，爲了今晚首次放映「望鄉」，她將上樂聲電影院與觀衆見面，大家教她三句話：「大家好！我是栗原小卷，請多指教！」我把第三句寫在紙上。她聽了兩遍，馬上就記得了。她說中文很不容易學。我記得前幾年，她在上海與歡迎大會的觀衆見面，我在杭州聽上海早晨廣播，耳朵裏吹進一個甜柔的聲音：「你們好！」想不到今天竟在臺北教她講中國話，世事眞如轉蓬呵！

當華視拍了些鏡頭和訪問後，一小時半已悄悄溜過去了。一切聚會如果像燈光一樣發亮，時間總是大殺風景的吹燈者，有什麼法子！

「歡迎你到東京來！」

「我希望將來能看到你主演的所有的影片。」

我握著她纖細的手，卻想起巴拉特．白朗寧那隻悄悄的纖手。我想，她眞該演英國名劇「閨怨」。如果她扮白朗寧夫人，那可能是她表演藝術的極致。

不過，超於一切的，我卻想起她的高度嚴肅的私生活，她爲了藝術而犧牲家庭享樂。在好萊塢，只有過去的葛烈特·嘉寶可媲美。我可以斷言，沒有嚴肅的私生活，幾乎沒有眞正偉大的表演藝術。栗原小卷的成就，是她的天才、用功，和嚴肅生活的綜合產物。她的生命風格，眞值得我國藝人學習。

（七十三年九月廿九日陽明山）

歌劇女王的悲劇

父母是希臘移民，自己卻出生在紐約的瑪莉亞．卡拉絲，曾負笈雅典音樂學院，隨著女高音希塔格學義大利的美聲唱法七年。學成後，在雅典歌劇院首次登台，上演「低地」。一九四七年，在義大利威羅那野外劇場演唱歌劇，一鳴驚人，大受名歌劇指揮家賽拉芳的賞識，由他推薦，她得以在該國各大歌劇院登台。憑著她燦爛厚重的音色、寬廣的音域，以及豐富的情感，她終於征服了觀衆，叫他（她）們如醉如狂，爲之風靡。

據歌劇聲樂專家品評，她的唱腔的特點，還在於她的強音宏亮鋒銳，弱音則柔潤甜麗，而且她發聲清晰優美，音實厚質平正，擁有輝煌的歌劇音勢，音色的變化也頗微妙，她的演技更極爲出色。具備有這樣的功力和才華，她才能傲視歌壇，成爲廿世紀一代「歌劇女王」和「金嗓子」，風靡了千千萬萬人。

當她如日中天，名滿全球時，我身陷大陸，哪裏有機緣享受她美妙的歌籟？直到毛皇帝歸西，赤色壓力不得不鬆弛了一點，我始有機會偷聽「美國之音」。有一次，播送廿世紀十大名女高音的演唱，我才第一次聽見她的神仙聲音。來臺灣後，見報上介紹她，我便設法搜購她的錄音帶，限於時間和精力，再加之一般店鋪空間大半被流行樂曲所霸佔，古典歌劇已變成冷門，只找到三四盒。（也許有些商店有她的很多錄音帶，我未去找。）數了數，約三十首左右的歌劇名曲。雖然稀少得寒傖，但對她的偉大藝術總算能嚐鼎一臠了。從貝利尼的「諾瑪」、唐尼采特的「露奇亞」、「安娜波雷娜」，直到普西尼的「托斯卡」，威爾第的「艾爾納尼」、「馬克白」、「河羅德」、「唐·卡羅」，以及古諾的「羅蜜歐與茱麗葉」、馬斯奈的「維特」。這些名歌劇的卅首膾炙人口的名曲，全像仙樂似的飄在我四周。

我最喜歡的，是她唱比才「卡門」中的「哈巴奈拉舞曲」，普西尼的「托斯卡」中的「爲愛與歌而泣」，和葛呂克的「奧爾菲歐·尤麗迪斯」中的「我失去了尤麗迪斯」。「哈巴奈拉舞曲」是西方流傳最廣的歌劇名曲之一。當年比才在世時不得意，幾乎無人賞識他，鬱鬱而死，後卻譽滿四方，「卡門」一劇，被評爲古今最熱情的作品。卡拉絲唱來，音勢之壯美，眞是氣吞山河，令人震撼。我特別愛聽她的「爲愛與歌而泣」，那種纏綿悱惻的情感，如怨如慕，似泣似訴，眞叫聽者每一顆細胞都爲之顫慄不已。而「我失去了尤麗迪斯」一曲，她突出的表現了她的音域的寬廣，把一串難度極大的低沈歌音唱得婉轉有致，分外迷人。

坦率說吧，陽明山中不少深夜，是她的聲音伴我轉化寂寞爲詩意的享受。

在這之前，我曾在某大報讀到一篇有關她的愛情與藝術矛盾的介紹，將近萬言，我承認，此文頗動人，資料也豐富。不過，作者認爲她晚年生命的悲劇，是由於她的生命的兩重奏——藝術與愛情的衝突，她未能解決。這一點，僅僅根據作者本人所提供的種種資料而言，我倒不能完全同意。（我認爲，二十世紀天才舞蹈家鄧肯一生，倒好幾次出現愛情和藝術的衝突，雖然她晚年因車禍與事故而死，與這種衝突並無關係。）

我既愛聽音樂，又對卡拉絲的生活悲劇頗同情，當時便寫下我的 些個人看法如下：

我認爲，卡拉絲晚年的悲劇，主要還是由於她本人個性中含有悲劇的成份，而且她缺少足夠的智慧，來充分瞭解自己的個性可能演出的悲劇。她完全沒有自覺到這一點，而事先防範，或事後加以約束，所以才造成了她晚年的悲劇。

她的個性所以含有悲劇成份，理由如下。從某方面說，儘管她很聰敏，有才華，不愧是一個偉大的音樂家——歌唱家，然而貫穿她整個一生，其絕大部份，含有一種強烈的自我英雄主義，這一點，只要觀察她個性中某種極度任性的表現，就可豁然。這種極度任性和個人英雄主義，其實是互爲因果。由於極度任性，她一定要成爲一個偉大的歌唱家，所以她拚命努力；但由於個人英雄主義，所以在某些方面，她純粹按照個人的好惡行事，絕不考慮其行爲的客觀影響，她爲了追求藝術的成功，終於嫁給那個主持她的音樂事業的義大利經理——富豪麥烈吉尼，過了一段算是幸福的家庭生活。可是，後來，她的情形有點像好萊塢的偉大的電影明星英格麗·寶曼。當寶曼的藝術事業達到巔峰時期，一切屬於一個電影演員的最高慾望，全得到高度的滿足時，她竟樂園思凡，想享受最大的自由。她把她的幸福家庭毀掉了，把她同甘共苦的丈夫和女兒也丟掉了，和一個義大利導演同居。這時，她想追求另一種愛情，她認爲第一次愛情太單純，太不夠戲劇性了。也太不能配合她的藝術興趣和理想了。卡拉絲差不多也是這樣。當她的藝術光華到了頂峰時，她拋棄了義大利經理，跟世界富豪船王歐納西斯在一起，甚至比寶曼更進一步，連藝術都不顧了。這種情形，我認爲也算是一種個人英雄主義。因爲，她在藝術上的英雄主義已經成功了，慾望完全得到滿足了，但在現實的榮華富貴與享受方面，她還沒有得到個人英雄主義的滿足。做一個藝術事業經理的妻子，和做世界首富之一的夫人，其況味當然殊異。她一心一意要滿足她的虛榮心，這是她的任性，也是她的個人英雄主義。如果她眞重視藝術，她會發現，這種愛情會摧毀她的藝術，因爲，歐納西斯只是一個庸俗的商人，他不會像那位經理，眞愛她的藝術，他愛的是她由藝術獲得的盛名，他需要這位名聞全球的金嗓子來點綴他的虛榮心，如非洲金鋼鑽之點綴女人手指。卡拉絲沒有覺察到她面臨深淵，而懸崖勒馬。她甚至絲毫沒有考慮這樣做。在凡塵極度享樂的巨大腐蝕下，也的藝術當然漸漸退步了。

這種情境，說明她到底是個女人。一個道道地地女人，往往爲了愛情、孩子、家庭，而放棄她的事業理想。這是她的弱點。但另一方面看，她這種做法，還是混雜著個人英雄主義的色彩。因爲，對象是世界船王，生活得像一個皇帝。而她對他並不大瞭解。這位船王爲了滿足自我虛榮心，獵取她到手以後，和她度過一段浪漫的蜜月，終於又把她甩掉，追求甘迺迪的遺孀賈桂林——美國總統夫人。這證明其人極度庸俗，但卡拉絲似乎並沒有看出他這一面。甚至船王死後，她晚年還哭倒在他的墳前。按我看，這是她心智中的大缺陷。有了這種缺陷，就免不了要演悲劇。

再拿卡拉絲和她媽媽的關係說，我認爲，她後來和媽媽斷絕往來，總不免悖於常情。無論如何，母親把她生下來，培養她，使她成爲世界上偉大的聲樂家，對她總算有大貢獻。她卻狠心與母親斷絕關係，實在令人遺憾。當然，她母親也有缺點，這是不能否認的，但這個缺點不應該影響她做人的基本義務以及基本人性。由此可見，卡拉絲非常任性。她任性，她拋棄媽媽，後來又扔掉對她事業有助的第一個丈夫，這就造成她個性上悲劇性的大缺失。因爲，你既然能狠心對別人，別人當然也可狠心對你了。所以，後來船王狠心甩掉她，在上帝的眼光看來，不過是一報還一報而已，相當公平。

總之，她的悲劇，自己要負很大責任。如果她不與船王搞在一起，始終與第一個丈夫白頭偕老，她可以很幸福的度過一生。所以，我認爲某先生在研究卡拉絲平生悲劇時，只講了一個方面，而沒有分析卡拉絲個性本身所存在的一大問題，特別是她悲劇性的大弱點。這個大弱點，還不僅僅是迷戀於愛情，而在此以後，還隱藏一種東西，那就是她的絕對的個人主義、絕對的任性，這個，從社會來說，是道德上的弱點，從藝術家來說，卻是致命傷。因爲，理想性的極端個人主義有時雖然能成就一個藝術家的偉大，但出自紅塵現實的極端個人主義，再加上任性，卻往往會毀滅藝術家本人。沒有藝術家，又哪有藝術？這個簡單道理，當年卡拉絲或許知道，或許不知道。而沈入愛情深深漩渦中的女人，十九會忘記簡單的人生道理。

卡拉絲既不是第一個，不也是最後一個。

檸檬

十二天前那一夜，左鄰那隻大狼狗，忽作老翁嚎啕哭，哭聲淒楚。哭畢長吟，活像工廠放汽笛。吟訖，卻又嗄聲喃喃不止，似人怪腔怪語。如是周而復始，足足鬧了一夜。

本來，此狼狗碩大，若西藏獒犬，元氣充沛，平日吠聲雖響，並不長，倒也罷了。現在牠吠音出異象，完全不似犬聲，而似人聲，喧囂通宵。這怎麼得了？

翌晨早餐後，約十時許，我決定找狗主算帳。不料才踏進院子，地上顯一方白色字條，拾起拜讀，竟是討伐我的短檄文。文如下：

「養狗的主人：昨夜你家狗叫了一夜，吵得我們無法睡覺，請你注重公德，及早設法制止嘈音。否則，我們只有報警了。鄰居夜三時半」

原來字條是凌晨三時半投擲的，其十萬火急悲劇心情自可理解。但張冠李戴，勒令區區代人受過，甚至要扭送警局，豈不冤哉謬哉！

我和眞罪魁的女主人隔牆大聲談判，手裏搖著那張白字條，像搖招降書。

「眞對不起。昨晚老闆和一些職工在我家開會，（是某報老闆，報名暫隱）開了一整夜會，他們都怕狼狗，所以我把牠綁起來，這才吵了你們大家。眞對不起。不綁，牠不會很吵的。」唯恐我心有餘悸，她又請我吃了一粒鎮靜劑。「他們難得在我家開會。」

過分禮貌總是繩子，正像昨夜拴狗的繩索，把你綁得緊緊的。我只好禮貌的打退堂鼓。於是訪右鄰，更正檄文不實，並好言安撫一番，說我家母女兩狗庭訓甚嚴，夜裏從不亂擲嘈音手榴彈，擾人清夢，請他們幸勿惶恐云云。我還央求他（她）們轉向樓上幾位鄰居解釋。

正慶幸一場狗災已消，甫入客廳，忽聞妻哀哀哭泣，繼見她遠遠（註一）蹲在地上，面前躺著母犬檸檬。

我急走過去。

「檸檬死了……」福美哭著說，淚落如雨，不斷用雙手慢慢撫摸狗的身體，一遍又一遍，彷彿這樣摸了，牠就能復活。

「眞怪，今天早晨我起來，到現在才三四十分鐘，也沒見牠倒在這裏，怎麼——」我一陣心酸，低低說。

「剛才十一點，我從房裏出來，看見牠躺在這兒……牠走得太快了。」福美繼續哭，流淚，撫摸牠。

眞有這樣巧事？昨晚，我親自餵牠，牠胃口還那麼好，把一盆飯、菜、湯全吃喝光了，像平日一樣，又左一遍、右一遍，伸長舌頭，舐那隻綠色搪瓷盆子，舐得乾乾淨淨。

是不是昨夜鄰舍狼狗吠聲出異象，徵，（有時，每一想點心的緻密心態然而，現在牠靜靜躺著，我用手摸摸牠露出口外的舌頭，已經冰冰涼。再摸摸胸口，還是溫熱的，肉體也軟軟的。這眞是一隻美麗的狗，形貌是狐狸犬與土狗的混血，渾身白毛底子，只脊背中間顯一塊黃褐色，如馬鞍形，額與耳則深褐色。

牠的美麗不僅是外形，還是牠的靈性、聰敏、忠誠、義氣。

據美說，牠是撿來的。初入她家，才數月，小小的，躲在桌下，蜷成一團。一見任何人去摸牠，立刻吼出低低喉音，似在發怒，抗議。唯獨美撫牠，竟俯首貼耳，愉快順受。因此，她倆特別有緣。於是起名檸檬，取其又酸又甜。她碰牠，是甜甜的；別人觸牠，卻是酸酸的。

牠的奇忠，岳家左近鄰舍聞名。因爲事務太忙，有時兩老顧不及餵牠，便到鄰家就食，但不管鄰人怎樣巴結牠，討好牠，吃完就走，仍回我岳家，從不多留一分鐘。

「我的檸檬的忠誠，絕不是任何美食所能誘惑和賄賂的。」美老誇牠。

婚前，我住英雄館，有一天，接電話，感音片上傳出美痛苦的柔音：

「檸檬在用嘴啃牆壁哩！狠命的啃哩……」

是指牠難產。我感到她心底似在滴血。

結婚那年，檸檬陪嫁來我家，冬季產一女，美叫牠檬娃。不久我去美、加、日三國一個半月，作了二十四場演講，美伴著我。回家時，檸檬瘋也似的撲到美懷裏，鬧了好久，檬娃也搖來搖去了，渾身雪白。

有兩次，我在附近巷子裏散步，兩頭陌生大狼狗先後向我衝來，我倒駭了一下，誰知衝到跟前，全搖尾表示親善，嗅嗅我的腿，腳，衣服，怪親熱的。我這才頓悟，久居畜狗之室，我身上，腳底黏狗毛，沾狗味，狗氣，牠們全把我當做同類了。

「檸檬胸口現在還是熱的哩！」

美一面撫摸，一面哭著說。她已蹲在牠身畔，哀哭一小時了。她的流淚臉孔，我眞不忍卒睹。我只得傷心的勸慰她休息一會。

「讓檸檬留在家裏，再陪我們一天吧！」

她站起來，一再流淚望牠。

我轉眼看看牠的女兒檬娃，牠那白色身體，正匍在沙發前面，靜悄悄的，似多少已覺察女主人哭聲的涵意，以及媽媽靜睡不起。可是，我才一瞄牠，立刻感受到這個小動物的形單影隻，而整個屋子忽然也變做一座空山似的。

從現在起，多次我經過檸檬身邊，總要對遺體靜靜望幾眼，只要望一眼，心裡就一緊，彷彿被什麼手緊抓住。有時蹲下去，憐惜的摸摸牠。我知道，將來再沒有摸牠的機會了。

美把所穿的那件猩紅色呢料長裙拆開來，作爲殮布，鋪在牠身下，打算明天用它包裹牠的遺體下葬，外面再加一個硬紙盒子。

多鮮艷的紅色！可艷色上面躺著……

有好幾次，她又痴痴蹲在牠身邊，一次次的，撫摸牠，流著淚。

「現在，牠的身體全冷了。」下午她說，淚水滴在地上。

深夜那一次，她蹲得最久，一面淌淚，一面柔柔撫摸牠的茸毛。後來她流淚告訴我：她眞希望出現奇蹟，通過她的痛苦的愛撫，檸檬能醒過來。然而，牠仍沉沉熟睡，絲毫不回應她的愛撫，她眞是心如刀割。

我想起那些燈光夜，她最愛把檸檬緊緊抱在懷裏，看電視。這時，牠緊緊闔眼，卻不是睡著，在深深享受美對牠的膩愛。牠的表情是那樣溫柔，甜蜜，顯示動物的幸福感。牠望著美時，那種溫馴柔美的眼色，哪像犬？彷彿通了靈性的生命，完全懂人語，有思想。

美只要一出門，牠就呆呆匍在大門邊，一直等她回來，哪怕從早等到黑，也等。有時要不是我喚牠回來吃飯，牠就不肯離開院子。一吃完飯，又去等。

翌日下午兩點，天落小雨，美和弟弟福華把檸檬的紙棺抬到汽車上，打算葬在附近軍艦山的斜坡道旁，不很遠，我們有時好去看牠。不一會，她們又回來，說山道都坍了，附近不適宜下葬，這才決定移葬於基隆岳母家附近，我們去訪岳母時，也好看牠。

喪葬經過，是美哭泣著告訴我的。

先是在岳家近處，找到一塊地，卻發現可能停汽車，影響墓地安全，而且也無法訪墓。另在左近找了一片合適土地。雨越下越大。福華不斷揮鏟挖坑，美在一旁哭個不停。坑穴挖好，福華從紙棺搬出檸檬遺體時，一身茸毛還是軟軟的，他才一抱在懷裏，就放聲大哭，美也哭得更兇了。四周的雨水眞似天哭。福華小心翼翼，把檸檬緊緊包在猩紅殮布裏，慢慢放下去，再塡上土。他一面哭，一面不斷唸著：

「皈依佛。皈依法。皈依僧……」

他希望牠來世超度。

後來美大哭著對我道：

「我寧願永遠不再看見檸檬，只希望牠來世不再爲畜生，不再受痛苦……」

她越說，哭得越哀。

下葬次日，夜間，我去廚房，又見她在流淚。

「這是檬檬的飯盒子……」她哽咽著說。

是一隻綠色搪瓷盆，她說上面還有檬檬的毛，和已乾的飯粒。

我聽了，心子又一陣抽緊。她的聲音直比蕭邦喪曲感人。

等她走了，我悄悄把飯盆沖洗一遍，偷偷藏在洗衣間一角隱秘處。不料她竟發現了。

「爲什麼把檬檬的毛和飯粒洗掉，這幾根毛，這兩顆飯粒，不許洗了，不許藏起來……」

犬不在，飯盆在，看看它也是好的。

可我卻有點受不了，還是把牠放在洗衣間半明半暗處。

幾天後，高僧宣化上人由美國來臺灣，主持桃園某寺法事。美特別爲檸檬去做幽冥戒，替牠超度，儀式足足做了二小時多，不斷誦經，拜佛，作揖叩首，一面拜，一面流淚。

現在，一看到白色檬娃的孤影孤形，我就會想起牠媽媽的白色身影，牠那忠誠的臉。

我打算把檸檬的照片掛在壁上。

可我有點怕——

開始燃燒的迦太基（註一）

——歸國三年初感．致香港友人書

相傑：

我還在杭州時，你從香港來訪，就一再提起日本黑澤明導演的影片，希望我有朝一日能欣賞。那時候，我把這當做空投畫餅，而我這位大陸人正像其他「同類」（「五類分子」之「類」）一樣，有時總不免翹首看雲，雲層間縱使落下一兩塊畫餅，也好。多少可安慰我們那些空大鼓式的胃。我們有各式各樣可憐的胃，機體的、慾望的、精神的、衝動的……。而且，有些奇奇怪怪的胃，徒然增生出來，好像越是飢餓、空虛，胃越多。

足踏自由世界紅塵，特別是臺灣瀝青道後，你又一次函催我和黑握手。然而，直到三年後，將近兩月前，你再一次信促我拜觀黑的名作「亂」，我這才下決心，去租錄影帶。又拖了二十天，昨兒店裡打好幾次電話，火急催索了，今日我才硬抽出時間看完。若不是那些電話感音板上的聲音炸耳，我恐怕還要拖！

先不提「亂」感，且談我的「拖工」，你怕被「拖」得一佛出世，二佛昇天了。

近三年來，我有些心情，不只你不懂，連我自己也不明白。我和「自己」交了六十幾年朋友，是密友，突然間，我開始對他有點陌生了。

比如，年輕時，抗戰期間，定居重慶，在售珠市左派生活書店發現「世界文庫」版「美國短篇小說集」，賽先艾陳家麟合譯（陳曾和林紓合譯過不少英美文學作品），口袋毫無分文，竟立刻脫下身上毛線背心，送入兩路口當舖，典了錢買此書。又如，某次，在同店發現同版周筧（周揚）譯「俄國短篇小說集」，又是囊中空空索性回去把一頂蚊帳典當，換購此冊（那時正值夏季）。爲了紀念往事，出大陸時，這兩本書雖破舊老耆如老嫗，還特意帶出來，迄今尙和我結伴，歷時已四十五年矣。

那時，我對智識、學問、圖書，有一種瘋狂的渴望，簡直像神經病院長病號。

苦等了三十三年，一九八二年十二月二十三日，我終於穿越那分割陰陽兩界的羅湖橋。這之前，我似乎始終牢守上述長病號的風格，像守財奴哈巴貢死守金子，我固守那種渴望，在現在已經不同。再說吧，才過羅湖橋前，六十五年來，從離開母親子宮，接觸第一線陽光、第一口新鮮空氣起，直至接觸「論語」、「孟子」、「三國」、「水滸」，以後是「紅樓夢」、柏拉圖、尼采、達文西、貝多芬，一系列大師像偉人森林，叫我徹底潛沈於專期森林浴。沐浴過的視覺、聽覺、思維、感受、衝動、慾望種種，漸漸在我機體內層築成一座精神架構，似加拿大那些大廈，晝夜二十四小時發亮，和太陽共同照明本來一片黑暗的外界宇宙。紅色政權那似大隧道內景的三十三年，我也就靠這座天廈發電。

然而，好容易邁過羅湖橋了，三年來，這座大廈竟開始扮演多倫多電視塔，隨狂風有點跳搖擺舞了。

大陸那六十五年，即使在紅色政權最恐怖的折磨下，對人類整個文化文明體系，我的信心依舊犖磐石。眞怪，目前磐石雖存，卻開始出現一些裂縫，雖不致太傷害堅固，但這種堅固似乎不再像從前那樣完整了。

記得抵香港後，金耀基先生請我到中文大學新亞書院演講，後來他說：

「卜先生，你是不可救藥的樂觀派！」

按某種層次，樂觀至於「不可救藥」，本是生命（至少是現實生命）眞正得救的保證。但金先生並不眞瞭解我，似乎也不太重視生命的過程。造成上述裂縫的種種過程，非常複雜、微妙，幾乎不知不覺的，一條又一條裂縫突然出現。儘管我頑固的不斷阻止它們，終於還是迸裂。

我不想誇張，但我要坦白說，如深入研究這一過程，把那些微妙處全盤呈顯得像太陽一般光燦，那可能是現代文化幾種謎底的解答。因爲，莫斯科型與北京型文化體系的悲劇。不只如牛痘一樣，已從反面產生醫療價值，也孕育一種反面的神秘的營養價值。西方和臺灣如不重視這兩種價值，即使莫斯科與北京完全崩潰了，將來還會重演歷史文化的悲劇。一個在大陸耽於多年沈思的人，投入自由世界後，種種精神反應，多少可作爲上述醫療與營養的資料的一種。

正因爲情形如此複雜錯綜，要竭智找尋前述裂縫的全部成因，並非易事，這牽涉到許多層面，而有些成因暫時還是「上窮碧落下黃泉，兩處茫茫皆不見。」

在這封信上，我不可能也不想跳入一個有去無回的大漩渦，我只想談簡單事。爲了讓你較容易接受，我只想介紹那驚人的幾次錘擊聲，是它們恣意爆打我的磐石，逼它稍稍豁裂的。

第一錘。

我一向認爲——事實也證明：一九五一—六〇年，和一九六六—七六年，是中外古今人類歷史上最恐怖也最墮落的二十年。單單這二十年，不僅使全人類蒙羞，也叫每一個眞有自尊心的中國人，多少年無臉見人。從另一個角度看，這二十年種種歷史事實，足可給西方各科學者以極豐富深刻的啓示，刺激他們寫作許多有關大陸的書。但此次去美國演講後，直接間接所聞，我才知道，我的判斷有點偏差。美國學人中，甚至一些專門研究大陸的學者，像費正清、包大可，對大陸社會現實內層竟所知有限，甚至不肯從很有限的認知中抽繹出眞正客觀而公正的結論。相形之下，有些美籍華裔學者的見解要深刻的多，前年九月，美國報刊出美聯社電訊，北京國家統計局副局長許剛承認，一九五九—六二年，大陸餓死了一千萬人以上（事實上不止此數）。然而，這條駭人的新聞，雖說屬於歷史，並未在美國引起適如其分的震撼。相反的，當時死了一個江南——涉嫌替中共、臺灣、美國三方面做情報工作的投機分子，美國朝野卻鬧翻了天。難道這一千多萬條中國人命還抵不上美籍華人江南一條命麼？對絕大多數美國人說，甚至對絕大多數美國政要、商人、學者、名流來說，三十三年來大陸所發生的無數千千萬萬恐怖而墮落的事實（這類事實中任何一件，全會叫自稱「人」這個動物臉紅的），竟好像從未發生過。中國大陸彷彿是另一個星球的空間。而他（她）們對蓄養的每一條狗每一隻貓的關心，遠遠超過對大陸餓死一千萬人的注意。這不是我渲染。這是無情的事實。

這種可怕的美國現實，當年在大陸時，我只是預感、胡猜，現在果然親身證實了。

在這種和大陸一樣恐怖的冷酷現實下，（有時，每一想起這種事，我就要流淚，渾身抖顫。）我懷疑：許多美國人讀西方聖賢書，究竟讀到哪裡去了？我更懷疑：許多西方人文科學名著，對美國人究竟有什麼眞正教育作用？

我承認派屈史翠夫人名言：「統計數字不流血。」萬里外一千多萬餓莩，不會比一頭現場挨餓的病貓更感動牠的主人。而人類來自本能的絕對利己心往往扮演遮眼罩，阻擋了許多原應該暢通的視線。沒有無遮攔的視線就沒有同情的觸媒。再以現代人的記憶，數千年的歷史痛苦早把人類良心、良知壓扁了。新的一長串痛苦名單，只被人們看成難以忍受的歷史堆積的重複。人類當然天賦有拒絕痛苦的權利。

這些和另外許多許多事，我完全理解。然而，我的良知、良心是由大陸三十多年黑暗所培植，不是植根於美洲、歐洲或臺灣，所以我仍舊對前述種懷疑，甚至起強烈反感。

第二錘。

美國人花了數千億美元，傷亡數十萬官兵，結果仍在越南失敗，害得千千萬萬越南生命漂流海上，不少人餵鯊魚。明明美國人被北越打敗了，而今天臺灣正和北京作生死格鬥，而中南海那批頭目兇殘正如北越，而若干年來，直到我現在執筆爲止，這裡某些名流學者居然大力鼓吹，我們要走美國道路來制勝中共。他們幾乎原封不動，把在美國所學的那一套照搬到臺灣，鼓其如簧之舌，侈言要解決海峽兩岸問題，似乎只有他們最瞭解中共和大陸。我眞懷疑：他們讀書讀到哪裡去了？他們滿腹學問是眞爲救民濟世，還只是從事炫耀？爲了開「學問展覽會」？我又懷疑：那些聖賢書和古今名著究竟對他們起了什麼教育作用？

類似錘打聲很多，其他種類搥砸聲更多，經歷三十年猛擊，你說，我那座磐石再堅硬，怎不肇始綻裂？

在一聲聲搥擊聲中，你說，我對那些千古不朽名作（自然科學例外），包括你鍾愛的黑澤明名作，怎能勾起當年瘋狂渴望？……我的渴望簡直被那些搥擊聲駭壞了！

大陸三十三年冥土生活，再恐怖的搥擊聲，我不怕，但自由世界——我的母親，我眞不忍心忍受這些搥攻聲。我的弱點，正是荷馬筆下阿契理斯的弱點——他那隻可憐腿腳，象徵母愛的。

一個「拖」字是自然反應。

——至於黑先生的「亂」，看完了，印象尚可。你說由莎翁「亨利第四」改編，不是，它的故事原型可能來自「李爾王」。上月聽一位日本作家說，日本影評界對此片評價並不高，而法國影評人大貶。我想，見仁見智，人之常情。就中國人說，透過此片，對日本古代政治、文化、風俗、民情有所瞭解，不無裨益，姑不論它的導演風格，表演藝術，及種種技巧、手法。遺憾是：「李爾王」模式的倫理悲劇，今天看來，未免太古太老了。近三十餘年來，中國大陸所創造的種種道德悲劇新模式，遠比「李爾王」型的新鮮、深刻多了。只可怕欠缺衆多藝術製作罷了。

雖然遲到，現在該讓此信主題出場了。

事情原委如下。

此間聯合報副刊新設小小專欄，名「我爲什麼要寫作」，廣邀作家執筆，我也寫了兩百字，五月十四日披露。想不到，這篇小小文最後五句話四十五字，竟引起香港時報專欄作家張逸先生連寫四篇短文評議。

張先生眞是我最忠實的讀者，也是最愛護我的文友，縱未謀面，他的淳厚人品，卻洋溢字裡行間。拜讀完了，我實在說不出的感動。

我那五句話如下：

「抵臺灣後，寫作是一種習慣。在可預見的將來，隨生命衰退，習慣會變成沈重負擔，只有力求卸脫。」

時報副刊「書話」專欄，張先生全部轉載拙作，並說：讀後「令區區感到欷歔。」「一位熱愛寫作，從寫作探求人生眞理的人，何有此蒼涼的感受？」又說，早些時，他閱聯副黃永武先生「無名氏的寂寞」，「有無限惆悵」。第二篇，他說：「這是無名氏勇於面對殘酷現實的表白」。「無名氏是否不習慣只『流於多元角逐』的社會，於是也把生命的衰退，作爲自戰陣下來的藉口？」第三文說：「我想無名氏的疲乏，不是長跑而來，而是長跑已被『健康舞』、那些在冷氣間的運動所取代，無名氏的寂寞，也許如是吧！」第四篇文題是：「但望那日子遲遲到來」。此文提到去年一位女投機分子對我的欺騙，懷疑她的「困擾」使我「耿耿於懷」，最後說：「但望無名氏那段視寫作爲習慣、爲負累、爲包袱的日子，遲遲才到來。」

張先生如此厚愛，我眞是感謝。容我說兩三句情緒話，正因爲有張先生這一類愛我的朋友，識與不識，才堅定了我探索人生眞理的信心與勇氣。率直說，我這類朋友倒不少。

我那五句話所以使張先生「能不怦然」，因爲他身居香港，止一步步走入九七陷阱，切膚之痛，使他多少還感到我「這位與中共對峙三十年的文人」的存在份量。遙隔一座南中國海、暫偏安寶島的人，絕無他的切膚之痛，就不會有他的深刻感受了。自然也有一些例外。

比如，今年春節，我拜訪梁實秋先生，我面贈他「海的懲罰」。他接在手裡，感慨萬千說：

「卜先生，大陸上要死多少萬人，才能使你寫成這本書？」

這就是一位眞正愛國者的語言，他的血管裡眞正流動著大陸人民的鮮血。

上述張文分析，除有關那位女投機家外，其餘全有些道理。不過，我還想深入，爬羅剔抉一番。

我個人心情變化，前述種種——是一些外因，但更重要的內因是：我發現，我們開始面臨幸福的懲罰；而我懷疑：有一天，個人是否可能會顯無力感？

此話怎講？從一九四九年起，在海峽對岸，我們面臨的，是赤裸裸的痛苦的懲罰，我曾以十六字概括其內容：「舉國皆貧，舉國皆病，舉國皆囚，舉國皆罪。」而目前，在海峽此岸，卻面對幸福的懲罰。後一懲罰自與前者大不同，且是一種幸運的象徵，但日久月長，卻不見得無嚴重後果。

拙作「塔外的女人」曾說：「美景後面總藏著巨大懲罰。」前些天，某報記者特別來電話，詢問其深一層涵意，因爲他想引用此語。本月中，和你有交往的區展才弟來信，特別提此句，說「箇中味道，凡夫俗子是不可思議的。」

富裕或財富，僅是構成幸福的一個重要條件，卻非幸福整體。但世人總愛把富裕和幸福畫等號。姑從俗。我把富裕的懲罰說成幸福的懲罰，而前引「美景」則是較鮮明的詮釋。此岸某些精神堡壘，中共用大炮未必能轟破，卻被幸福攻破了。且不說社會上一般人敵情觀念淡薄，有些人根本毫無敵情概念。你提祖逖「聞雞起舞」，他說你發神經。你盛道范仲淹「先天下之憂而憂」，他說你夢囈。

這其實是一個戰爭時代，主政者向社會作大讓步，說成是半戰爭半和平的時代。但許多人總千方百計，用和平的感性佔領戰爭的感性。其惡果，就是「欲把杭州作汴州」。全島只有將近十分之一的人，眞正浴在接近戰爭的氣氛中，十分之七，卻在享受一個花花世界。有些年輕人更是幾乎「不知有漢，無論魏晉」。

黃（色）潮像黃河氾濫，黑（道）潮還在掙扎，灰（色）潮吞沒了不少青年，酒潮仍舊席捲許多心靈。這種種現象，絕未見於二十年代和三十年代的大陸。這是幸福的懲罰開始露面寶島。

有人說，這是工業轉型期的必然現象，但願如此。

按我看來，自由世界凡是富裕國家，在不同程度上，全出現這種幸福的懲罰。法國巴黎，一到夏天，人們全湧到海邊避暑，工商業幾乎癱瘓。瑞典人民生活太舒服了，人們反而心靈空虛，自殺的人特別比從前多。科威特島石油賺的外匯太多了，人們開始大懶了。在美國，男女道德觀念可能快要瓦解了，上電梯時，男女才識幾秒鐘，就可以上床。而在紐約，一百件殺人案，平均只能破獲五十件，這在十八世紀歐洲封建皇朝是不能想像的。

我絕無意舖張這種懲罰內涵，但懲罰確實存在。在這種情形下，希望海峽兩岸兩種懲罰觀念相溝通，很少可能。

幸福的懲罰這才開始，問題自然不算嚴重，而且還可補救。但我這個大陸人，身受三十三年赤裸裸痛苦的懲罰後，不免開始感到有點累。未和我交往者，或許對這點「累」失望，但眞瞭解我的人，會珍惜它。如果眞實不能叫我們得救，虛僞更不能。

相傑，我給你寫這封拙劣的信，不禁想起德國雨果・芬・霍夫曼斯塔爾那封著名長信：「參道思書信」，他寫了，是爲告別文壇。

這封信像一座奇異花園，到處精采。下面幾行，我特別欣賞。

其一：「有一次，我從一塊放大鏡裡看自己小拇指上的一塊皮，我看到的彷彿是一片佈滿窟窿的地面，我於是覺得，人類和人們的行爲，也都是這個樣子。……」當年我在大陸，身受痛苦的可怖懲罰，正是這種感覺。現在，想不到財富和幸福竟開始曲扭某些人的靈魂，在他（她）們行爲中，我多少也有這種感覺。好在他（她）們是少數，如不盡快設法，雖是一小塊疥癬，也會慢慢蔓延開來。

其二：「我內心裡也看到了焚燒中的迦太基，可是，我的感受還有甚於此，比這個更神聖、更無人性，那就是『只顧現在』的心情，更充實、更強烈的『現在』。」我眞佩服雨果，早在八十三年前，他就預言了自由世界目前「幸福病」的特徵。眞正，「現在」把許多人壓得喘不過氣了，「現在」逼自由人做一切並不想做的事，和一切太衝動的事。「現在」是多少人的拯救，可也是他們的懲罰，他們的地獄。很少人研究時間的眞正平衡，把「現在」放在適宜位置上，工業飛速發達的結果，生命的時間表完全變了。在十九世紀，甚至二十、三十年代大陸（抗戰期不算），人們還能享受明顯的過去，現在，未來。此刻，「現在」瘋狂的吞沒一切。而許多人從正面、反面、側面，從四面八方，來加強「現在」的魔力、權威、迷醉和陷阱。自然，這一懲罰本是經濟美麗果樹連帶結成的苦果，但一些別有用心的人，卻把它裝扮成甜果，著意渲染，……

相傑，這封信夠長了，我們該結束了。我那五句話，引起張逸先生感人反應的，似乎得到解釋了。

我必須告訴你，寶島自由人終是聰敏的。有一天，會恍悟幸福的懲罰將帶來什麼樣的後果，他們會像創造每年進出口貿易五百億美元奇蹟一樣，創造社會道德的奇蹟，中華綜合文化的奇蹟，這些奇蹟將把我們帶入一片嶄新的人生境界。這種境界才是中國文化對人類眞正偉大的貢獻。

投入自由世界三年了。在國內外，我作了二百幾十次演講（包括座談），發表了近四百篇長短文章（包括詩），達六十多萬字，出版了十五種新書，達三百多萬字。其中有些是肯定臺灣的輝煌成就，我把這當做中國歷史上的奇蹟。不過，玫瑰花太美了，不免出現蚜蟲，它那長管形的口吻，會吸乾玫瑰的汁液。我們不能老是對玫瑰唱讚美歌，而閉眼不視那些渺小但可怕的長管；再豐富的汁液，也會被它們吸乾。

對那許許多多隱藏的長管存在，我這封信就算是預發警報吧！

一九八六年五月二十七日

【附註】

註一　投奔臺灣三年時，我只是預感：一座現代迦太基可能開始焚燒。現在，抵達寶島已七年了，我卻眞正看見：迦太基已開始出現燃燒的火光。當然此時趕快救火，還有充裕時間。

搏——八十自述

一九一七年，我出現地球時的哭聲，似乎不僅是本能反應，或對未來生命沈重陰影的反抗，它倒可能象徵我爲當時受盡侮辱與損害的苦難祖國而哭泣。這時列強正對中國實行化了裝的主宰，而北洋接受了屈辱的日本「五九」廿一條，更敲響日本滅亡中國的第一聲喪鐘。三年後的「五四」運動，終於把神州大地的哭泣轉變爲萬千人的怒吼。吼聲催生了北伐，總算外形上塑造了「統一」，同時也催生了卅年代前期左翼思潮瀰漫文化空間。前者跡近控制中華民族肉體，後者則幾乎左右民族靈魂。救亡的抗戰烽火促使靈與肉暫告和平相處。而此後勝利的火炮卻又燃燒起二者更深的仇恨。然而，靈魂最終戰勝肉體。藉諸輝煌的寶劍，新的洶湧思潮呑沒一切。人們依舊皈依默罕穆德的戰略。

我並不是一個習慣性的強者。但眞理的魅力、正義的神聖責任、人性的尊嚴，特別是中西傳統文化像太陽一樣晶光發亮的價值的深度，卻逼我不得不千方百計，閃避當時狂熱的潮流。我依舊秘密自由寫作。我把這定性爲廿世紀「地下卅年戰爭」，一如西方那場純爲信仰而開展的「卅年戰爭」，一九五六年，我更續寫「無名書」後三卷半，約一百七十萬字。我幾乎不相信，人類歷史上還有比這更恐怖的寫作經驗。我差不多在死亡包圍中揮毫，警惕性的張力如拉滿的弓弦，稍一不慎，我會墜入深淵。我是借重文字這一可貴利器，記錄這一恐怖時代人類心靈的眞實反應，雖然形式上是說述另一時代故事。

不「靠攏」等同犯罪。懲罰終於降臨。從一九五七年七月十六日起，我在下沙鄉集中營喝了卅七天苦海水，加上酷烈的鬥爭與勞動。釋放後，我不得不掃街、捉老鼠、滅蒼蠅、蚊子、做義務勞動。然而，我依舊續撰「無名書」最後二卷，只是境遇更艱苦了。我簡直有點像唐僧取經，不斷與災難作捉迷藏戰。一九六〇年五月三日是一個珍珠日子，上午我終於完成最後一卷最後一個字。我本想登北高峰頂，效阮籍狂嘯三聲：「我勝利了！」但我只能在斗室跳了三次，低喊：「我勝利了！」

接著的節目，是下放杭州潘板橋農場勞動，在攝氏四十九度的火熱太陽下開荒，兩三小時喝光廿杯茶水。冬季提柴草，兩隻白手套總是血淋淋的。

一年後重返城區，總算享受了四年的難得平靜，得以在不加戒備中寫作。

好景不常。一九六六年五月，聶元梓終於扮演紅色加伯利，在北京大學吹響可怖的號角（註）。以後十年，正如全世界人民所作的裁判，也包括共產黨人自己的裁判：整個神州一千一百多萬平方公里，已變成佛教間浮提東方鐵圍山下的那些大地獄、小地獄。

這時我早已是死老虎，引不起紅衛兵小將的興趣。但一九五八年五月初，好友方君任職上海某高中，受不了小將專政，企圖潛越國境到澳門，央我窩藏他兩大。他迫使我不得不走浪木，一端是友誼、道義與鄰近火坑，一端則是背叛我原來言行。我不能不衝向友誼，留下他。果不出所料，很快的，妻子停止通訊，斷絕接濟。去上海看她，禁止接見。返杭州，才出月台，便被四個彪形大漢綁架入吉普車，一支手　緊頂住我脊樑骨。於是鋃鐺入獄。一年零三月的囚犯生活，體重從五十六公斤下滑到四十四公斤，一身只剩皮包骨，不墊重重折疊的厚毛呢長褲，根本無法端坐木板床上，只聞骨骼撞擊木板聲。出獄返回，我狼吞虎嚥十五碗白米飯。從此　度過三年比印度賤民更屈辱的生活。妻子二次來杭離婚。第三次，她申明單位領導上說：她三個月離不了，給她六個月假期，再離不成，給她一年假，甚至給她二年假、三年假。拿不到離婚證書，她休想回上海。此時她已處於神經病邊緣，我不忍她受苦，終於同意仳離。

主到底未忘記中華民族，終於出現一九七六年九月九日，中南海那位頭號人物畢竟躺在水晶棺材內了。儘管此時我的「反革命」帽子已摘，我仍要大聲說：炎黃子孫的新時代即將蒞臨。以後，數千萬地主、富農，及「反」「右」份子恢復公民權，證實了我的聲音。按我個人評估，這一巨大工程，幾乎像林肯解放黑奴，雖然背景內涵不全同。

我也享受了平反，發還了被抄的「無名書」及其他作品原稿。我不能不向審訊我的法官李木天先生致謝。沒有他的保護，「無名書」後三卷半早已化爲灰燼。即使在紅色世界，「良心」「良知」依舊無所不在。這正是一九七九年九月。

我迅即邀集幾位學生，說：現在我仍心有餘悸，我不敢斷定，這些作品的安全性能持續多久，最安全的空間，應是香港，希望你們幫忙，用複寫紙抄幾份，秘密走私寄港。我又說，要把「無名書」後三卷半一百七十萬言（其中包含一九四九—五〇年已寫成的第三卷下卷廿萬字）寄出去，可能要一千多封信，如有被截獲的，則需二千多封信。我形容這一巨大工程，猶如二次大戰盟軍在諾曼第登陸，當時軍事代號是「統王」運動（OVER LORD），我們這一走私行動也稱做「統王」吧！

大家全表示支持，經過準備，這年底，我寫信告訴香港家兄卜少夫：從一九八〇年元旦開始，我們的「統王」運動也開始了，請你速告訴我你十幾個港友的地址。

就這樣，我的稿子不斷秘密登陸香港。走私策略有幾種。一是「放鴿子」。一位學生出差到北京，經嘉興、松江、上海、蘇州、常州、無錫等數十站，每站發一信。他出差至重慶，則延津浦、隴海、寶成、成渝各線，每站寄一封，一次可發數十封。二爲託北京、廣州、南昌等地友好，代爲逐日寄，亦可寄數十封。三是爲免檢查被扣，每信只寄薄薄透明稿紙一張。四是被扣一封，即寄第二封，最多時寄五六封，才能過關。

一九八一年十月八日，我接少夫哥信，說「無名書」第六卷「創世紀大菩提」，最後一頁已收到，我不禁大喜，跳了起來。次日下午，我邀幾個學生相會說道：「統王」運動，經過我和你們一年另九個多月的努力，終於勝利完成了。我謝謝你們，接著，我又道：一九三九年九月，在德國慕尼黑會議上，英法向希特勒妥協，同意希魔併吞捷克斯拉伐克的蘇台德區（此區多居德人）。希魔與捷克總統貝尼斯簽好割讓條約後，立刻拿著條約文本，衝到辦公室，熱烈擁抱每一個工作人員，大叫：「今天是我希特勒一生最偉大的日子！」

我痛恨希魔，但我卻想套用他的劇本，說：五〇年代我在死亡包圍中完成「無名書」後三卷半一百七十萬字，而現在又花了一年另九月的漫長時間，以兩千九百封信走私寄出此稿，終於家兄收到最後一頁。我可以說，這兩項工程幾乎是史無前例的。所以，我這個小小文人，忍不住要模仿希魔的衝動，大喊：今天是我一生最不平凡的日子！我向你們致最深最深謝意。

於是我擁抱每個人，並聚餐、攝影留念。

但事情並未了，直至一九八二年十二月九日離杭赴港止，在一年另三月中，我們又發了一千數百封信，寄出六、七十萬字，總計付郵約四千封信。

卅三年被打入冷宮後，運氣終於來了。經少夫和友人的努力，香港第二號紅色領袖費彝民終於向北京中央台辦主任鄧穎超和港澳主任廖承志建議，允許我赴港探親，鄧廖全同意了。十二月廿三日，我抵香港，當天少夫家裡接了一百通左右電話。

我本意是想卜居香江，以後來往港臺。但總督府第三號人物向少夫友人表示，無名氏已入黑名單，他人或可通融留港，無名氏不行。該府不得不接受北京壓力。

樹大招風。我雖小木，但十二月十九日—廿五日，行銷百萬的聯合報與中國時報副刊，整整一星期，全載拙文或拙詩或報導或評介我的文字，這一異常突出的現象，多少令北京吃了一驚。而我拒不與香港左派來往，更令他們對我下了一定結論。我的雙程證規定只能留港半年，每三月換證，港府有權不批准我續居，故三月廿三日是個大限。廿二日下午，有黃女士打電話到少夫家，二嫂接電話，說我不在，其實我在。廿分鐘後，我與黃通話，說我剛從外面回來。她開門見山，就道：「你千萬不能一邊倒（意指赴臺），你盡可保持中立，住在香港，房子與生活絕無問題。你要到全世界旅行，旅費也無問題。不管你提什麼條件，總會有人接受。希望我們就能面談。」黃是中性人物，卻與左派有往來。我說：「今天我身體不舒服，明天下午兩點，我來看你。」她說「好的。」我很清楚，和她見面之時，也就是被綁架回大陸之時。當晚遂乘華航飛臺，買的卻是到上海的機票。上機前，還經過三次有驚無險的遭遇。華航張總經理後來安慰我「實在過不了關，我還有最後錦囊妙計，把你化裝成華航高級職員，隨我到機場檢查業務。」抵臺後，高級黨工這才告訴我，他們已獲對方將綁架我的情報，幾位大主任緊急開會，商討如何急救我。

飛機升到三千呎高空時，我擎起咖啡杯子，與少夫盞杯相碰，開懷笑道：「現在，總算結束卅三年大陸生活，享受眞正自由了。」

初抵寶島，感覺正如一九四五年抗戰勝利復員抵滬，每呼吸一口，連空氣也是香的，舌尖接觸大氣，也是甜孜孜的。從未覺得太陽是如此亮，草樹是如此綠，生命是如此美，如此滿溢希望，眞有點像踏入但丁「神曲」「最高玫瑰天」。

不久我就獲悉，臺灣經濟奇蹟不僅是亞洲四小龍的龍頭，也是不發達國家的龍首，而社會治安曾名列環球第一。

極目所視，書店裡擠滿青年，我們一場演講，總有上千人聽。三毛一登講台，會擠得水泄不通。滿街更看不見一個乞丐（這是數千年奇蹟），所接觸的人，全彬彬有禮。

我的確沉醉在這一幅幅動人新氣象中。

唯一稍稍遺憾的是：我是抱著申包胥「哭秦廷」的心情，飛入此島的，我永遠不能忘記海那邊千千萬萬的難友，我的痛苦的兄弟姊妹們。我希望終有一日，他們也能享受我此刻的幸福。於是我大聲疾呼，想喚醒此島同胞對他們的關懷、同情，終能伸出援手。我的申包胥的聲音似乎有些效果。但同時我也深感：對於廿世紀亞洲腹地所爆發的震天撼地的鮮血悲劇，寶島不少錦衣美食金枝玉葉的生命好像全是聾者、盲者，甚至神經生鏽，四肢痲木。「良心」「良知」似已變成特殊植物，只能存活於特殊空間。

不過，我並不氣餒，申包胥的聲音似已變成我的命運。而一九八五年我在洛杉磯文化中心所發的含淚聲音，的確也引起聽衆哭聲，全場爲之灑淚。而我在舊金山灣區的聲音，幾乎似吸鐵石，令全場彷彿「走火入魔」。

由於這種種，谷正綱先生要求我作環球旅行演講，我因不能割捨寫作而猶豫，後來他也病倒了。不久，形勢也發生變化。我仍磨刀舞劍，卻漸漸似乎不見得受權力中心人物衷心欣賞，雖仍有些權力人物在支持。

誠然，兩岸終於交流了，但歷史總是歷史，見證總應見證。這種見證，應是廿世紀一切文化人的頭等大事，卻未受到公平對待。人們似乎已習慣於歷史的重演，這倒可能是永恆的宿命悲劇。

最近幾年，我（包括不少的「我們」）彷彿有點漸從「最高玫瑰天」邂逅新的夢魘。「魘」的濃度雖不巨大，卻也多少令人心煩。

國會打了近十年架，民生法案近千，堆積如山，立委視若無睹，甚至無一人起意消除此一可怖現象。一個汽車保險法案，攸關每年因車禍而死的七千條人命，直待一位老太太在國會門口叩頭作揖多少年，才引起層峰注意，因而立法通過。書店裡的購書青年漸漸少了。一位美國專家應邀到臺大演講，只有小貓三四隻。而歌星所到處，成千青年趨之若鶩。麥克傑克森來臺，萬人空巷，他的光芒遠超過許多死的活的偉人的魅力。無打不成戲，無血不成電視新聞，街頭血戰有時也上演。去年刑事案件又遠超過前數年。社會已加緊進行暴力教育。我也不想多說了，只得學一些有心人嘆氣。

嘆氣之餘，我對寶島仍存希望，希望朝野終能團結、合作，釐清當前亂象。同時我也不能不重新思考一些問題。

寶島隱憂之一，是本土意識的霸權主義，它多少像對岸五十—七十年代前期作風，當時是以階級意識的霸權主義扭曲客觀的歷史經驗，這些結子，今後若干年恐怕很難解開，我不想議論。我只想略談另一方面。

觸目驚心的是：人類流血已四五千年。單是本世紀兩次大戰，加上抗戰，死者已四五千萬。如算上歐亞兩洲因信仰與意識形態而斷送的和平生命，那又是一個可怕數字。上帝保佑，經過「蘇東波」，一場核子大戰總算可以避免了。這應該是一個和解、和平的時代。世仇以色列與巴勒斯坦和解了。八年抗戰，中國人死了一千多萬，我們現在和世仇日本仍是朋友，不會再提當年血與淚。除了保留歷史紀錄，我們對異邦世仇既不咎既往，則兩岸中國人原是兄弟，似乎亦應不咎既往，只應瞻望將來。大家全知道我過去的某些觀點和熾烈情緒，今天，除了應保留歷史紀錄外，我覺得，個人觀點應該順應世界大和解大和平（正在締造中）的總趨勢。

近來連西方有些專家也同意李光耀的觀點，即：廿一世紀三十—四十年代，中國大陸生產力的總和與經濟實力，將超過美國與歐洲的總和。這是一個必須正視的現實，也是一個非常美麗的遠景。凡是炎黃子孫，自然支持這一遠景。而按歷史進化論規律，在未來的三四十年，大陸必有更大的開放、演變和良好的革新。可能演變中途多荊棘，但最後百川必入民主大海。唯東西方民主可能稍有異，一如新加坡之異於西方。

今年我是整整八十歲了。一個八十老人，不只閱盡滄桑，也受過不少苦；甚至臨當晚年，仍承受不少壓力與挑戰。但我多年來，卻不時想起莊子「逍遙遊」篇的三句話：「鵬之徙於南冥也，水擊三千里，摶扶搖而上者九萬里。」（「扶搖」指暴風）。自鴉片戰爭後，一百年來，中華民族為了尊嚴的生存，一直摶暴風追求廣闊的希望天空。一九四五年八月十四日，日本天皇宣布無條件投降，這片「天空」出現了。儘管今後歷經五十年大分裂，但海峽兩岸仍在「摶」。一岸終於摶出臺灣經濟奇蹟，一岸也摶得巨大經濟建設成果。我個人則不斷追隨時代巨翅，和許多有識者一樣，一生緊跟這隻大鵬，摶暴風而期求個人的、民族的廣闊天空。我堅信，擁有四千年光輝歷史的中華民族，終會佔有一片燦爛的永恆天空。而這份透明的希望，將使我個人晚年享受瑰緻的慰藉。

【附註】

註　「聖經」記載：加伯利吹奏號角，宣布世界末日降臨。

靈魂走向

——八十感言

有史以來，人類靈魂走向——民族靈魂走向，一直是歷史大事。在西方，萬萬千千基督教徒投入獅子巨口，或被火燒，被殺戮，長期被迫害後，這才終於征服古羅馬。公元三百十二年，君士坦丁大帝頒「米蘭詔書」，宣布寬容基教。將近七十年後，則又承認此教爲國教。但六百多年後，基教與回教發生宗教信仰戰爭，這就是五次十字軍戰爭，前後歷時四百年左右。以後又有日耳曼天主教徒與新教徒的戰爭，延續卅年，稱「三十年戰爭」。爲了人類靈魂走向——歸宿問題，西方流了好幾百年的血，直到法國大革命後，才漸趨和緩。

梁漱溟先生最有名的一句話，是「中國（本土）無宗教」。但漢代董仲舒仍倡罷黜百家，獨尊儒家。爾後外來的佛教、天主教，卻受寬容，與儒家並列，這是中國傳統文化兼容並包精神的卓越表現。

然而，廿世紀的東西方，卻又出現人類靈魂走向新的挑戰。馬列主義信仰與傳統之敵對，又一次造成宗教信仰風格的流血，幾乎成爲世紀性的歷史大題目。甚至一度幾乎引導毀滅性的核子大戰。「蘇東波」之後，戰神的死亡陰影雖漸漸消失，但恐怖的記憶仍令人心有餘悸。由此可見，靈魂走向實爲人類歷史諸大標題中最觸目的，但常人卻相當少的提到「靈魂」二字，最常掛齒的，倒是物質生活與肉體享受。

當前，靈魂走向，歸宿本身似乎暫不形成最大的生活挑戰，但它卻面臨另一個潛在對手的挑戰，它就是物質生活與肉體享受的和極具決定性的創造者——自然科學。

在舊日農業社會，以牛車馬車代步，唐玄宗爲了讓楊貴妃嚐新鮮的荔枝，從長安到廣東，若干晝夜飛馳，死了許多匹馬，今天電話加飛機，不到二小時，貴妃即可嚐新了。電腦、計算機及形形色色的科學發明，皇帝炎夏不必赴深山避暑，蔣公如在仍掌九州，六、七月也不須上廬山了。衣食住行，富有者即使不如羽化登仙，享受及舒適亦超越古代國王了。

只有一樣遺憾，在多元化的工業社會，「競爭」像無數帶刺的皮鞭，日夜狂抽工商大亨這些「駿馬」，逼走牠們幾乎要扮演爲貴妃荔枝馳騁而死的雄驥。他們的神經張力不得不像拉滿了的弓弦。早在本世紀初，美國小說家歐亨利寫紐約一個「忙碌人」，說他昨晚才與他的女速記員在教堂結婚，今天上午卻忘得乾乾淨淨，又忙不迭的向她求婚。

現在只說一位尋常證券商。前不久我偶赴一位商人宴會，他是香港一家著名的證券公司的資深副總裁。他告訴我，過去他一直住來來飯店，一住就是八個月，後覺到底不便，乃買了兩幢私邸。這一幢約二百坪，單三個客廳即八十九坪，可算相當氣派。我極目四顧，卻不見一幀字畫。但令我詫異的是：現在他已年逾花甲，卻告訴我：「眞是抱歉，大學畢業後，這卅年，我就沒有看過一本書，從早到晚，滿腦子盡是證券事務，緊張得再分不開心。過幾年我退休，眞要開始看點書了。」

我眞是大吃一驚。一個知識分子，竟然三十年不看一本書！

後來我想，他大約像一個將軍，在證券戰場打了三十年仗，頭腦裡除了金錢勝負之外，再無其他觀念。在證券以外的其他工商業戰場上，許多大亨們大致也與他類似，除了金錢遊戲，對人文科學空間的動態，自然如井水不犯河水，互不相干了。他的客廳雖大，卻無一幅字畫，也無一個書架，更不見書的蹤影，除了發財的書。那天在這位證券商家裡，飯前飯後，只聞兩桌麻雀聲，一桌撲克牌聲。

現代多元化工業社會裡，眞正統治者除了政府、國會外，就是一些工商大亨。在政治人物大腦皮層裡，文化、文學、藝術等等，最多只能蹲在它的角落裡，而主角是選票，是權力，是財富。在工商大亨腦袋瓜裡，更是如此。文學、藝術、哲學、歷史等科目已成小媳婦要看公婆臉色，最多也只能扮演花瓶角色。經我們如此剝蕉誅心，草草分析後，則今天全世界人文科學在逐漸衰退，而臺灣已有人提出文學的死亡問題，似乎冰凍三尺，絕非一日之寒了。

這個世界如完全由這些工商大亨及政治人物支配，它離眞正眞善美的境界必然差距千萬里！

自然科學冷酷的機械風格，加上工商大亨們與政治人物們的詭譎而冷酷的運作，可憐的人文科學（社會科學除外）所走的，必然是一條崎嶇而多荊棘的山路。

我們幾乎可以大膽斷言，長此以往，自然科學縱使高度飛躍，亦將迫使靈魂空間日漸萎縮，人們將對靈魂走向歸宿日益減少興趣，最終則是一個渾身物質光彩萬千而幾乎大大喪失靈魂色彩的生命。

海外傳來訊息，西方一些國家純文學書籍銷路越來越差，有多年歷史有價值的某幾種文學雜誌不得不停刊，而買書的讀者也日益銳減，以致美國藍燈書屋等大出版公司的預算，不得不出現巨大赤字，電視及各種新奇娛樂固然奪走大批讀者，但人們追求物質享受常代替從書籍中精神愉快。

當自發的靈魂走向的求索與探究漸趨式微後，則宗教能一勞永逸解決靈魂歸宿，世人多願走最輕便的捷徑，而畏披荊斬棘。不只是臺灣，這也是今日環球宗教香火日盛的主要原因。一聲「阿門」或「阿拉」或「阿彌陀佛」，就能解決千絲萬縷的靈魂走向或靈魂問題，這實在極易令人皆大歡喜。

自發的尋求靈魂的智慧境界的生命日益銳減，這幾乎等同此一「境界」在漸漸走向自殺之路，而眞正具有眞善美風格的精神領域也會日趨縮小，直到一個幾近「無」字。這樣，眞正自由的靈魂也就遭遇自生自滅的命運了。

區區是一個平常作家，並不想爲文學及其姊妹美術、音樂、哲學、歷史等人文科學當義務律師，我只是根據目前世界潮流性的文化走向偶觀偶思，深感隨著自然科學如脫韁之馬的奔騰，它將可能與眞正高尙的人類自由靈魂的繁殖度，成反比例。這也是爲什麼不論在臺灣，或在其他國家，人們總在感慨世風日下了。

如何解決自然科學走向與人文科學走向的某種矛盾，扞格，進而保護高尙的自由靈魂的境界的成果，或許是當前人類應思考的一個重要命題。

不材此生已活了八十年。八十年來，所經所歷，所見所聞，所思所慮，使我不得不吐上述淺見，俾就正于方家。

這也就算是我的「八十感言」吧！

靈魂走向

——八十冥思

悠悠歲月，忽已八十，不免感慨萬端。但感慨自感慨，並不能影響生命規律絲毫。乍看起來，生命仍有兩套運作。一爲生命個體有意識的運作；一爲生命客觀規律的自然運作。有時個體與客觀能和諧，有時不能。個體有時雖然能左右客觀，但更多時候，客觀卻主宰個體。此一客觀，乃時也，命也，自然規律也，人算不如天算也。此所以楚霸王不得不自刎烏江，羅馬統治者凱撒不得不被刺於祭壇，太平天國不得不瓦解於江南。而天算實含深沉自然規律。

自然規律固涵生老病死，亦蓄福兮禍所始，樂極生悲，否極泰來，世事如轉蓬。而區區八十載所感，包括衆生所感，厥爲生命阻力太多，險阻勝於關雲長過五關斬六將，有時直似唐僧取經，須經九九八十一難。爲避阻力，逃煩惱，堯讓天下於許由，後者乃逃入山林。光武帝邀嚴子陵出仕，後者遂隱於七星瀧釣台。尤趨極端者，則大逃大隱，遁入空門。但空門只爲人世而設，僧尼仍夢求西天極樂世界，不能算眞逃。美國萬佛寺方丈宣化上人逝世前數年，左右洋和尙忽鬧政變，上人又何嘗無煩惱？臺灣近有海派尼姑弘法，既跳艷舞，又唱艷歌，佛界又何嘗不波？

區區浮生八十載，若清算所有大病苦遭遇，實苦多樂少。但若加上自我靈魂調適經驗，則苦樂大致平衡。如再加上禪境的超脫風格，則黃連即是甜葡萄，世間並無眞苦也。所謂禪境的超脫，即寧靜冥思的享受，亦即程灝的「萬物靜觀皆自得」。哪怕我曾卜居獄中一年多，每一冥思、靜觀，覺鐵窗外藍天之美，鳥聲之悅耳，實亦顯示生命之無窮魅力無所不在。而獄中的特殊靜寂有時直如深山古寺，細味之，直覺如巴斯加之名句：「這無窮空間的靜使我顫慄。」但我則感此靜象徵無窮空間之美，唯囚犯常能享受此美也。

詩人布拉克之名句「一沙一世界，一花一天堂」，按我看，不只是一種象徵。你如用「細嚼梅花當點心」的緻密心態去欣賞，它們眞似世界的廣大，天堂的瑰美。一沙一花就能如此儀態萬方，則我們日日膏沐其中的地球，大地、世界，又是多麼魔術性引人入勝！這樣偶一冥思，則生活中的大痛小苦和種種不如意事，將是「六宮粉黛無顏色」了。

八十載春秋，匆匆度過，生於憂患，爭存於憂患，老年不如意事，仍多如蝟刺，但說來說去，正如香港中文大學金耀基校長給我作的定性：「你是一個不可救藥的樂觀者！」

感恩
——八十自省

編者按：明天是老作家無名氏（卜乃夫）先生創作一甲子（六十週年）兼八十嵩壽，文藝界人士特爲他舉辦慶祝餐會，向這位一生爲自由、正義奮鬥和寫作的老戰士致敬。「青副」於今日刊出無名氏先生親撰「八十自省——感恩」一文，以饗讀者，並祝賀無名氏先生健康長壽，喜樂無窮。

首先，我要謝謝這個藍色的地球（註一）。它像繁殖花草樹木一樣，借母親子宮，生殖了我，使我八十年來，享受了豐富的陽光，瑰麗的月光，江河大海的浩瀚風格，山岳峻峰的崢嶸，奇花異草的奪目，以及永遠說不完寫不完的生命美景……。

我感謝親娘，她生我、育我、哺我、愛我。特別是在我最艱苦的那些年，她和我相依爲命。我倆直似塔克拉馬干大沙漠上兩隻駱駝，以不斷交鳴的駝鈴聲，抵抗烈日、寒夜和粗獷的大風沙。甚至當我在死亡包圍中寫作時，她充當門外的衛戍。

我謝謝老爸。他本是一個農民。要不是他發憤唸私塾，苦讀醫書，終於能行醫治病，而且名列全南京中醫考試第一名，我終身可能將是農民，雖然啃田吧也沒有什麼不好。畢竟，我將不能受現代教育，遠離我的文學志業了。

我感謝啓蒙老師焦典，他是清朝大儒焦循的曾孫。他家學淵源，豐富了我古典文學的修養，奠定了我最初的文藝基礎。我甚至感謝他那柄紅木戒尺，一次打手心之後，我就多背熟一二篇古文。

我謝謝南京中央大學實驗小學。這個學校培養了我萌芽性的彬彬有禮的君子風度，以及一些良好的做人習慣。師生中濃烈的愛的教育氣氛，到現在我似乎還呼吸到它的香氣。

我感謝北平圖書館。在少年時代，一年另八個月內，它餵飼我一千本書左右。我不只獲得相當有益的現代文學營養，也對廿世紀前半期的中國人文思潮具有一定的視野與洞察，因而形成我以後的人生觀。

我謝謝抗戰。它極深刻的教育我們那一代青年，也恢復了我們作爲中華民族一份子的尊嚴。

章靳以(註二)雖是著名的左派作家，但他對我文學能力的賞識及鼓勵，確實增強了我對繆斯女神的信心，儘管後來我們分手了，我仍感謝他。

我謝謝好友羅吟圃兄。他潛伏的火山熱情，他的犀銳智慧，他的海洋度量，他的無比溫柔，這一切曾形成巨大魅力，征服了我。讀他這個人，不下讀萬卷書。這對我靈魂風格的形成，給予很大建設性的奧援。從他，我才知世有「人學」。

我感謝韓國光復軍參謀長李範奭將軍（註三）他的強烈的革命熱情營養了我。而且，不認識他，不是他提供故事和資料，可能我不會寫出長篇小說「北極風情畫」，一炮而紅。

我也謝謝現代畫大師林風眠。他的品德、人格、藝術思想，曾給我極大啓示。他既有西方的狂熱，也涵蓋東方老莊的超脫。

我感謝趙無華小姐，我們三個多月狂戀，使我平生第一次，眞正享受了愛情幸福。她也幫助我深深洞透愛情的秘密。

我感謝前妻劉菁。她雖和趙無華完全不同，但也給了我十幾年跡近原始性的愛情幸福。而且，沒有她的經濟與愛情的支持，我不可能完成「無名書」後四卷一百七十萬字，以及其他許多作品。儘管後來她被迫離開我，但直至此刻，她仍是我感恩的重要對象之一。

我特別要感謝家兄卜少夫與家嫂徐品玉。當我深陷於大陸的困厄時期，他們長期接濟我們母子，並寫信安慰我們，又爲我出版「無名氏全書」，後來更與友人共設法促成我赴港探親，終於開始了我生命新頁。一九六九年出獄數年後，舍弟卜幼夫也接濟了我們，我也要謝謝他。這些刻骨銘心的血緣親情，標誌了永恆的人性、良心。

我也謝謝幾個學生，他們協助我抄寫數百萬字稿件，又以四千封信左右走私秘寄香港。他們見證了永恆的眞理、正義。

投入中華民國臺灣後，我要感謝的友人更多更多了，也無法一一在此文贅述。總之，凡是多多少少幫助過我、支持過我的友人，包括我的妻子，我全要千恩萬謝。我特別感謝中國災胞救助總會、政戰部、文工會等機構。十幾年來，我在臺灣若稍有作爲，全仰仗他們的鼎力贊助。

香港中文大學校長金耀基先生，說我是個不可救藥的樂觀者。我曾回答他，若非樂觀，我絕不可能從巨大深淵中上升到今天的自由大地。地球上的明亮陽光與幽美月光總是迷人的。綠色的土地，萬萬千千花草樹木，總是令人沉醉的。再多的生活煩惱，只要你一仰首，靜觀藍色天空，你總可找到人生的光明。只要你慾壑不太大，又肯勤於耕耘，你總會獲得最低的快樂。我一生雖經過許多年苦果，但比起一分鐘所嚐的甜蜜糖果，那代價還是值得付出的。

比一切更重要的是：我們須以感恩心情，看待生命。因爲，生命不管苦與樂，總是一種幸福，而智者能由黃連大苦中咀嚼大甜。而且，正如樂聖貝多芬的座右銘：「通過痛苦的歡樂！」

【附註】

註一　從太空下瞰，地球是藍色的。

註二　大陸易幟後，章靳以任上海文聯副主席，巴金是主席。

註三　韓國獨立後，李範奭任第一任總理兼國防部長，現被視爲韓國開國元勳。

童魅

——兼描農村春節二三鏡頭

我的生命目前已屆日落時分了，眼看自己的陽光將漸漸消失於地平線，而在並不短的一生中，足跡也算刻印過一些名山大川，眸瞳亦曾密吻過偉景勝蹟。黃山天都峰的挺拔、北海的神仙景致、華山的崛岉峻險、三峽的戲劇奇變、西湖的秀氣絕倫、拙政園的嘆爲觀止、日本箱根的雅麗、金門大橋的雄壯、世界四大巨廈的華燁、尼加拉瓜飛瀑的震撼性……我多少算是沉沒於它們的光、色、形、姿、音、韻。然而，臨當生命即入暮色蒼茫的此刻，在我記憶最奧秘的空間，有時浮顯的，卻不是這些世界奇景，而是我外婆那數椽瓦屋，坐落於揚州北鄉一個農村。

一句話，平生最不能忘情的，是孀居的外婆家和我的童年生活。外婆與童年，有時直似非洲巫覡似的纏我，祟惑我。每一回憶那兒的一瓦一磚，一草一木，幾乎想流淚，哀悼黃金時辰的消逝。我這才瞭解，爲什麼晉張翰在洛陽，一見家鄉鱸蓴，即辭官歸故里？而臺灣有些老人，寧捨此間較優裕的生活，毅然返大陸窮鄉僻壤。這眞是「樹高千尺，葉落歸根」。

坦率說，我現在最大心願，是有朝一日，想再返外婆家，重拾童年舊夢，儘管此時那裡的一切早化爲烏有。

睡在床上，才閉目冥想，就帶點甜意的、想起外婆那間陰暗窄小的寢室，一張古式雕花漆木的大床占了一半面積，因爲床前支架一片平平板橋，在二側尚有巨大雕花木格門窗，橋左置大馬桶，橋右放矮櫃，我們須先登橋，才能上床。一年四季，都懸床帳。六、七歲幼童膽小，黑夜有外婆陪睡，我這才安心。外婆也需我陪睡，說小孩冬天是小火爐，夏季是涼石，冬暖夏涼。這張古床給我疲倦帶來的舒適，恐怕遠超過此後的席夢思。不過，這寢室最大的魅力，還是那個龐大木櫃，此櫃的迷人處，是在於它儲有一些錫製大食罐。每逢我成績好、在家乖巧時，外婆便往錫罐內取出兩片芝蔴糖，或一隻菊花餅，或一個芝蔴糖棍，悄悄塞到我手裡，算是獎賞，這大約就是我童年生活最幸福的時辰之一了。其實，今天看來，這些茶食異常粗糙，但當時確是上乘妙品，那一縷縷原始甜意，彷彿依舊透過漫長的時間隧道，一直通達我現在的舌蕾。

外婆家確有些奇怪食品。比如，冬季，她把一些切碎的醃青菜、一堆堆的，慢慢用筷子塞到一隻隻洗乾淨的酒瓶內，以木塞子塞緊。夏季，她再拿竹筷慢慢扒出來，澆點小磨蔴油，當小菜吃，味果鮮美。又如，她的一口圓盆形大醬缸，置於院子中央磚台上，風吹、日曬、雨淋（大雨則加蓋），再攪拌露水，內放切成條條的菜瓜和黃瓜，經過半年大自然考驗，據說此醬已「修練」成精了，吃時瓜美醬也美。這些原始食物進入我們幼童嘴裡，倒是其味不凡。直至今天，餘味似還有點像繞梁餘音。

童年在外婆家，最驚心動魄的大事，是過春節。所謂「驚心動魄」，主要指胃腸如臨大敵，但這卻是一場美麗幸福的戰爭。而兒童腸胃常是中樞神經的主人。比起當年農村來，都市春節實是平淡無奇。

首先，從農曆十二月廿五日祭灶老爺（灶神）起，幾個孩子（我和三哥及兩個表弟）的生活中心，全凝聚於灶房（外婆無子，兩女早嫁）。兩口大鐵鍋整天蒸紅糖糕、甜饅頭、乾菜饅頭，甚至蒸叫化子黑饅頭（專施捨給乞丐），這天我們根本不吃飯，小肚子早被饅頭糖糕塡滿，眞是開懷海吃。翌日大工程是燒一隻十斤重大豬頭。孩子們又是不吃飯，直像北京塡鴨，只向胃裡猛塡豬頭肉，什麼耳朵、鼻子、舌頭、腦子、嘴唇、腮幫子肉，無所不吃，幾乎是一場跡近震撼性的海吃。這以後數日，大燒年菜，不用說，日日開大葷，孩子們直吃得油頭油腦，不時打飽嗝。年卅那一晚，擺滿一大桌菜，我們那裡吃得下？爲了讓外婆高興，我們還是硬向可憐的食道塞了一些。我相信，我們幾個小鬼的胃囊，全變成鳳尾魚罐頭，雞鴨魚肉睡得滿滿的。

飯前先是祭祖，燈燭輝煌，香煙嬝嬝，大家聚集廳堂，對列祖列宗神位三叩首。飯後則吃湯糰甜食，算是團團圓圓。接著是「封財門」，緊關大門後門，門上貼了「恭喜發財」的紅紙。這時，早放滿幾種茶食的紅漆大木盤，橫陳在大桌上，任我們大吃，可胃先生早累壞了，要睡覺了，我們只得讓他老人家沉入黑甜鄉。

上床後，還有一齣大戲，就是摸枕頭下的紅包，拿壓歲錢，但此時不可拆包，要等到「開財門」之後。這一晚，孩子們哪睡得好？似乎才睇了一下，竟已破曉。忽聽外婆嘴裡彷彿大響「起床號」聲：「快去『開財門』！」三哥比我大兩歲，開大門，我開後門。開時，我們態度必須嚴肅，好像這是極神聖的一幕，若不神聖，「財」不進門。「財門」一開，黃金元寶彷彿就滾滾進來。

不過，對我和三哥來說，「開財門」的最大幸福是：趕快拆紅包，拿了頗可觀的壓歲錢，箭豬似的直衝鄰家。那裡早麇聚一些村人，有打麻將的，有擲骰子的，有推牌九的。我們兩個小鬼熱中賭牌九。前後足足賭了四五天，算是大開賭禁。哪怕壓歲錢全輸光，外婆也不吭一句，這幾天，小小心靈眞是一隻鳥，而賭博天空任鳥飛翔，那種絕頂自由的歡樂，眞是無法形容。

長輩中，我最愛媽媽，但記憶中最深刻的倒是外婆。她是瘦瘦的中等身材，當年已七十開外，卻硬朗如鐵鑄。她雙眸不佳，眼睛射灰綠色，心地可無比良善。她活到九十八歲。九十歲後失明。一個瞎子，除有傭婦買菜燒飯外，其餘穿衣換衣，盥洗，理床鋪，甚至洗衣，晾衣，洗碗，全是自己來，她不許別人代勞。整個老宅，對她直是一本背得滾瓜爛熟的書，她執了根拐杖，走來走去，永不會絆倒。

她眞是可愛。只有一樣，雙目盲瞎後，不管兩個女兒怎樣苦勸，勸她與她們同住，她堅持不肯離開老宅。那整個房子似神話中的羅沙法衣（註），早與她血肉相連。也許，老宅已是她生命中的老伴，和她相依爲命數十春秋了，那些牆壁、木柱、瓦片似能與她親切對話，她再捨不得遺棄老伴了。

她和這座老宅，永遠在我記憶最深處閃光，宛若佛像前的一盞長明燈。

【附註】

註　西方神話記載，有一種羅沙法衣，人一穿上，就變成鐵衣，與人的皮肉黏在一起。

空 城

——簡記一段難忘的戰時經歷

今天，我們不能不爲五十年前一千多萬死於國難的英雄們默哀、致敬。我們深深感謝他們，爲中華民族靈魂帶來最高尊嚴。今日我們走在寶島大地上，能自由呼吸，其實是他們的賜予。我們世世代代，絕不會忘記他們的偉大奉獻。

抗戰八年是炎黃子孫熱血最沸騰的歲月，也是中華民國成立以來海內外中華子民團結愛祖國的巔峰。五十年後今天回想當年的一幕幕，還爲那時萬萬千千生命義無反顧拋頭顱灑鮮血的壯烈情懷所感動。

不過，那八年，我多半在大後方工作，僅去過最前線一次。雖居後方，戰爭魔爪仍不時撲來，我不是指物質生活的艱苦。比起戰時倫敦來，連英皇及首相每日也只能吃定量配給的爲數可憐的雞蛋，及其他食品，我們在抗戰心臟陪都重慶的人，食物可算頗豐富了，幾乎予取予求。所謂「戰爭魔爪」，我主要指日機空襲轟炸。而後方各大城市中，要數重慶受太陽機肆虐最猖獗。

各次大轟炸，尤以民國廿八年「五、三」「五、四」狂炸最是可怖。其次則有民國三十年夏季「疲勞轟炸」及略後的「大隧道慘案」。至於民國廿八年日機一百多架大炸黃山，目標針對抗戰統帥蔣公，他那時卜居此山。但他始終安然無恙，重慶市民更是無恙了。

「疲勞轟炸」是連續晝夜轟炸，雖逼全市市民日夜忙於躲警報，疲憊不堪，但人們鑽防空洞，幾乎比老鼠避貓更靈巧，死傷倒輕微。其時我任掃蕩報記者，參加防空李司令記者招待會後，在該報撰「疲勞轟炸插曲」一文，率直報導李的談話，爲他鳴不平，說該部因經費奇絀，有的地區空防人員連望遠鏡全缺缺，只憑肉眼監控，效果怎會好？此文一出，我立受報館嚴重處分，被軟禁於報社二週(因該報屬軍事系統)，殊非始料所及。

死亡最慘重的，數此年冬「大隧道慘案」。敵機來襲，人們紛紛避入較場口最長最巨大的隧道，達數萬人。終因洞內氧氣不足，大家窒息至死，想逃出來，人又太多，擁擠不堪，僅有靠洞口處的少數人生還。官方報導死亡數千人，實則有幾萬人，最多的報導的數字達五萬人這可謂古今中外戰時空前奇災。我赴隧道察看時，觀者太多，擠不進，只知洞外屍體堆了一丈多高，而大半屍身仍在洞內，家屬哭聲震耳，眞是慘絕，不忍卒睹。

不過，這並非日機直滅，事先未作好隧道通風設備，臨時又未向市民做好宣導工作。

日機眞正直接釀成的大苦難，是「五、三」「五、四」濫炸。「五、三」我未出門，聽天由命。「五、四」解除警報後，我走了幾條街，不少出現斷垣殘壁，炸死者多已被抬走，只在近黃家埡口處尚留十幾具屍骸未運去，或頭裂，或身殘，或一片血肉模糊，一股奇腥異臭四溢，令人無法忍受，只得噙淚離去。

估計二日來炸死的雖只數百人，毀屋僅千間，但死者各式各樣離奇形象卻駭壞了市民。一傳十，十傳百，再加上種種風言風語，小道消息，結果，五月五日上午，我上街巡視，大重慶竟變成一座空城。

倒不是絕對眞空，而是超級空空蕩蕩。

試想想，一座大都會擁有五六十萬人，突然間，街頭跡近無人無車，幾幾乎變成一片片荒漠，這不只是我個人平生絕無僅有的奇異經驗，也是所有重慶人畢生的唯一怪誕經歷。一座本不空而突空的大城，一條條街直似一尾尾陸地活魚張大垂死的眼睛，說不出的無比淒涼。我這個孤鬼游魂的行人，卻無法以活水拯救牠。我走過每一條街道，難得看見一兩個路人。當日最熱鬧的都動街，也只見三四名消防人員聚於冠生園門口。此園是著名食品商店，店中一片空寂，僅餘一名留守店員，他竟對我和消防人員道：

「你們要吃什麼？儘管吃吧！要帶回去，就帶去一些吧！不要錢。」

看樣子，店主人已橫下心，準備甩掉這家大店，像扔掉一隻空罐頭。不只此店如此，其他不少商家連排門也不上，店門洞開，闃無一人，似乎也拋棄了店。

這種種「空」，這大片大片的「空」，眞是觸目驚心，彷彿世界末日即將降臨。儘管這個抗戰心臟扮演空城只有一日，明天大致又會恢復舊觀，但我仍被這片空所震懾。我內心不禁滋生一陣陣矛盾感。因爲市民們逃空了，多是本地人，「下江人」占少數。人心是肉做的，我自然深深同情逃離者，誰不愛惜自己身體髮膚？死亡又多麼可怖？可是，逃得這樣徹底，跡近盤清倉庫，我又不免聯想「川耗子」三字。這是指某些四川人平素大言詹詹，一逢風險，卻膽小如鼠。這座空城似乎就是「耗子」們的藝術傑作。

但我旋即又責備這種想法，因爲它不一定公平。於是，我又回憶過去空襲下目擊的那些屍首，有的匍跪在岩石邊，有的仰臥沙灘上，有的斜倚著城牆，有的匍匐在地上。有一次，我發現擔架隊抬著一個人，腦袋竟變爲半個猩紅的肉球，紅色腦漿腐爛如裂開的陳年石榴……。

偉大的畢竟是死神，祂創造了這座空前絕後的空城。

但我似又聽見好友李範奭將軍——韓國光復軍參謀長的憤怒聲音（註一），後來他對我憤怒的道：

「我看見有幾個人經過炸死的屍體旁邊，竟不屑的用手帕摀緊口鼻，我恨不得拔出手鎗打死他們！這些兔崽子！」

他的憤怒令人敬佩。

但更令我們崇敬的，卻是千千萬萬的前線死難英雄。

於是，今天，我們不能不爲五十年前一千多萬死於國難的英雄們默哀、致敬。我們深深感謝他們，爲中華民族靈魂帶來最高尊嚴。今日我們走在寶島大地上，能自由呼吸，其實是他們的賜予。我們世世代代，絕不會忘記他們的偉大奉獻。

我想，這個世界第二次大戰勝利五十週年紀念日——八月十五日（註二）其實應該看做黃帝子孫眞正扮演浴火鳳凰新生的第一日。

【附註】

註一　李範奭後來是大韓民國第一任內閣總理兼國防部長，當時他在重慶。我的處女作《北極風情畫》的故事是他提供的。

註二　一九四五年八月十五日，日本天皇宣佈無條件投降，二次大戰，包括中國抗戰，乃告勝利結束。

卷七　夕陽語片

夕陽語片

一九七三年一月與妻仳離，翌年夏，始聞她已再嫁。馳函託友人證實，得覆，果然（後聞新郎是一廚師），當時痛苦不堪。蓋原估計雖離異，一時尚不致改字也。何況領離婚書後，她曾一再表示此生不再結婚。久不握管雜記思緒，爲排遣愁情，從事書法之餘，偶錄片語隻字於手冊。自一九七四年至一九七六年，約得如下十八則，名之曰「夕陽語片」。蓋日近花甲，生命已如夕陽，雖暫殷紅，瞬息西沈矣。茲篇氣象，比之少壯時代，不可同日而語。雪泥鴻爪，聊資紀念爾。

一

自從那個消息傳來後（註一），我發覺，自己是眞正衰老了。僅僅才一兩個月，我發現，在我內心深處，有一種最強烈的精素，漸漸消失了；有一個最堅硬的東西，不再存在了。愛情，不管是怎樣淡淡的一種，只要是愛情，它就形成生命海船的壓艙物那類實體了，當後者不再存在時，船就漂浮不穩。於我，還不僅僅是這個。主要是：從此之後，我在這個地球上，是眞正徹底孤立了——孤獨了。

在我一生中，這是個大事件。如果是別人，當生命晚年遇到這樣大事時，肯定會被壓倒，麻痺，癱瘓，但我還算頂住了，雖說也經受了不少痛苦。這宗愛情事件，正如過去幾次一樣，所以產生悲劇，固然有一定客觀原因，但我自己也要負一定責任。我還是太幻想，太自信，太重視理想，而忽略實際。我還是太誠實，太坦率，不夠權變、機智、策略。人們——甚至最愛你的人，寧可聽你假話、或搪塞話，而不願聽你眞實話。再一方面，我度量也還不夠大，也太斤斤計較小節。這一切，我應該吸取教訓。

要換得眞實愛情，關鍵時刻，必須不畏痛苦，要能在痛苦泥沼裏掙扎，打滾。我當時因爲怕痛苦——而且，太長久的痛苦使我失去忍耐，因而正面逃避。還是老辦法——超然象外，這就引起對方深刻誤會。不是我有意替自己辯護，這一項經驗，我生命中從未遇過，所以缺少應對能力。她更是如此。

算了，「甑已破，視之何益」，我只有以全力追求藝術。爲了研究書法，我幾乎付出家庭幸福這樣昂貴的代價。今後，應該畢竟全功才行。

二

衰老最大的一個特徵，是一層厚厚的殼，緊緊包裹你，像繭緊裹蠶一樣。這樣一層殼，使你神經隔絕世界，對外界的形形色色，不再敏銳反應。所以形成這個殼，是多少年外界衝擊的結果。無名指因爲多年用撥蹬法（註二）作書，形成一層老繭，腳底多年磨擦大地，會生胼胝，神經外層那片殼子，也正是類似產物。爲了保護老年的衰弱，這層殼是少不了的。當然，強烈的感受性因而也告一結束。

我羨慕林公（註三），他在六十四五歲時，還有那樣強烈感受性。白朗寧也是這一類典型：八十歲時，依然充滿青年的感受。不過，這一類典型，只有青年或中年，沒有老年，未免是遺憾。歌德所以偉大，正在於他眞正感受過青春、中年與老年。

三

將近廿年沒有參加婚筵了，特別是飯店裏的。這種熱鬧場景，像海市蜃樓，離我非常遙遠。

一次婚筵應該是愉快的，卻勾起我一片傷感。我一直在聯想：當年的她（註四），好像正重現於今天這個婚筵。彷彿這個新娘不是我友人的女兒，而是她本人。她和這個年輕姑娘，在本質上並沒有極大差異。這對新婚夫婦的情緒，這時隱藏於內心，相反的，倒是客人——特別幾個女客，他（她）們所表現的強烈歡樂，卻渲染出一場婚筵所應有的熱鬧氣氛，正如綠葉襯出紅花。

我於是沈思：是什麼造成我這幕悲劇的？分析起來，我只承認四個因素，依輕重性排列如下：一、命運。二、其他方面（一兩個人）。三、她。四、我。在她未再婚前，「我」居第三位，她再婚後，我只能居四位。不管怎樣，即使在最應負責任時，我仍留有餘地。但她最後做法，即連最後一點餘地也堵塞了，因而形成這整個悲劇。

詳細情形我不知。但按照過去我幾個女友經歷，可能在婚後一個時期，她空虛心靈暫時被填滿。但蜜月以後，空虛將仍是空虛。因爲，不管新郎能給她多少東西（物質方面的），有一樣東西，他卻永遠不會給予她：那種純粹詩意的愛情。過去，我常說：眞正的勝利，就是眞正的失敗。即使是最眞實的勝利，也會哲學式的感到勝利的虛妄，而豪華的幸福，只能存在於希望勝利的心情中，一旦希望變成現實，幸福就沒有那樣豪華了。

現在，最多，她只不過過著一種穩定而平凡的現實生活，卻不是純粹愛情生活。當她與一個俗人結合時，她也變成俗人了。她會回憶：那將近廿年和我過的愛情生活。只有在這種時候，她才會眞正感到：她所眞正得到的是什麼，她所眞正失去的又是什麼。不與別的男性共同生活時，她永遠不會稍稍瞭解我的眞正形象與靈魂。正如我過去說過：「當幸福在你身邊時，你不知道，當你知道時，它已不在你身邊了。」生命是怎樣短暫，我們能眞正得到的，又多麼少。正如曾經和鄧南遮戀愛過的那些女子，當她們和他在一起時，覺得自己是天上仙子，離開他，立刻墜入凡塵。

她本是塵俗的，平凡的，只由於我的影響，她才變得稍稍詩意點，不平凡點。一離開我，她又回歸原來面目。也許，她不會感到這些，也許，她會感到，卻後悔不及。一個人只在鑄成眞正大錯時，才會有眞正的悔恨。

離開婚筵，我一直思索這些。

我又想起我的一生，是怎樣一種命運，把我造成今天這樣？但不管怎樣，我原來的精素，依然保存一些，只由於生命的衰退，和客觀種種，許多事，心有餘而力不足，不是沒有勇氣，沒有氣魄，而是，無法實現這些勇氣與氣魄了。

我是眞正老了，今後只能過一種老年的生活，在精力許可下，作點努力罷了。仔細想想，這幾十年，我所挑過的擔子，是怎樣可怕的沈重呵！

四

要寫手底這類文字，必須準備一本精緻的手冊，用最佳的鋼筆、墨水，在一個晴風麗日的早晨，淨几明窗下，——最好，在玫瑰花園裏，或者，藍色大海邊，彩色傘篷下，丁字咖啡枱畔，悄悄的，慢慢的，一個字又一個字，讓它滴溜溜圓的從心靈深處滴下來，像秋天朝露一樣。

在五十八歲將要開始的今天，我還有心情寫這樣的文字，這說明：我那顆沈浸於藝術創作的心靈，還未全部枯涸。或多或少，我依然像卅年前一樣，向宇宙坦現一顆滿溢青春情感的心。在它與宇宙之間，沒有一絲阻隔，或任一種中間物。

院子裏，儘管充滿這樣多的喧囂、傾軋與庸俗，但關起門來，我依然享有一份安靜的心情，讓自己幻想在蔚藍天際馳騁，這就是閒暇的好處。可以說，一個人的絕對自由就是閒暇。當一個人被一份過度緊張的時間表綁縛時，那就不可能享受自由。從這點說，古今中外許多大人物，是沒有眞自由的，——就這點說，儘管我很渺小，但我一生中所享受的自由，比他們多得多了。

人與人的心靈內容，有時竟有那樣深刻的差異，細細想，眞令人吃驚。書使一些人的觀念更深的與自由擁抱，而另外許多人，卻終日緊緊擁抱柴米油鹽與妻子兒女。長期與一些庸人接觸，或多或少，自己也沾了一些庸氣。比如，過去，我最厭惡談柴米油鹽，現在，也不得不適應環境，拿這些話與鄰人周旋了。

黑夜是一切問號的象徵，白晝是一切答案的象徵。夜幕一展開，一切問號（？）都像翅膀長長的精靈，從四面八方飛出來，整個人也變成一片羽毛，隨風飄蕩。白晝來了，一切問號也沒有了。室內一桌、一几、一窗、一燈，都是實在，全是答案。而陽光就是一切答案的總和。這也是爲什麼無論基督教、佛教或道教，總要把殿堂裝飾得一片陰森森、盈滿夜的感覺。因爲，它們都害怕，太強烈的陽光將瓦解它們一切的神秘特性和問號。

沒有問號，它們作爲答案，也不能存在了。

五

純粹唯美的生活，假如只過一個時期，那是極可羨慕的。全部生命超越一切現實之外，不談一點實在事，不做一件實際瑣務，讓丁香、玫瑰、月光占有自己整個肉體與靈魂，這當然是美的。只是，它不可能太經久。現實風暴遲早肯定會猛烈襲擊，把它顚覆。

不過，偶爾徹底度一個時期這種美的生活，也是好的。青年時，由於幻想、追求或享受這種生活，那還是飄浮的、輕薄的，因爲，還沒有受到現實最深的錘鑄。老年，從一切現實最低地昇華了，再過一段這種生活，那就眞可貴了。只可惜缺少愛情作伴奏。年輕時的詩意生活所以特別強烈，正因爲有愛情滲透的緣故。

從前，我最愛秋天，現在，我才感到，冬天更可愛。只要室內還有火光，冬季的窗子特別顯得深沉，窗外的一切，似乎也離我更遠。最主要是：宇宙表現得分外嚴肅，充滿深度。這樣時候，點一支烟捲，長長冥思，那境界，是無比深刻的。此刻我才明白：爲什麼北歐人或寒帶人的作品，特別顯示一種深湛，無論是易卜生的劇本，格里克的音樂，或舊俄杜思妥也夫斯基的小說，都流露出一種冬季的嚴峻、深度。

歡喜穿深黑色衣服，愛冬天，愛孤獨，這都是老年孤獨者的特徵。只希望還有適當的生命衝激力在血管裏流蕩，偶爾也泛起一點小小浪花，那就很滿足了。

六

孤獨不一定可怕，但孤獨者是可怕的。因爲，孤獨是個人的事，孤獨者卻與世界有關。不過，先有孤獨，後有孤獨者。從這一角度說，或者，孤獨對世界也是可怕的。

孤獨者所以可怕，因爲他不眞心關心世界。（未婚前的希特勒是另一回事，他並不是孤獨者，僅僅獨身而已。）所以如此，因爲世界並不關心他。不，世界只在表面上關心他，非透心澈骨的關心他。只有有家庭的人，通過父母妻子兒女，世界才顯出深刻的形象，藉助這些形象，世界才顯示對個人的關懷。孤獨者沒有這些媒介，便得不到世界深刻的血肉關懷。

一個眞實的老年孤獨者，不僅是可怕的，也是可厭的。他對人間所發生的一切，幾乎漠不動心，或者僅以觀劇者的態度面臨現實，你不能期待他奉獻出更深的同情或血和淚。自然，他自己也夠艱苦了，哪有餘力過問世界？

卅歲時的孤獨者，根本就不能理解眞正的孤單味。只有年近六十了，假如還是孤獨者，那倒能直透孤獨深深核心。

想不到，臨到老年，我竟會成爲一個孤獨者，實際遭遇和我從前預想完全相反。這正是：萬事萬物發展，自有其客觀規律，絕不以個人意念或幻想爲轉移。不過，有些時代，個人突出的能力容易突出，另些時代，則否。同樣，有的時代重武，有的重商，有的重文，風氣各各不同。你本準備一套東西應付你那個時代，想不到他卻完全變了，於是，你原先準備幾乎付之東流。從前讀陸蠡散文，他記載舊時代（清末）一個塾師，後來怎樣不能適應新型小學（民國時代的）。現在我似乎就有點像那位塾師。（至少，有些人把我看成那位老塾師。）不過，也僅僅「似乎」而已。可能，我走的路太遠了，人們只看見我的頭髮隨風飄起，並未見到我的眞臉，更未目睹我的全形——特別是我的足步，就隨便猜測我的眞實存在的眞實時空了。我自信並不舊。也許，正因爲我太新了，人們無從把我分類，就簡簡單單把我「歸檔」了。

近幾月來，有人開始尊稱我爲「老先生」，這就說明：青春早已離我而去。不過，中年時，人不對你「尊老」，你也就自以爲還有點青春。現在「老先生」帽子一戴，你就踏入生命新的一頁。

七

對美的事物開始感覺麻痺，也就說明衰老的可怕。因爲，外界宇宙的強烈萬象，必須先由你強烈感受、滲透，它才顯得生動，否則，它就是一幅死氣沉沉的僵死了的畫。衰老了，你的強烈感覺大大沖淡了，外界最美麗的色彩或形象也就激動不起你靈魂的酵素。就此點說，長保強烈感覺——感情、直覺、本能、同情等等，對於創造條件享受生命本身，是極必要的。一定高度享受，否則生命會悄悄離開你。當你最振作時，也就是生命最強烈的擁抱你時。

八

整個地球在混亂，你窗外秩序也一天天被破壞，你全部神經被無數生活瑣事肢解成碎片，特別是：個人的陰暗經濟遠景，幾乎粉碎你核心觀念中樞，這一切都使你幾乎茫然失措。

還剩十幾年生命，最多十五——二十年，實際上，幾乎不可能延續到二十年，能再安全生存十五年，就算萬幸了。這樣一本明顯帳簿攤開後，人生旅程中的節目，似乎就容易安排了。不管整個地球怎樣瘋狂——包括發生核戰爭，但對我個人來說，只要能大體穩定的度過今後十五年，就該很滿足了。

估計今後五年，生活大體不成問題，母親的生命，最多只能延長三年，一般是一年——二年。五年後，我是六十二三歲，肉體將進一步衰退，但大體還可維持健康，十年後，我六十七歲左右時，那將是我最大困境的開始。

心臟的衰弱、氣管炎、鼻炎、眼疾，這些都將嚴重的威脅我。也許，五年後，眼疾和氣管炎就會很麻煩。這是老年的悲劇定數。要設法減輕它們的威脅，從現在起，就得未雨綢繆。

書法大約還可以搞五年。兩三年後，書藝達到一定水準，再有三年創作時間，大致可留下一些作品傳世。這以後，雖不擱筆，也只能偶爾試筆了。

由於眼疾，五年後的那十年，是很艱鉅的。經濟上，這五年內，最好能設法打點基礎，以便配合其他方面的支持，來解決晚年生活問題。

可以積存一部分將來可賣的書法作品。比如：五百件吧，——或一千件吧！（每年一百——兩百件）那也是一種辦法。比一切更重要的是：盡可能使自己保持健康，和人們的關係搞好一點——包括與二哥二嫂凡侄。年老了，無兒無女無親在身邊，多需要一個健康的肉體啊！

這樣想想，整個世界混亂與動蕩與我似無關，也有關。只有在一切安定的環境下，個人生活才能安定。從今天起，要經常檢查自己言行，發現問題，隨時改正，老年的歲月是艱苦的，想逢凶化吉，端賴自己努力了。

九

爲了徹底忘記那個庸俗而可憐的女人（註五），我連帶忘記整個過去。因爲，她與我的過去幾乎不可分。自然，這在我是一個巨大損失。一個沒有過去的人，是很難堪的。特別是在老年。老年人沒有將來，也幾乎沒有現在，只有過去。假如連過去也沒有了，他將空無所有。對我說來，這倒眞是悲劇的悲劇。現在，那些青春期的燃燒雲霞，與我是眞正隔絕了，因爲，我自己內心深處的青春元素，幾乎是一滴不剩了。沒有這種元素，與過去的青春就沒有連繫，也沒有溝通媒介，或共鳴音響。此刻，我眞是站在高高老年峯巔，觀看遙遠的過去青春與中年風景了。幾乎還沒有好好生活過，眞正生活過，生活卻匆匆結束了，上帝對我是太刻薄了。

孤獨也好。就讓我絕對浸透老年的孤獨境界。當年文藝復興大師達文西，還有佛郎西斯科（註六）這樣最後一個學生留在身邊。米開朗琪羅也還有一大堆崇拜者驅除他暮年寂寞。我這個渺小的文藝工作者，也總算對文藝貢獻過涓滴，下場卻如此，這怎麼說才好呢？又有誰能眞正理解我？

只有進一步深研書法，在這方面尋求暫時的寄托吧！

十

健康一天天衰退，肉體的代謝作用是一原因，精神上的渙散是又一因素。和一個半神經病的九十二歲老母同住一室，她的風暴對我的精神襲擊是可怕的。如果不反應，則我精神將漸趨麻痺。如反應，更加煩惱——特別是道德上的煩惱。而且，不管你怎樣反應，總不能解決問題。有一個有點神經失常的老母須侍奉，還有什麼可說呢？犧牲，我已作出了，但假如一定非叫我隨她離開世界不可，這一種犧牲又未免太大了。兒子只能孝母，不能殉母呵！

我自已的家，有時對我幾乎無大安慰，只有好友的家，倒可給我一點深刻慰藉，這是一種怎樣殘酷的悲劇。想不到有一天，我自已竟會變成這種樣子。

可是，不管怎樣，我還得掙扎。卅年前，那些大師們對我的高貴教導，我必須在老年兌現。我已掙扎奮鬥了一生，這最後十年生命，爲什麼自動倒下呢？

十二

春節以後，這是第一次執筆。書法上花了太多時間，文藝的空間，就幾乎縮小爲零。這個局面，要改變過來。否則，賣櫝還珠，得不償失。無論爲生命理想，爲人生哲學與美的感受，或精神鍛鍊，一種以哲學和文藝爲指導的精神狀態，必須保持。書道往往是個調劑或職業需要罷了。當腦子裏詩的靈性乾枯時，哲學的理性濃度大大沖淡時，不但全部生活會顯得呆板，無生氣，就連書法也要大受影響。

重閱舊作，我發現：幾十年來，我精神上那條長長連鎖線，從未斷過，只是，年齡越老，它越由粗而細，漸至幾乎要消失的狀態。這一點，得學學羅曼羅蘭和其他一些大師，做一個頂天立地、一空倚傍的好漢！一個頭角崢嶸的男子！不一定需要華麗的詞藻，只要樸素的實踐。我希望，從今年起，我的生活逐漸更正常，——一個完全擺脫女性糾纏的獨身者的獨立生命！

十二

儘管你用犬儒派的眼睛，一千次嘲笑希望，但最後一次給予你生命力量的，仍是希望。沒有希望的生活，等於一堆垃圾，垃圾箱裏有殘剩的肉骨頭香味，有拋棄的玫瑰的萎謝朵瓣的餘芬，有偶然閃光的綠色茶葉，然而，整體卻是一片腐爛與糟粕。

不少人的精神生活，也就是一堆垃圾，三里外，你就呼吸到他們身上那股臭氣。

現在我才明白：兒女最深刻的意義，不但是生命之延續，或人間之溫暖，他們最大貢獻，是給予老年父母一份希望。後者所不可能再實現的，希望在年輕人身上實現。這也就是爲什麼，傳統的習慣重視兒子遠過女兒，因爲，前者更能實現他們的希望。

我自己沒有兒女，但一個好友的孩子也可給予我希望，我目前的極少數學生，也可給予我希望。說來說去，青春比什麼更可貴。因爲，青春就是生命本身，而老年卻是生命的結束——只不過比死稍稍好一點而已。

十三

這幾天，我的心情進入一個新的世界，一個將要沒有母親的世界（註七）。千千萬萬人有母親，而我，在一個不太久的時間後，將永遠沒有母親了。我還不知道，我將怎樣適應這一新的境界。

「母親」是一個極富麗的名詞，在私生活裏，幾乎沒有一個名詞能比擬它，代替它。世界上，有各式各樣的衝突，矛盾（包括父子或兄弟姐妹之間的衝突、矛盾），但極少有過母子或母女之間的衝突、矛盾。對我說來，母親還有更深邃的意義。廿五年來，她使我有了一個眞正的「家」，叫我嚐味到人間深沉的溫暖，和最純粹的愛。沒有她，我的房間不可能這樣富有吸引力。我又回憶：童年或少年求學時代，每次從學校回家時，我總說不出的感到舒適、親切，那是因爲：有一片濃厚的母愛沐浴我、慰藉我。這種感覺，不但我，源哥和椿弟想也有同樣經驗。可是，個人生活裏，這樣一朵最美麗的花，不太久之後，我將永遠失去了。

此刻，她還在我身邊，我還聽見她的聲音，看見她的形象。然而，我所聽見的，只是她原有聲音的淺薄迴聲；我所看見的，只是她原有形象的一個外殼，甚至僅是一個面具。就這麼短短幾天間，這個相當堅強的生命，卻失去最後的強烈原動力了。她在掙扎、在動、在說，但她的動作是非常非常緩慢了，她的聲音也非常非常微弱了，彷彿死的巨手已用繩索綁住她的手，用楔子塞住她的喉嚨。從我寄給你們的九十二歲生日照片上，從她面容上，你們還可看出生命的最後青春光輝，哪怕是極微薄的一層，那還算是類似青春的一種色彩。現在，她是眞正衰弱，「老熟」，不再有一涓滴類似這種光輝的餘瀝了。

儘管她平日性情很急躁（那是衰老之故），但我仍覺她內心充滿慈祥，她仍是現實生活中最關懷我的人。不用說，她常常談起你們：她回憶裏的最燦爛的幾粒珍珠，也只有你們，——她的兒子、媳婦，和想像中孫兒的記憶，不時給她安慰。她雖從未見過凡凡一面，她仍數著日子說，卜凡要留學了吧！她還記得凡凡的年齡，以及相片上的形貌。可是，就是這樣一個慈祥而堅強的母親，我將永遠失去了。儘管她過去曾給我私生活帶來巨大的不便，但我此時卻比任何時候還珍貴她的存在。一個人，只有將要永遠失去什麼時，才會眞正感到她的眞正可愛處，可貴處。

不用說，今後幾個月，將是我一生中最艱苦最辛勞的日子，但我毫無怨言。我願盡最大努力，把這個可愛的生命多留幾個月，幾個星期，甚至幾天。只要一天她還在，我就不是眞正孤獨的。她一走出地球，我將眞正孤伶伶一個人了。

十四

許久沒有記錄心靈聲音了。現在，我仍無充裕時間執筆，僅僅抽空寫幾個字。

對於大千世界種種色相，我越來越看淡了，一切彷彿隔一層淡淡薄紗，我坐在紗後，做我的神秘的夢。這最後十幾年，我將盡可能過一種哲學的、詩的、藝術的，而又相當適應現實的生活。時間不允許我再浪費生命了。一切應簡單、扼要、精鍊，而又滲透詩和哲理。

將比過去沉默些。除必要話，不多開口。調劑心靈的偶然暢敘是另一回事。

書法方面，我將努力設法建立一種風格——希望我主要風格之一：像大海一樣，能吸收一切風格，溶化爲一，又極盡變化之能事。行草方面，要追求一種新的極致。這是我的一種娛樂、調劑，讓生活更豐富。

自然，在書法上的種種計畫，能否實現，要看此後精力和其他條件。

十五

南高峯之遊，給我一個深刻印象，我想起羅曼羅蘭在「米開朗琪羅傳」結語中的一些話。的確，一個人每年總得爬一次或幾次高山，讓自己眼界開擴點，胸襟偉大點。一個人一生中，即使不能做一件偉大事，但如能與偉大自然風景接觸兩三次，也可使自己胸懷沾點偉大氣息。近幾年來，我太忙於書法，太斤斤於雕蟲小技，必須有時也讓自己靈魂超脫點，氣象博大些才行。

比一切重要的是沉默，默默多做些事，多思索一些問題，多讀書，多看些新事物。話說多了，沒意思。也不必急急求別人瞭解。只要你做對了，人們遲早會瞭解你的。而且，人們的意見也永不會全相同。不能把一二人看法，當做所有人想法。

空想多了，也無用，必須結合實際。歸根結柢，一天不死，我們都得在這個地球上生活，而一切得合乎地球永恒規律。

哲學、文學、藝術、政治——這一切，應先於書法，指導書法。不是書法指導一切。這點道理，我本來很清楚，可是，我現在大部分生命竟耗於書法了。

十六

很久沒有讓靈魂放縱了。在單調的生活中，偶然有一次，和幾個好友痛快玩一下，隨心所欲的放射靈性的光輝，傾瀉靈魂的聲音，那是一次精神海水浴，遍體爽颯，連每一粒肉體纖維似乎也獲得解脫。可是，正是在這樣一種強烈情緒中，我開始發現：肉體的衰老，也影響了精神。不管你怎樣想放射，那光輝卻是落日的殘紅，那聲音卻是將枯竭的泉水聲。不僅是肉體變化，就是生活現實的沉重負擔，書法的極度收斂的東方風格，也深刻削弱生命的內在熱情。

幾乎到了無聲可響無言可說的年齡了。對比過去青年時的萬馬飛騰的氣魄，中年才思橫溢的氣象，現在眞夠可憐了。別的不說，一次靈魂放縱後的肉體疲乏，就異常令人氣短。

耶穌在十字架上最後三句話是：「我的上帝！我的上帝！你爲什麼離棄我？」我要說：「啊！我的生命，我的生命！你爲什麼離棄我？」

十七

重讀「紅與黑」後半部（這是第三次），可能雖然不像二十年前那樣激動，卻依然震撼我心靈深處。一整個下午和夜晚，我都沉沒在書中。一本偉大巨著是一種偉大的人格，一片偉大的自然風景，甚至是一個偉大的歷史事件，你紛歧錯雜的靈魂，如投入高熔爐，霎時熔化成一片火燄液體，最終又是一團凝固。

這是一場巨大的靈魂沐浴，渾身每一根纖維，每一粒細胞，都洗滌得舒舒服服，暢快極了。儘管它是一本小說，實際卻象徵生活本身。它替你說盡了你想說而無法說的話。眞正感謝司湯達筆下的那種英雄風格，使我的平凡生活也衝激起一片壯麗浪花，並給我靈魂注入一些強烈的生氣。到現在執筆時，我還因作者的偉大氣象而顫慄。

不錯，目前看這本巨作，和二十年前的看法及感覺不全相同了。二十年前，我覺得它所寫的，彷彿是我自己的事，或當時的社會現實，現在，在它與我之間，卻隔了一層薄紗。我用較冷靜的態度面對于連的悲劇了。而且，突出的是：我也感到作者藝術上的缺陷，結構相當雜亂，不算嚴謹。

然而，壓倒一切的，是書中的激情、智慧和勇敢，以及那些深刻的性格和心理分析。它們依然表現一種迷人的魅力。而貫穿一切的，卻是拿破崙時代的那種拿破崙主義和拿破崙精神。那是一支利劍，所到處，無人不被擊中、刺穿。此刻，我們最需要的正是這樣一柄利劍，使我們能更痛快、明確的判斷一切紛亂如絲的難題。

十八

從元旦起，落雪一週，執筆記此片段時，窗外又開始飄鵝毛。室外溫度最低零下八度。室內結冰，奇寒為幾十年所無。曾有人說，「冬至」下雨，今冬將空前大冷。看樣子，他的話是應驗了。

大地一片冰凍中，人的思想也彷彿凝結。可是，即使如此，我火熱的血液仍在脈管內奔流，並且渴望：藉這點墨水，宣洩一些什麼。——我已經快一年沒有與這個手冊接觸了。心靈似乎蕪雜，但又不眞正蕪雜。人近花甲，雖尚未達生命盡頭，卻已開始眞正看見盡頭了。我想，只有從現在起，我才算極名副其實的嚐味衰老。快六十了，這個數字本身就是一個巨大現實，它非常殘酷的告訴我一個眞理，世間永沒有第二次青春。所謂返老還童，只是一個謊言。

以前，我曾透徹的咀嚼且沈醉於青春，現在，我又不折不扣的沈沒於老年。「老」是一種獨特的境界，如果能適應，那也是一種享受。因為一沾上「老」的色素，「自我」就得到過去所沒有過的諒解，我自己也會寬恕自己了。主要是：寬恕自己基本放棄一切幻想和慾念，也放棄大部份雄麗計畫，只讓自己靜悄悄的，能做多少，就做多少，以便無可奈何而又自得其樂的消磨老年。

沒有家室子女，一個孤獨者，可以說徹底擺脫一切塵凡負擔。我只要維持最低生存就行，再沒有野心、夢幻和道義上的人間糾葛。

在我的空間，一切正如此刻窗外大雪，雪白一片，毫無其他色素和舞臺畫面。我的觀念裏，也是一片純白、單一、空靈，正如我在「無名書初稿」所描畫的印蒂性靈境界。今後，我將如一個修行僧，隱居於我的小廟——我的家，長與青燈鐘磬相伴。實際上，我並無鐘磬，這樣一種超越的寂寞味，我必須習慣，而且要絕對從中感到享受生的樂趣。因爲那是一種與宇宙萬物相化、合而爲一的透明境界，也正是我的「浮士德」在華山大上方所沈醉的境界。嚴格說來，這是沈浸；而這種境界並不眞寂寞，實無所謂寂寞。

但有一點，雖孤獨卻不要孤僻，或怪僻。我仍得盡一個平凡人應盡的做人責任，不過範圍得大大縮小。

此外，「人」的大部分欲念，必須從根拔掉，只剩最後幾點：藝術的美的享受，最低的健康享受，智慧的享受，和最低最低的生活享受。

【附註】

註一　這是指妻離婚後再嫁。

註二　撥蹬法是中國書法的一種執筆法，無名指前關節處與前三指同等吃重，久之，乃起老繭。

註三　指林風眠。

註四　此處「她」指已離開我的妻。

註五　指離開我的妻。

註六　文革期間，手頭參考書，洗刼一空，此人名是否有誤，待查。

註七　自一九七一年後，六、七年來，老母先後四次患重病。第一次，水米不進近五天，終被我設法挽救，得以痊癒。第二次，並未全日躺倒，似患「老弱」症，接近「老熟」，健康直線下降，日趨衰弱，前後達廿日左右，我總算想方設法，使她恢復了健康。第三次臥床廿餘日，水米不進幾達十日，（但我仍晝夜不斷用牛奶、豆漿、桔汁、蛋花湯及其他營養流汁強行灌下去。）終又轉危爲安。第四次，由於她已九十四歲高齡，燈盡油乾，醫生束手，遂不幸仙逝。此處指她第二次生病。（文中稱「你們」，是寫給海外兄弟的。）

大陸書簡

——一封從杭州寄香港的信

哥、嫂：多少天來，我就想好好給你們寫一封信，可是，不知道怎樣著筆才好。

每次看見你們的字、照片、寄來的東西，我就恨不飛到你們身邊，和你們暢談個一天一夜，把十幾年來關閉的情感痛快傾瀉一下才好。可是，我只能用一張簡單的紙，一些簡單的字，談一點不關痛癢的話。我眞不知道，何年何月，我們才能重聚，共溫家庭的溫暖——那些美麗的夢。有時候，日子似乎近了，轉瞬間就可看見你們了，但正當你們的影子隱隱移近時，卻又被一陣巨浪衝走，推向渺茫遠方。這以後，我們之間，彷彿又隔了好幾萬年。而我們那些堆積得太多的情感，漸漸將變成史前化石，成爲今後考古家發掘的對象了。

我眞怕，今後即使能看見你們，我也將說不出什麼。所有聲音將化成沉默，最巧妙的黃鶯舌頭也要變成啞巴。我們的肉體，是如此被現實石化了。我不禁想起：歷史上那些最偉大的雕像爲什麼全是石像？實在，這倒是歷史人物的眞型眞態。我們從沒有這樣鑽入歷史深處，發現它如此深刻的靈魂內景。

昨夜，我聽見貝多芬小提琴協奏曲，我想起他的孤獨一生，我想起他的命運交響曲，我又想起我自己。可是，樂聖還算幸運，他從沒有與自己親人眞分開過，他也還能及時身受他巨大勞績的酬謝。羅曼羅蘭竟如此渲染他的艱辛，我覺得是不公道的。在我們時代，貝多芬的一生已經算是一朵很溫馨的玫瑰了。

我聽著音樂，我想起你們。我覺得你們還沒有深透瞭解我。你們對我還存著一份柔和的幻覺，而你們自己還被四周的美麗海水色彩和聲音所包圍，使我們間飄起一道隱隱綽綽幕帷。在你們的信上和一些細節上，我感到這層帷布的存在。你們似乎沒有從自己所舉起的那些溫暖酒杯裏，看清另一些空空杯子被冷冷擱在碗櫥一角。我承認，你們對我們是公道的，但還可以更公道些。你們誠然是溫暖的，但還可以更溫暖點。我們不僅是按照個人角度要求這些，更因爲，這是一個歷史的角度。你們應該看得更深、更廣點。目前，在我們印象裏，你們的形象，或多或少，還有點被動。

近幾年來，我們總是盡可能克制自己，把實際遭遇壓縮成零，不使你們在精神上感到負擔。可是，你們當然明白：這只是我們的克制。我們寧願聖誕老人從天而降，突然給我們額外賜予，而不願把他的蒞臨當做是我們的常規要求。無論在人情上、禮貌上，我們不能再多一分繁瑣了。但我們在幻覺上，仍願別人對我們更體貼、更仁慈點。

每一個人都有一份未來憧憬，因爲它帶來希望。但時間太長了，在肉體與希望之間的唧接，就更困難了。青年時的啣接和中年不同，中年和老年又不同。照過去想法，越往下走，路越容易走，因爲快走完了。現在才知道：就在快接近路的盡頭那一段，更是艱難。不是腳下石頭或坑窪更多，而是，腿力不如從前了。在路邊設涼亭的人，也就不能按照過去成規，非照過去某種等距不可。應多給人一點蔭庇和茶水。

我這樣說，可能不會被你們諒解，因爲，你們有你們的處境、你們的想法。假如是這樣，那麼，請原諒我吧！這封信的措辭，在你們看來，雖是出於一份跡近奢侈的幻念，但在執筆者，卻是一支「命運交響曲」的氾濫。沒有一個音符不來自無窮無盡的深淵。

寫到這裏，時間又是午夜十二點。人們早已沉入睡鄉，只我一個獨對孤燈，傾聽鋼筆在紙上沙沙響。我不知道：今後會不會寫這樣的信，也不知道：你們將用怎樣心情來看這樣的信，更不知何時你們才能徹底公平的反應這些字行。我只知道一件事：我們依舊遙隔幾千里。我既看不見你們旁邊的海水，你們也看不見我桌上的孤燈，和錶上的午夜十二點。會面的可能性，至少在這一年內是極少的。遠水既無法解渴，有限的一杯半杯也只能給親人以短暫的潤溼。誰也不能對聖誕老人常存幻想。唯一的企盼是：盼知道這孤燈，這十二點，這支「命運交響曲」，以及比交響曲更深沉的夜靜。是深冬了，夜很冷，肉體更冷。你們的聲音也冷而少，常常兩三個月聽不見。有時想想，園丁爲別人種花，何苦來？青春早沒有了，還過印度頭陀生活，又何必？總不希望「名花零落雨中看」，但世界現實卻又叫你「雨中看」，多不近情？假如多一點陽光，小草還可以多綠一個時候，否則，自然規律將爲它安排一個自然的下場。

寫這封信時的心情，自然不同於十三年前，在另一個冬天，寫另一封信時的心情，但客觀的艱難，卻又不免使智者有時懷疑自己的傻勁。這種客觀，最近在另幾封信上，我曾提過一點點，我希望能得到你們的諒解。因爲，今後可能還要這樣生活三年，甚至四年，這到底不同於十三年前以後的那三年四年了。物質上的因素不得不加以嚴肅的考慮。看樣子，母親將逐漸癱瘓，所帶來困難將更多。這些事，一想起來，就不知怎麼好！口是越來越渴了，杯子裏的水，卻總是那麼幾滴，怎麼辦？

四弟

無聲

五十年代大陸是最痛苦的，因爲不斷興起一種造屍山開血河的運動。記得有幾個月，慈母赴上海小住，而妻子暫陪她，不返杭看我，我分外感到寂寞。這篇短文所寫，就是那時心情。當大陸一片衝鋒陷陣喊殺聲高入雲霄時，我卻覺得到處無聲。這種心態自然有點變態。不過，仔細想想，這一類心態倒是正常的。因爲，對於渴望眞正和平的人，任何喊殺聲對他的神經中樞只是無聲。此文雖撰於五十年代，卻算是我當時靈性的反映，現在發表，倒有點類似回憶了。自由世界有些人也感到人生的寂寞，但我很希望他們參考大陸沙漠那種寂寞，藉以收「他山之石，可以攻玉」之效。

已經七個月了，我一個人生活著，絕對絕對的一個人。在我四周，也有花，也有綠葉，也有陽光，也有貓的蹀躞，——卻沒有一點聲音。常常的，這種無聲的氣氛包圍我，浸透我，一個星期又一個星期。也扭開收音機，也有音樂，但它不屬於我的四周，它是另一個星球上的流動體，隨它，我也飛翔在我所不認識的那個星體上。可是，即使是這個：貝多芬的雄壯大樂也好，白里遼斯的熱情節奏也好，都不能終止我心頭的無聲狀態，而表現於我身內的，比表現在我身外的更寂滅，更空無。我詫異著，我難道是一個無聲人麼？我是一個聲音絕緣體麼？於是我尋找，想在我身內找，在身外找，到處找，卻什麼聲音也找不到。上帝可能要命令我扮演無聲動物一千年！但我還要找。在白晝找，在黑夜找，最後，在牆角一片陰影裏，我終於找到一點點了，它出現了這麼幾個字：「一萬年的冰河沈默！」

從有些地方看，我覺得我已變態了。沒有一個人眞正瞭解我。我也不瞭解我四周任何人。他們爲什麼這樣呢？我不懂。那些最直率的言語，對我已變成一種古代巴比倫方言。那些最簡單的姿態，對我已是一種埃及楔形文。那些比水還明白的事，對我卻是永恒神秘。

天啊！我和這個世界的關係，眞變成花崗石與片麻岩的關係麼？

越當生活最缺少生活魅力時，我們越容易想起生活。一個觀念總在我腦子裏旋轉：「讓我眞正的、好好的生活一次吧！」是的，我們是在生活，但我們卻又從未覺得是在眞正生活。而另外許許多多人，甚至連產生這樣一種觀念的幸運也沒有。這眞是人間大慘事。眞正，只有在經歷了幾十年戰爭後，我們才深刻知道：什麼是和平！什麼又是和平生活？……人們從沒有比現在更渴望過它們。

上帝知道，我是常常想：「假如我們有那麼一次，也能眞正名副其實的和和平平的在大街上走……」天啊，這是可能的麼？

於是，我不斷回憶過去的歲月，特別是：漫長西北旅途上的一片寧靜的荒山野店，那裏的燈光、村酒、夜餚，和堂倌的親切的聲音……

黑獄漫憶

一九六八年十二月。

我搬家到杭州小車橋監獄，快六個月了。說「搬家」，並非誇張。翌年九月九日下午，我釋放出獄，管理員阮科長，瞪大雙睛，瞅著我那兩件「山岳型」的行李，就當衆大聲責問我：

「卜寧，你怎麼不把家搬進號子？」

他是個白癡，不知道我那顆心，早把「家」「搬」進來了。要不，日後我哪會創造「賓至如歸」的心態？以獄爲家？

有道是「人生到處爲家」。我自可以獄爲家。

不過，話說回來，那第一夜，卻是紅色英雄們以綁票款式，用手槍緊頂著我的脊樑骨，硬逼我「搬家」的。

這個牢家委實怪誕。家主竟不是人，是床。我卜居五獄第二十四號，按臺灣度量衡，面積僅七坪左右，卻霸佔了六張上下舖木床，再塞上十二名囚犯，不免床大人小，我們似變成床的附件了。

床的龐大割據，不禁滋生種種糾紛，可以說是動輒得咎。

床外空間奇狹，多少有點跡近大陸舊城市的「一人巷」——也類似臺灣鹿港所謂「摸乳巷」。明明只容一人通過，迎面若突然闖來兩位晨跑運動員，而又互不相讓，豈不發生巷戰？

於是出現一條不成文的牢房法規，像羅馬十二銅柱法一樣嚴格，那就是：在這個小小牢家裡，切戒小動作頻繁。

有一回，山羊鬍子老繆就厲聲叱責我：

「老卜！你他媽的怎能這樣對付我？」

原來他坐在床邊，我背著他穿上衣，屁股正對準他的尊容，距他的香腸鼻子僅二公分，實屬荒唐，我連忙陪罪。

一舉手、一投足、一轉身、一彎腰、一擺臀，隨時全可製造殺傷力，力勿論大小，易引戰端。受呵責或辱罵是常事。

早、午、晚三次，忙盥洗、忙準備進餐，籠子裡登時肩摩踵接，熙來攘往，幾乎擠成一團，更易啓釁。

從早到晚正因爲大家都在過一種「擠」的生活，再加上許多不如意事，牢家裡的住民，腹內那蓬常住火燄往往要比牢外人高攝氏數十度，我們不能不格外火燭小心。

我正是有感於牢房空間像孫悟空額頭上的緊箍咒，隨時會挨整，所以，次年出獄返家後，發現我竟擁有那樣「偉大」的空間，緊箍咒也立刻消失，一時我幾乎想滿地打滾，慶祝一番。

定居共產主義的牢家，眞正可怕的卻是肚子，它永遠是災難的來源，痛苦的化身，是上帝可怖的懲罰。

據說正常成年人，每日約分泌胃液三千毫升，它像水怪，專門消滅從食道投奔進來的食物，偏我們所食稀少，水怪苦缺消滅對手，便時刻興風作浪造反了。

按表面規定，囚糧每月二十六斤，每日約老秤十四兩，早餐二兩粥，午晚各六兩飯，若在自由世界，牛奶雞蛋大魚大肉前呼後擁下，絕對綽綽有餘。但獄中各種肉類失踪，每月每囚只三兩肉，基本無油，清煮蔬菜如爛青菜、爛蘿蔔等等，份量亦少得可憐。又不許家屬送食物，更不准囚犯花錢買。我們單靠一點點糙米飯與薄粥，不足所需熱量一半，而蒸飯的出飯率奇差，廚房還要剋扣。這樣，入獄一月後，正如一位囚友所形容，我們不得不捧著空大鼓的肚子，絕叫皇天了。歐化點說，我們是跌入飢餓的陷阱，那是一口無底黑洞，呼天不應，叫地不靈。

古今中外人類歷史上，專拿飢餓當刑具，來折騰囚犯的，業已歸道山的蘇聯、和尚在苟且偷生的中華人民共和國，是一對難兄難弟，首創金氏紀錄。

「哼！你們這些反動傢伙，讓你們塡飽肚子，你們就不肯坦白交代，好好改造反動思想了。」管理員一再惡狠狠的罵我們。

當這些紅色加伯利們吹出令人顫慄的號角後（註一），我們胃囊的恐怖末日便開始降臨了。

在以後的時辰經緯度裡，整個宇宙似以我們的肚臍眼爲核心。我們的茄子形的胃囊運動，就是地球自轉與公轉。一切人間禍福吉凶，也靠我們的胃腸盈虛滿損來測定。而我們的意識形態、思唯理路、感覺脈動，全兜著胃盤團團轉。

在耳膜卵圓窗聽覺裡，世間最美的音樂，再不是蕭邦的小夜曲，或德皮西的「月光曲」，或瞎子阿炳的「二泉映月」，而是早、午、晚三次黑色囚門外的扁擔鐵吊鉤落地時的那一串金屬聲。它彷彿在唱著金屬歌聲：「親愛的朋友們！那美麗的一缽飯（或一盆粥），就要和你們嘴唇密吻，和你們胃囊擁抱了。」

一聽見這歌聲，像勾魂攝魄，我們登時緊張了。二十四隻眼睛，如餓鷹搏小雞，撲向洞開的囚門小木窗，不久，目光又轉爲一片虔誠。

打飯兜粥的伙房師傅，不過是尋常人，或許還是個文盲，在大部分囚犯眼中，此時這傢伙竟有點像羅馬教皇一樣神聖。大夥兒差點都變成天主教徒了，以近似宗教情緒的視線盯著他的一舉一動。一小缽蒸飯既是定量，不會出現奇蹟，他那打粥兜粢的一隻大白鐵勺子，便扮演魔術師的道具，幾乎沒有人不秘密巴望「教皇」手下留情，或格外開恩，叫它顯示奇蹟，兜得極滿滿滿滿的。這一勺眞像幻變成海上救生圈，墜入飢餓大海者，無不視它攸關生死。

我每次瀏覽這一幅嗷嗷待哺的畫軸，格外深感懷仁堂那一幫黑店大頭目的殘刻。

一件細事十足展覽囚徒心態。

有一個兜粥打菜的，綽號蘭花師傅，對犯人最刻薄。一勺下去，總是寧少不多。消息傳來，農曆大年初一大清早，他家大門口忽然駛來一輛黑色柩車。蘭花傻了眼，破口大罵。司機照樣回罵，大聲搶白道：

「你他媽的！你家剛才不是打電話來，說家裡死了人，催我們殯儀館趕快派車子來，說是就要火葬麼？」

我們這才想起，盜亦有道，某小偷眞是言而有信。他曾惡狠狠的發過誓：「老子出去，一定找蘭花算帳！」

每週開葷一次，亦稱打牙祭。平均每人約食八錢肉。挑來一桶冬瓜鹹肉湯，或白菜豬肉湯，每號可分得一大搪磁洗臉盆，再一一均派給犯人。每囚約獲兩塊薄薄的肉，與一小飯碗湯。獄中囚犯近千人，廚師傅操刀切肉，哪裡可能把每一塊切成八錢或四錢重？於是，每回開葷，這兩塊薄薄肉就形成號子里「世界大吵」的導火線。直吵得開葷變成「發昏章第十一」。甲抗議乙的兩塊肉大，乙抨擊丙的肉全精無肥，丙又抱怨肉帶骨頭，丁則控訴自己一份皮多肉少。我想，若把當時「世紀大吵」場景拍成紀錄片，帶回臺灣放映，對時下寶島這一代厭惡牛奶雞蛋雞腿的青年族群，準收深刻教育效果。其實，那些肉片，本就顯得孤苦伶仃，一副薄命相，你就是跳到那隻冬瓜肉湯大桶裡，去大撈特撈，也撈不到什麼肥頭胖臉的貨色。

幾次「世界大吵」後，終於實行拈鬮分肉，中鬮者幾乎連面盆裡剩下的每一滴湯汁，也分給每人。

饒這樣，戰火仍未全熄，僅烽火的亮度稍弱而已。

一個小故事可以說明一切，它就發生在我們斜對面的籠子裡。

一位新囚友，見牆上貼一張名單，上書十二人名。詢其故。一位老囚徒道：

「這是我們每早分豆腐乳的名單。」

再問，爲何排名？回答如下：

每日早飯，不時有一小塊四方紅豆腐乳，長約三公分，厚約一公分，供十二人佐餐。先是自由舉箸，喝不了兩口薄粥，腐乳竟一搶而光。吃多吃少，吵成一團。若推一人，專司分派，其餘十一人反對。乃決定十一人輪值，公佈名單。

新囚友很好奇，「分豆腐乳是一件小事，臨時隨便推一個人，不行嗎？何必這麼興師動衆？」

「你才不知內情哩！」老囚徒道：「你想想，每次分豆腐乳，分完了，兩根筷子上，總不免沾點腐乳渣渣。哪怕只是兩顆綠豆一點大，卻是既得利益，絕不能外溢。今天輪值誰分，誰就有權享受點渣渣。大家餓得太久了，快像個乾癟臭蟲了。這點渣渣也能充飢嘛！至少，也能象徵性的解解饞嘛！爲了分豆腐乳，大家所以吵鬧不休，也是爲了這點渣渣嘛！」

新囚友聽了，一時倒不大相信。但一個月後，他卻相信了。因爲，他也心甘情願，加入這個爭奪渣渣的隊伍了。

記得新犯人陳繼光初入獄，一進號子就大哭，不想吃，不想喝，便把包袱裡的三套燒餅油條分給囚友！嘿！大家那副饞相！眞是如獲至寶。雙眼睜得像銅鈴大。那不是用嘴，簡直是先用眼睛，就雙眼把它呑下肚了。

獄中有所謂大勞動、小勞動。前者倒碩大馬桶，刷洗糞便、搞衛生，後者是籠子裡龍頭，負責排難解紛，思想學習。大勞動管吃飽，打牙祭尙可分得滿滿一大搪磁杯肉，被視爲肥缺。爲了逃避飢餓，火熱大暑天，他們雖身陷奇臭重圍，猶視爲樂事。因爲我是作家，一度曾任小勞動。囚友們替我打抱不平：

「老卜，你什麼油水也撈不到。你不妨報告管理員，說夜裡雙眼看不見，患夜盲症，請求准許用自己的錢買一瓶清魚肝油。這一大瓶脂肪，也好擋擋飢哇！」

我言聽計從，結果只准買一瓶魚肝油丸，還是天大面子。我手裡捧著幾粒黃色膠囊的丸子，只是苦笑。心想，一次縱使吃十粒，也不能充飢呀！何況維生素A服過量，會中毒？共產黨哪裡肯容許我用大量脂肪代替澱粉？

這時正値文革，時興人事調查。一些單位人保科，爲了查清一個五類分子或問題人物的歷史，不惜花巨貲與時間，跑遍二十八省，務求水落石出。因此，獄中不時出現外地調查人員。有些囚友愁眉苦臉，捧著個肚子，有氣沒力的低低道：

「同志，我已餓得頭暈眼花了……，從前的事，我一概記不清了，……而且，我也沒有力氣多講話……。你給我買幾個麵包或燒餅來。……讓我稍微飽飽肚子，……我才能記得起……，我才有力氣講話……，是我出錢請你買。……」

調查員一概拒絕，怕犯獄規，更怕惹麻煩，寧可千里而來，空手歸去。不過，這一票造反人馬，原是借調查爲名，到處遊山玩水，誰不想遊西湖？

有一位北京調查員找過我，問我老友交通大學教授吳承明的事，我如法炮製，那個戴黑玳瑁眼鏡的調查員倒算客氣。

「啊！對不起，我早知道，一定會帶幾個燒餅來，現在，管理員不會同意我出去買的，這樣吧！我送你一盒萬金油，一包仁丹，一塊八卦丹吧！」

我見他還老實，便拒絕這些小禮品，卻回答了他的問題，但對吳承明絕無傷害。

回號子後，大家埋怨我：

「老卜，你眞傻，萬金油、仁丹、八卦丹也可解解饞嘛！你眞傻。」

我苦笑。

這類苦笑，以後還出現過若干次，飢餓的恐怖包圍一日不撤兵，它們就不可能停止。

直到翌年九月九日下午，我釋放返舍，這以後，這類苦笑才算譜下休止符。

這天晚餐，我前後足足吃了十六碗飯，眞把我的老娘嚇得膽戰心驚。她唯恐我肚皮爆破，但我摸摸胃部，也只略略有點脹，若繼續吃，還可以吞下幾碗。

饒這樣，夜間我洗滌碗筷鍋子，出清剩飯時，仍在鋼精鍋內順手抓了兩個大飯糰，塞到嘴裡吃得其味美妙無比。

這一晚，不只是一年另三個月來，我眞正吃飽了一頓，而且，還是我數十年生涯萬千次飲食中最神奇的一餐，其美味簡直是超人間的。我能享受這樣美輪美奐的超級晚餐，還得感謝共產老爺所賜給我的長期飢餓懲罰哩！

【附　註】

註一　據說「聖經」上的末日降臨時，加伯利主司吹奏號角。

第一週

小引

民國五十七年六月三十日下午，我乘火車由上海回杭州。晚間七點四十分左右，我才出檢票處，即被四名彪形大漢綁架，押上吉普車，投入小車橋監獄。直至五十八年九月九日下午才釋放。獄中一年三月詳情，將來擬寫獄中記，翔實報導。現在先將獄中第一週簡記如後。說是「第一週」，其實只有六日，第七天我就結束單身囚禁了。

入獄第一夜，每一個囚犯的心情變化程度雖不同，其痛苦則一。這些我不想細敘了，即敘，未坐過牢的人恐怕也未必眞懂。這正像被水淹死的人，最後幾秒的況味，沒有身歷其境的人，永遠不會如實感受。

直到翌日下午，我才發現紓解痛苦的暫時方法。

窗子鐵欄杆外，搖曳著兩株綠色白楊樹，自由、活潑、鮮麗。多殘酷的美麗！

我癡癡凝視著。

「你這個傢伙幹什麼？」

「咔擦」一聲，黑棺材板窄門上的小洞發亮了。出現一張胖壯的方臉，雙頰有幾粒碎麻子，一頭灰白頭髮。

啊！我闖了禍。

滿地盡是水。

我大約曾打開自來水龍頭，準備接滿一桶水。後來，窗外白楊樹那些美麗的綠葉子，使我產生許多唯美的聯想，我看得出神入化，一時竟忘記關上它了。

我趕緊跑過去，關上水龍頭。囚室地勢微高，水由上而下，全流到門外了。

「你這傢伙，放老實點！」他大吼著，像個惡魔。

「請問，我能不能寫信給家裏？我還有八十五歲老母呢！……」。

「碰」一聲，小木窗又關緊了。

這裏的統治者，大約一出娘始就喪母，從不知世界還有「母親」二字；或者，我這個囚犯連提「母親」的權利也沒有了。

然而，我必須提，一想起她瘦骨伶仃，倚門盼我歸來，日夜焦急不止，我的心臟就似乎沉落了。

我佇立黑門前，側耳傾聽，外面彷彿有人經過。我登時「嘭嘭嘭」敲門。

「他媽的！你幹什麼？」一個漢子操山東口音，大吼著。

狗竇似的小木洞，又一次亮了，那漢子是一副黑瘦臉孔，正與我面對面。

「工作人員！請你們講講革命人道主義，我家裏還有八十五歲老娘呢。我必須寫信告訴她——。」

「他媽的，什麼『老娘』不『老娘』！你再敲門，看老子不揍死你！」他喉嚨口像塞了一顆不斷轉動的小核桃，喉音特別重，聲調卻帶旋轉性，速度頗快。

「碰」一聲，狗竇又關上了。

若干日子後，我才明白，敲門嚴重違犯獄規，這時我算膽大包天了。

碎麻子的怒吼，和黑山東大罵「他媽的」，雖然明白警告我，我的嘴絕不可吐露「老娘」，但我仍不死心。開午飯時，我作最後一次努力。看看那炊事員，他的褐色面孔，比起我今天上午所見兩副臉龐，似乎較爲像是一層人皮裹著的，我便低低道：

「老師傅，請幫幫忙，能不能替我和工作人員連繫一下，准許我寫封信，把現在情形，告訴我的八十五歲老娘。此刻，她老人家身邊沒有一個親人，如果發現我忽然失踪，她老人家都急死了。」

他看了我一眼，眼色倒不像惡狠狠的。他輕輕關上小木窗，彷彿沒有聽見我的話。

我端著一盆燒茄子，一盆飯，好一會，才慢慢坐在床上，勉強吃著，肚裏卻絲毫不餓。

怎麼辦？

美麗的西湖離我不過一百幾十米，我竟變成一個城市魯賓遜了。

但魯賓遜的廣闊荒島，還有鮮致的野花、綠草、翠林、無垠的天空、雲彩，迷人的海景，並有他忠實的狗相伴。現在陪伴我的，只是一隻巨大水泥籠子。我只擁有十七平方呎活動空間，穿過對角線散步，走到第十五六步，就會碰壁。外面雖偶爾響起人聲，卻看不見一個人。從那小木窗畔出現的人臉，全像埃及荒漠的司芬克斯，人首獅身，恨不一口吞我下肚，再不，就用石頭眼睛蔑視我，用獅子的吼聲罵我。或者，都變成一臺臺冷氣機，向我噴射一股股冷氣。

怎麼辦？

啊！窗子、白楊樹——我的救主。

又一次，我久久站在鐵欄杆畔，凝視如此活潑的白楊樹，橢圓形的綠葉，是如此靈敏的反應風！我幾乎忘記古詩十九首，那些描畫白楊的名句了：「白楊多悲風，蕭蕭愁殺人」不，我否定了這兩句，此時此刻，它帶給我的，卻是瞬息又瞬息的心靈慰藉。

絕望總是希望的起點。

黃昏時分，我低吟了四句。詩不佳。過度痛苦是抽水機，把全身液體似乎抽空了。腦子已變成一片乾涸石池，哪能流出眞正的詩液？但是對我來說，這倒是一個拯救，也是防止自己發瘋的唯一特效藥。當年巧爾尼夫斯基被沙俄囚禁十幾年，就靠讀書寫作維持生命的。現在我連讀寫的自由也沒有，只得把詩寫在大腦皮層——腦紙上，來防範自己神經失常了。

前後五天，我寫了十六首詩。我的筆是我的想像與思想。一年以後，釋放回家，有一首腦紙上的詩的前半，描繪了這一幕：

你到哪裏去搜查？
我的詩寫在肺葉上。
你到哪裏去搜查？
我的詩寫在心房裏。
你到哪裏去搜查？
我的詩寫在大腦皮層上。
你到哪裏去搜查？
我的詩寫在血液裏。

囚室地基比室外地面高，站在房內，囚犯只能看見高高的窗子鐵欄杆，白楊樹梢，和一角天空，眞實的「世界」似無影無踪。二十年來，這個眞實「世界」我本憎惡，奇怪，此刻它竟如此迷人，像一個大麻瘋女子忽變成美人，我倒說不出的想見見她。我只得佇立床板上，如一個芭蕾舞演員，高高踮著足尖。於是，睽違了三天的「世界」，它的杭州一角，登時撲入眼簾。我瞅見獄中廚房的部分屋頂，是紅色的傾斜，以及遠遠的華僑飯店的灰色屋脊片段。雖然是片段或部分，我卻感到一份輕鬆。我想像著，它們下面，正有我的同類——人，「沒有羽毛的兩足動物」，在活動。他們即使把我當做敵人，我仍以對他們的想像來心解我的孤單。華僑飯店的堂皇內景，那些家具的色彩，和大餐廳的器皿的光澤，彷彿正穿透灰色屋脊，向我炫耀，正好滿足我的某些神秘的渴望。

天正落雨，一片淒風苦液，淋透這些灰色的紅色的屋脊，也淋濕我的想像。不久，我淒涼的跳下床。

有一天，早飯後，棺材門上的「狗竇」敞開後，一時竟沒有關，對房的「狗竇」也洞開。我從洞口向外張望，只見對面小木窗處，露出一張黧黑色面孔，我雖近視，又是相距五六尺遠，但第一瞥如電光石火，很快的，我發現那是一幅流瀉人性的臉，而且很是熱情。天知道，「人性」和我道「再會」有多少年了？難道它又從紐約、倫敦、巴黎、臺灣回來了？我不信。但我不得不信。因爲，他一看見我，像沙漠孤獨旅人發現另外旅人，臉上迅速放射「愛」的閃光，差點想撲過來抱我。可是，他只能做手勢，打招呼，作手語，如一個聾啞學校的學生。我早聽說，囚徒有一套「手語」，能代替簡單對話。但我入獄才六天，又是孤家寡人，從哪裏學起？他熱烈的向我「說」了一陣手語，我只能報以微笑，點頭，招手，又用兩手緊握——

一象徵我們的友誼。天可憐見，我們就是不敢發聲。我已從那些司芬克斯受到警告，一出聲，萬一被聽見，準會鬧得天翻地覆。

我們沉浸於一片神秘快樂——這是「人」發現「人」的快樂，也是我六天牢獄生活的第一次「人間」快樂。忽然，遠處腳步響了，我們眞似情人惜別，依依不捨，卻又不得不極敏捷的點最後一次首，作象徵性的握手，馬上離開了。

「咔擦」兩聲，兩道小木窗先後關上。

幾個月後，我才知道，他姓吳，是一個著名「反革命集團」的首領，去年才被造反派挖出來。據說，連新疆核彈工廠中，全有「集團」的成員，他的親弟弟小吳，就是羅布泊地下核工廠工人，被押解到杭州，也囚禁於小車橋監獄，後來我由四獄轉入六獄，床舖竟和他比鄰。

也是這個上午，我添了一種新娛樂，坐在牆頂上，欣賞下面甬道。囚繫六天，獄內一切活動，我毫無所知。在甬道中，我可以看見一些片段的活動鏡頭，雖然它們不一定有什麼意義。

六天來，那兩扇窗子的鐵欄杆的一根根總數字，我全背得滾瓜爛熟。那兩株白楊樹梢，一片片橢圓葉子的綠色，差點在我視網膜上磨起一層老繭。那一角天藍，則開始變成一雙雙屬於太平洋彼岸的藍眼睛，似在嘲笑我。華僑飯店和監獄廚房的屋頂，也越來越像古代棺槨的墳頂。要拖我入槨了。

無意中，站在靠牆床欄上，雙手撳著牆頂，只一縱，便輕易爬上去。貼著一長排鐵欄杆，向下眺望，整個一條甬道盡入眼底。那一夜，我胡里胡塗的進來，什麼也不留意。現在才知道，黑色棺材門共有二十四扇。這是說，有二十四間牢房，每排十二間，我是第三號，第一號與斜對面十三、十四號，不時有工作人員進出，大約已闢爲辦公室了。

我坐在牆頂上，像賞花一樣，觀賞生命——人，這些地獄之花。不管這些人怎樣仇視我，把我當洪水猛獸，但他們依舊是活生命，比起我旁邊那兩張硬板床或那些鐵欄杆來，總算有血有肉，要精采些。這是按生物學觀點說，不是從道德立場分析。若由後者評估，我寧選床與鐵欄杆。

有幾條漢子走過甬道，臉孔全陌生。只有那個灰白短頭髮的中年人，曾大罵過我的，似曾相識，大約是管理員。他也眞像一個猛獸動物園的管理人。長得胖胖壯壯，紮紮實實，儼然是一副拳教師氣派。在甬道盡頭一張凳子上，他坐了好一會，不時張張那些黑棺材板門，卻並未發現我。那個四川佬安靜的出現了，他的足步邁得很輕巧，貓一樣的，他打開黑門，把一個囚犯喚出去，三十分鐘後，「碰」的一聲，後者又被關入棺材內，可能是提審。那陣關門聲，眞叫我震動。進來第一夜，那天崩地裂的關門聲，到現在似還在耳邊轟然響。我把這叫做「牢獄的震撼」。正如人有人格、人骨，牢也有牢格牢骨。這一「震撼」正表現它的威力，它的「牢骨」、「牢格」。活了五十年，在陽世間，我從未聽過這種憤怒的關門聲。此刻，作爲一個悠閒的旁觀者，我倒把它當做現代野獸派音樂來欣賞了。就算它是史特拉文斯基的「春之祭」裡的非洲林鼓聲吧！

篤！篤！篤！一陣皮鞋聲，那個最兇的山東侉子進來了。我看清楚了，他是瘦瘦的高個子，全副武裝，穿一套雪白制服，頭戴藏青色硬軍帽。他偶一抬頭——

我們四目相對。

下意識的，我迅速跳下來。

五分鐘後，我聽見開門聲。六天來，這扇黑漆棺材板窄門第一次大開著。

「卜寧！出來！」

我默默跟在他後面。

我發癡了，多綺麗的世界啊！上帝，僅僅闊別六天，在我眼裏，此時它竟湧現如此光輝的色彩與線條，這樣絢爛的陽光，這樣的綠樹叢，這樣夢魅的藍天。一草一葉，一磚一石，沒有一樣不是驚人的新穎、鮮致，眞有點宛似西天瑤池花園忽然開放。我的視覺幾乎是目迷五色，快要昏眩了。

一陣惡狠狠的棒喝聲粉碎一切。

「坐在那邊不許動！」他指指對面一片石階，大模大樣，兀自坐在一張方形高背椅上。

「聽說你是個作家？」他惡叫著。「你是什麼東西？老實告訴你，你現在是個犯人！你他媽的不要自以爲有文化，要翹尾巴，你是個犯人！聽見嗎？」他喉嚨管那顆小核桃，大約轉動得特別快，因而他那旋轉性的音速也分外快。他好像不是罵我，是拿一顆顆小核桃猛砸我。

「你犯了法，你得坐牢！你是個犯人，就要老老實實改造思想，徹底交代罪行，爭取寬大處理。坦白從寬，抗拒從嚴。在這裏，你要是亂說亂動，你他媽的就是罪上加罪，要從嚴處理！」

現在，他喉管裏那顆小核桃大約神秘的消失了，喉音不太重了，話語速度也慢下來了，顯得沉著。

怒吼了約莫十分鐘，我終於明白一件事。

「剛才你爬到牆頂上，向外面張張望望，這是犯法！下次再發現你這樣，看老子不揍死你！」他狠狠的揮舞長長手臂，彷彿就要對我來一次演習。

我毫不介意他的詈罵。我簡直把他當作舞臺小丑，差點笑著欣賞，並且鼓掌。要不是怕戴鐐銬，我眞想鼓掌。我所以這樣泰然，似閒雲野鶴，眞得感謝六天前那一夜的綁架。一個人經過那樣場面後，不管這個山東傖子再對我大砸小核桃，大濺口沫，我也毫不在乎。而且，這一會，充塞我耳朵的，是樹上的一陣陣鳥聲，絕不是他的小核桃聲，簇擁入眼簾的，是雲彩，陽光、樹葉子、綠草，不是他的黑臉、警帽、警服。

我的感覺貪婪的吮吸四周的光與色，藍天和鳥囀，一秒又一秒的饕餮著，而每一秒全比珍珠更可貴。無論從美學角度，或從生命視野，它們對我全具有超越一切的輝煌。我完全沉沒了，似潛入一片宇宙大海洋。我差點想朗誦白朗寧那首著名短詩——禮讚生命的。

偶一轉首，發現隔壁那座六角亭辦公室，正是那一夜我被綁架後的落足處。那一夜，它是那樣可怖，此時卻又如此幽靜，滿浴金色陽光。旁側葡萄架上綠色藤蔓正在風中簌簌響。

「回去！」

「碰」的一聲，我又被關入「地獄之門」。

眞得謝謝這個黑臉山東傖子，他這頓臭罵，畢竟替我捎來一點靈感——雖然絕非上乘靈感。下面就是它的結晶：

一百三十小時密封，
第一次我又回到「世界」。
金碧輝煌的陽光，
絢爛的綠樹叢，
比夢更輕盈的鳥聲，
比天堂更美麗的藍天，

我坐在「天堂」石階上，
傾訴一個奧塞羅的惡誓！

瑤池蓮花筵

我一生最大挫折，是囚繫杭州小車橋監獄一年兩月零十天，從一九六八年六月三十夜八時左右到一九六九年九月九日下午三點左右。

人類文明歷史算有五千年了。五千年來，古今中外無從計數的千千萬萬牢獄中，若純以懲罰功能評比，大陸的紅色監獄應名列榜首。自然，禁錮我的那座監牢，還不算其中最可怕的。比如，我曾撰「井底」，寫一個勞改犯在二十多米深的井底囚繫近兩年，直至雙目盲瞎，渾身開始腐爛。

小車橋監獄可見天日，自比那僅有一坪左右大小的井牢高明些。然而，它仍具備一切紅色牢獄的懲罰共性——那就是飢餓的恐怖。

每月僅三兩肉，迹近無食油，蔬菜量極少，禁止家屬送食物，不准囚犯自費購食品，每天僅靠早餐一小盆薄粥，午晚兩小缽糙米蒸飯，只達人體所需熱量一半，這樣，入獄不到半月，每個囚犯怎不陷身飢饉重圍，成日對著空空肚皮發愁？而一兩月後，又怎不痛感飢餓恐怖？

這種恐怖，任何楮墨很難形容。除非你照樣餓個一年半載，否則，我即使鼓舌如簧，運筆如椽，聲音或文字亦未必如箭，能射穿你的天靈蓋，直抵閣下神經中樞。一句話，這些日子，飢餓已如影隨形，分分秒秒向我們襲擊。

飢餓的末日恐怖，既似魔祟纏身，長年揮之不去，兵來將擋，水來土掩，萬無可奈何中，我們聊勝於無的，想出兩個辦法。

其一是：興起一股吃的狂潮。並沒有任何食物補充，哪來狂潮？錦囊妙計是：吃回憶。從早到晚，我們輪流回憶平生飲食經驗，種種吃法，特別著重敘述舊曆年除夕家筵，各種婚喪喜慶排筵，中秋節、端午節與其他宴飲，以及親朋好友耽於美食者的許多獨特飲食習慣、趣聞、佚事，及所食名菜名點。

號子裏十二名犯人，每人慢慢憶敍一天，一圈輪下來，至少有十二日，我們是沒頂在狂啖中，凡屬人間佳肴美饌，一古腦兒，彷彿飛瀑似的，全瀉人我們十二隻空蕩蕩的胃囊。我們暫時算是吃飽喝足了，雖則都是美麗的回憶。

十幾天後，我們甚至又再版、三版這種吃的浪潮，讓我們的可憐腸胃塞得滿滿的。然而，記憶中的紅燒走油蹄膀，不等於那又嫩、又香、又略帶甜味的油津津醬紅色趴蹄，夢幻裏的山珍海味，畢竟是一場虛無縹緲，到頭來，飢餓依舊如噩夢附體，我們空空牛皮鼓似的腸胃，依舊餓得「咚咚」直叫，像擂鼓。

夢幻不是眞實，空話不如現貨兌現，於是展開「放衛星」運動。蘇聯發射第一顆人造衛星，曾經轟動全球。我們號子裏「放」第一顆「衛星」時，也震撼全籠子。

「我們三個各出一缽，讓你今晚放衛星，吃個大飽。」小偷劉某豪邁的對大老王說。

劉某聯合囚友小馮、田紀榮，各借一缽蒸飯給老王，供他今晚吃個四缽，飽得不亦樂乎。

老王家庭成分差，在工廠裏專說反動話，這才捉進來。他身材特大，像「水滸傳」裏的拳教師，我們管他叫大老王。

大老王欣然同意，這一夜，他吃飽喝足，眉開眼笑。

但翌日起，他得接連絕食三餐還債，直餓得愁眉緊鎖。

放衛星誠然痛快，卻是剜肉補瘡，非長久之計。於是，又創造另一種風格的「放衛星」運動。這就是：開辦貿易市場，進行交易。富裕點的犯人，拿身邊衣物換飯、粥、菜，甚至換每月那八片薄薄肉。每一座糞坑不缺蛆蟲，每個籠子總不缺小偷或盜竊犯。他們關不了幾個星期，就先後遣送出去或勞教，或勞改，或交群衆監督。他們大多年輕，一禮拜連續每日少吃一餐，並不太在乎，樂得換些衣物帶出去。這些本是他們在外面想偷而未必偷得到的。

小俞原是蕭家一家工廠造反派的大將，後來被敵對造反派反撲、反咬，終於投入監獄。他的妻子來信詰問他：「怎麼？你每月竟要穿一打（十二雙）尼龍襪子？這兩個月，我帶給你兩打襪子了，還不夠？你還來信要！你難道拿尼龍襪子當飯吃？」

他眞是拿襪子當飯吃，她哪裏知道？這時一雙新尼龍襪子可換兩缽飯。

她更哪能想像，飢餓的痛苦，整日幾乎如火燒身，尼龍襪子是最好的滅火器？人世間其他痛苦，如狠毒棒打、鞭撻，一痛昏過去，也就萬事大吉。殺頭、槍斃，一刀，頭斷，一槍，頭碎，則一了百了。那怕凌遲碎剮，或活剝皮，大痛必暈厥，不省人事，登時萬苦皆休。如果勒令斷食或自動絕食，餓到後來，頭暈目眩，渾身虛脫，也就漸漸失去知覺，昇入天國了。

唯獨我們這種飢餓，不死不活，半飽半餓，無形的痛楚，說深似淺，言淺猶深，覺重則輕，謂輕則重。最不能忍受的是：這種痛苦，最長可達五六年，最短，像我這種文人瘦弱骨架，已五十一歲了，也可死拖活拖個兩年以上，才燈盡油乾。

飢餓感的時間綿延與痛感成正比，越長越苦。有時，它像泰山壓頂，那是指有時它的心理反射的急迫感。眞像是，又急迫、又緩慢。急迫是它的深度。但不管怎樣餓得深刻，我們的忍受仍是無底線的彈簧，可以永遠有彈性的撐下去。不過，雖說彈性，胃腸的巨大空虛，卻又時時刻刻產生龐大壓力，壓得我六神無主。當胃的自然慾望未獲正常滿足後，便崛起生態本能的反叛。人類肉體像一座王國，任一區域興兵造反，牽一髮動九毛，會全國震動。胃腸的叛軍破壞了我的整肉體的和平。到了後來，叛軍實力越演越烈，終於佔領國王寶座，我的中樞神經。這樣喧賓奪主後，我整個人就被胃統治，受飢餓支配。

最折磨人的，是胃腸空虛感。這種空廓，導致渾身虛空，慢性虛脫。一個人覺得自己老是空空洞洞的，雖具肉體，而全部肌肉在慢慢解體。既陷入解體狀態，一副骨骼架子，也搖搖欲墜。彷彿頭重腳輕，成日到晚，有氣無力，氣也漸漸衰弱。愈到後來，巨大空空空感愈像無數隱隱約約的瘧蚊，叮得你坐立不安，卻又驅不散他們。

常言色衝動如火，食衝動何嘗不是火？但我的飢火不一定是猛火，而是慢火、文火，每分每刻在燒我、烤我。長期遭遇肉體燔炙後，那種奇苦滋味，絕非局外人所能體會。一句話，我變成一個胃人，胃就是我的頭顱，胃的痛楚就是我整個生命。

以上的空空感與火烤感，不過是飢餓的兩種痛感，其實還有一些其他痛感，我不細說了。

我曾經想吃信箋，猜它容易吃，在水中浸濕，就可吞下。但我又怕它無營養，反而增加腸胃負擔。香肥皂更易吃，也好吃，香噴噴的。可是它的成分滲雜煤油，我怕出亂子。於是我想起第一次歐戰時，德國人用木料纖維製造代用香腸，我曾盤算過，若把木床削個一塊，切碎了吃，也許不會闖禍。然而，木質不易在水中溶解，硬吃，卻難以下嚥。我又打過衣衫主意，布是棉花織的，棉花可榨棉子油，亦可算是脂肪。然而，布難咀嚼，難嚥下去。後來，我才知道，賀龍大元帥被囚禁，造反派竟以飢餓懲罰他，他餓得一口一口大吃棉被，死後，發現他肚子裏盡是棉花……。

我記得，那是十二月二十四日，聖誕夜。管理員找我談話。他昂坐高高椅子上，巨大寫字台後，卻叫我坐在一隻「小扒扒」矮木凳上，僅五寸高。我像個侏儒，仰著脖子，聽他指示、訓話。

才出辦公室，一陣十二月穿堂寒風，登時冷颼颼的襲擊我，渾身凍得直哆嗦。那鬼蜮的甬道又長，又陰森，又昏暗，鬼氣衝天。我這才想起，今晚西方普世歡騰，慶祝救世主在耶路撒冷伯利恒馬槽裏誕生，到處火樹銀花，聖誕樹晶晶亮亮，燦爛得像一棵棵閃電樹。可我——那大苦大難的胃，今夜仍得不到偉大的我主耶穌基督的拯救，上帝也不給我出個點子，在我面前顯顯奇蹟。

回到號子，我咬緊牙根，橫下決心：盡快放一次衛星！

按獄規，放衛星是犯規的。以衣物換飯，更是大逆不道。由於我是作家管理員，偏偏派我做號子龍頭，稱爲「小勞動」來控制囚友。但平素我卻裝聾作啞，聽任囚友們犯規，從不向上反映。作爲號子龍頭老大，我這就犯了錯誤。如今自己也大放衛星，萬一有不肖囚友告密，我會罪上加罪。不過，我也顧不得這些了，救胃要緊！我實在餓得受不住啦！

這段期間，田紀榮是籠子交易所大亨。他年約四十出頭，生得一副青蛙相，我們慣常喊他田雞（田紀）。他那隻扁扁大嘴巴活像隻蛙。他最精采的特技表演是：每逢蒸番薯代飯，一隻一斤左右的大番薯，他三口就能活吞下去。表演時，嘴巴膨脹，鼓大直似血盆大口，大約連一條蟒蛇也敢活吞下去。他原是郊區貧農，屢次盜賣農具，這才抓進來。究竟成分好，最多大約關三四個月，再放回去，交村子裏群衆監督改造。

田雞的餓功委實驚人。近一個月，他幾乎餓了十頓以上，毫不在乎。往後，餓得眼膛深陷，臉皮鐵青，兩顆眼珠爆出，他也只是終日臥床養息，並不哼一聲苦。我和他作成交易，以嶄新的尼龍短袖香港衫換四缽飯，一雙尼龍襪子易兩缽，共六缽。另外，我又以一條全新大毛巾和其他囚友換一缽。次日開始交貨。

翌晚，入獄將近六個月來，我第一次滿臉笑容，似開玫瑰花。三缽飯已不冒熱氣，靜靜蹲在下鋪木板床上，像三件異寶，在發光放亮。我先捧一缽在手上，像捧個聖器，說不出的虔誠，幾乎是暱愛的凝視它。那一粒粒黃米飯，哪裏是飯，顆顆簡直就是我的一粒粒救命丸。於是，拿起竹筷子，一缽缽的，我開始慢慢咀嚼。這是人間的最高享受，我得一口口一點點的享受，絕不能狼吞虎嚥。好香的米飯啊！比麝臍更香。那一顆顆飯粒，哪裏是人間米飯，眞是神仙美饌，此食只應天上有，人間哪得幾回嘗？吃著吃著，愈吃愈香甜，在我感覺裏，這缽飯應該是一朵最美的牡丹花，我是在嚼花，一瓣瓣的。吃到第三缽時，我自覺已吃得超凡人聖，邁入神仙境界。那數百粒飯珠是絕妙仙丹，把我五臟六腑渾身六十兆個細胞都伺候得舒舒服服。我胃裏那個無底洞，今夜終算塡滿了。也只有今夜，我的胃不再是個空大鼓，傳出擊鼓似的抗議聲了。五六個月來，那個茄子形的災禍源頭，汎速轉變爲幸運之源了。

啊！可愛的胃！可愛的肚皮！吃完最後一顆飯粒，餘香滿口，嬝嬝不絕。我放下棕色瓦缽，雙手不斷撫摸肚皮。長久以來，這是第一次有點鼓鼓的了。我摸著摸著，越摸越覺可愛，不忍釋手，便允允的再摸下去，彷彿掌心裏就是幸福，是聖母瑪利亞的臉蛋。

我眞想大哭一場，卻終於忍不住大聲道：

「朋友們！我卜寧活了五十一歲，想不到今晚才是我最幸福的一夜，比新婚夜更幸福。有生以來，我從未感到像今夜這樣幸福。這種經驗，絕不是任何牢外人所能體會的。同志們！爲我幸福的肚皮慶祝吧！我現在有一個非常偉大的幸福的肚子！」

「慶祝！慶祝！」

「恭喜你偉大的肚子！」

「恭喜！恭喜！恭喜你幸福的肚子！」

大家壓低嗓子叫著，笑著。

我一面繼續摩挲可愛的肚皮，一面愉快的想，從沒有人參加過西天王母瑤池蓮花筵或瓊筵，據說那是天堂最美麗的神仙宴。然而，我敢說，今夜我所享受的，卻遠遠超過十次瑤池瓊宴了。

歌德說，一生中他難得有幾天眞正享受幸福，想不到我平生千載難逢的奇異幸福，竟是在牢裏獲得的。

尾聲之一

八個月後，一九六九年九月九日下午，我釋放出獄返家。這天晚餐，我足足吃了十六碗飯（註一），簡直把我老母駭壞了。

那是另一場幸福享受，更是遠遠超過瑤池瓊筵百倍。

尾聲之二

文章寫完了，我這才想到：走過挫折之後，還需談談心得。要說，草草數語無法深入。縱使撰幾千字散文，亦未必功德圓滿。我只能簡而又簡的說三點：

其一，這一年多的餓功大大琢磨了我的忍苦意志。這以後，我能順遂穿越種種大陸苦難，甚至完成數百萬字原稿，以近四千封信走私海外，終告出版，這些全仗我的百折不回的意志。

其二，牢獄中的飢餓恐怖與我的生命活力成正比。靠著這一正比，投奔自由來臺將近十年，我已接近或超過古稀高齡，仍能製種種作品逾百萬言，顯示區區生命活力未竭。

其三，坐了一年多牢，更深悟古人「一粥一飯，當思來處不易」警句實屬至理名言，幾乎每飯不忘，再不敢常常遇事挑剔食事。而所剩的飯菜，也絕不敢隨意傾倒，均置冰箱，非慢慢吃光不可。自此之後，更覺天下無不可吃的苦。再俯視時下臺灣青年，對他們的溫室花草的形象及心靈，真是感慨萬千。

總之，說來說去，還是兩句話：苟欲成大事大業者，必須先經大苦大難大痛的徹底磨練。暖房裏絕對產生不了參天大喬木。

【附　註】

註一　這是通常我們吃飯的飯碗，平日我最多只能吃三滿碗。

嘴鎖

——獄中雜憶之一

時值暮春，我由六獄二號遷二十二號，它只有二號一半大，約六坪多，卻囚禁十二名犯人。而上下木板疊床的排列款式又相當擠，而且還有兩位囚友身材特別魁梧、肥胖，每位幾佔他囚一人半空間。我登時如入塞滿乘客的電車或公共汽車，幾乎生窒息感。問題是：非把這種窒息感當作享受不可，不只是一天、兩天，而是無法估計的似無盡頭的長年累月。

命該扮演罐頭沙丁魚，我也只好認了。

然而，就在這種罐頭式的牢房中，初入新籠，我這尾新沙丁魚，不脫書生習氣，總愛按中國傳統禮貌，逐一「拜會」每一位老沙丁魚——老囚。

「敝人卜寧，請多多指教！照顧！請問貴姓？……台甫？……」

被拜會的十一尾沙丁魚中的十尾，大致也循禮回答，通報姓名。

但其中一位，卻嘿然沉默。我唯恐他聽覺耳膜卵圓窗欠靈，便又稍稍大聲的道：「請教貴姓？」

仍鴉雀無聲。

我不禁細細端詳他的形貌：和尙頭，呈青葫蘆狀，瘦臉，兩隻大眼睛烱烱發光，看人時，似放射一股森人的黑氣，令承受其視線者多少有點心驚肉跳。他身材中等，癯瘦條幹，異常靈活。

這角色端的有些異樣！

正納悶時，另一位囚友偷偷拉我衣袖，低低對我耳語：「老卜，你不必再問了，他不會理你的。」

我暗想，區區入此籠尙不足一小時，和他無仇無怨，又未生任何瓜葛，他爲什麼——我的雙目似向拉我衣袖的那一位提出疑問，見他仍是不斷悄悄搖手，也只好暫停發聲。

偏偏我與這位和尙頭啞巴同睡高舖，二人毗鄰。

不到兩三天，我就發現，這位啞巴與同室十一人絕不打任何交道，更從不說話。三天內，我就未聽見他講過一句話，連一聲「嗯」也無，更不想聽任何人談話。而除我之外的另十位，也把他當拒絕往來戶，平時連正眼也不瞧他一眼，對他簡直視若無睹當做一團空氣，一片冷風。他呢，亦如古人所形容：「小國寡民」、「居民雞犬相聞，老死不相往來」。你就是執大鐵鎬撬他嘴巴也不出一個字。

他眞正是囚室一座孤島。

我是個小說家，而這一「家」每與「偵探」、「包打聽」是同義字。太陽在地平線翻了不到十次身，我就初步獲得這座孤島的秘密。

他名吳新華，浙江本省人，還不到三十歲，原在一家出版社工作。大約因爲說反動話，才被捉進來。起初，他也能言善道，夸夸其談。但他生性剛愎自用，辯論或抬槓時，大約從不服輸，加之平日待人接物，常不是很禮貌，由此開罪了人。被得罪的人尙不只一個，於是對方便聯手告密，告他終日犯規不斷說話，而且盡說落後話，連別人睡眠全被干擾了。結果他受懲罰，戴手銬一週。從此，他懷恨在心，下定決心，永不開金口。這才造成目前啞巴的局面，嘴巴像上了鎖。

我進來時，他已一個多月不說一個字了。

眞正逼不得已，因事非開口不可，他只好打手語，或用筆在紙上寫字。

單單因同室陷害而上嘴鎖，做啞巴，倒也不算最怪，只是矯枉過正，太走偏鋒而已。但他確有怪異之處。

我發覺，他每次大便，並不拿毛紙拭屁股，而用一塊紅綢子擦，之後，他左一遍、右一遍，洗滌紅綢上的糞便。但他並無肥皂，光用清水洗，哪洗得乾淨？更何況陰雨天綢子未必速乾，若以濕漉漉的綢布代便紙，由於綢子與糞便皆濕，是否能抹乾淨臀部？全是「？」。

據說外面無人給他送毛紙、肥皂、牙粉、牙刷、毛巾等日用品來。他的家人呢？朋友呢？

又是一個「？」。

十幾日後我實在看不慣，便送他一大疊毛紙，且講了兩句客氣話。

他依舊不答，卻掄起那雙黑森森的牛眼，乾瞪著我，似發怒。

他拒絕我的餽贈。

我這位空中高鄰擁有一個多少算是臭屁股，我也只得受。

不管我怎樣想睦鄰，對方仍落花有意，流水無情。

「老卜，算了，這傢伙是死硬派，你犯不上理他。」

有一天，見吳不在，我的另一位空中高鄰大聲對我說。

拿他去提審，大家紛紛議論他，多半沒有好話說。我想，「同是天涯淪落人」，又何必呢！

最懷敵意的是安麻子與大老吳。安乃所謂「民間藝人」，是杭州遊樂場玩相聲搞雜耍的，瘦小個子，小眼，一副是黑灰臉，高顴骨，有點像一隻黑皮猴，一望就知不是善類。他平日出口，愛調派別人討便宜。大老吳是南京人，身材高大，魁壯，是「大勞動」，上下午兩次放出去，專搞各種獄中衛生，倒馬桶，替它清洗、打掃院子、道路之類。他能三餐吃飽，是籠子裡唯一不挨餓的人。

「這傢伙，不得人心，將來勞改，準判無期徒刑！」安麻子惡狠狠的罵吳新華。

「他不過是個高中生，卻想學反動學術權威，耀武揚威，不判重刑才怪。」大老吳諷刺說。

兩個月後，換籠子，我先調對面十二號，不到兩週，又遷十一號，不料冤家狹路相逢，我和吳新華、安麻子、大老吳，又「喜相逢」了。這回他睡下舖，又距我頗遠，我仍臥上舖。他那個臭屁股，算是暫對我解禁了。

儘管「同居」已數月，他那雙巨型牛眼，每次盯視我時，仍是兇兮兮的，真彷彿和我有什麼仇隙。我呢，並不計較這些，仍對他客客氣氣，不管他有無回應。

不用說，吳新華仍上嘴鎖如故。

有時，我抱定「同是天涯淪落人」的想法，總想團結他，動之以情、以理，和他打交道。但他的兩片嘴唇，眞像「天方夜譚」上的阿拉丁故事中那座石門，若無特殊秘訣，門永遠不會開。

一個多月後，大老吳釋放了，再不到一個月，安麻子也走了。

初步統計，到此時止，他已六個月左右不講話了。

安麻子才出囚室黑棺材門，不過五分鐘，他忽然從床上跳出來，像一隻錦豹子。

「兩個壞蛋全滾走了！現在我要開口了！……」

他的話語像洪水，被嘴唇鐵閘門關閉了六個月，此刻閘門大開，洩洪了。他滔滔不絕，足足講了兩個小時左右，像作演講。事隔二十三年，內容已在我記憶中模糊，大約一半解釋毛澤東思想，以顯示他思想並不反動，一半談養生之道，包括練功。他自誇通日本柔道，有武功，並擺出架式，願與籠子內任何好漢較量。這個下午，他滿面通紅，又興奮、又激動，活像一隻準備戰鬥的火雞。話語中，他又批評我幾句。因爲大家公認我是室內唯一學者，他似不服氣。不過，他的論辯言語相當幼稚，我亦不屑計較了。

在我七十六年人生記憶中，這是唯一的能言啞巴，他日夜生活在人群中，卻又足足六個月不說一個字。我不能不記錄其人其事，因爲，這是紅色監獄銳意想製造一籠又一籠能言啞巴的最佳見證。不用說，監獄幹部算是暫時勝利了。

一寸陽光

自從人這個動物出現地球後，映入他眼簾的偉大宇宙現象，最令他觸目驚心的，首屈一指恐怕要數太陽。它永遠和他相擁相抱，變成生命不可分割的一部分。

但太陽風格的悲劇也不少。塔克拉馬干大沙漠，橫亘亞洲腹地，它的許多旅人曾被太陽曬死、渴死。

在「井底」紀實作品中，我曾報導一名青海勞改犯，因禁井底牢獄二年，面積約二米左右，長不到一米寬。他有一年半未見絲毫陽光，終於全身開始腐爛（當然也還由於其他種種原因）。我也知道，紅色大陸推展「鎮壓反革命」運動後（註一），一些鄉間地主逃往城市，其中有幾個隱藏於至親陰暗地窖內，十幾年不見日光。後來無意中暴露了，有一個人，才四十歲左右，竟像古稀龍鍾老翁，白髮白鬚，一副鬼臉鬼狀，青白尖瘦，簡直不成人形，幾令人毛骨悚然。

太陽光和我們的健康關係，不須作生理科學或醫學分析，單就常識言，很少有人不明白：日光幾乎就是生命的血液，人類絕不能喪失。

一九六八年夏季，當我榮任杭州小車橋監獄階下囚後，中南海懷仁堂金鑾殿的毛上帝，除了立刻「頒賜」我們「飢餓」和各種靈肉懲罰外，我們最深刻的感受之一，就是：他幾乎禁止我們與陽光見面、握手。

大約怕犯人越獄吧！在每座水泥囚房內，凡是面對大院子的那扇唯一玻璃窗特別高，內加密度特猛的許多鐵柵欄杆。平日囚徒必須屹立雙疊木床上舖，才能窺見一小塊天藍，以及滲透太陽的穹空天光。

每星期大約可放風（亦稱「放封」）一次，還得看你這個籠子表現好壞。表現如不能令獄吏滿意，則兩三禮拜不放風，也不是沒有。春秋冬放風，不一定遇太陽，往往陰霾。夏季烈日如火，更是常選陰天了。

獄吏們的大腦皮層，似乎從沒有一根神經考慮過：陽光和人類的關係。

我囚禁六獄十二號，時間最長，將近五個月。斗室湫隘，僅十二平方公尺，卻塞滿十二人，擁擠不堪。這十二人，倒有十個對太陽不感興趣。也許他們的肉體機能早已麻木，除了飢餓，不再想別的。滋生太陽慾念的，或許只剩下兩個人，烏廷鵬與我，他曾任新聞記者。

靠圓圓水泥馬桶邊，有一張雙疊木床，在下舖外側，近窗的一根四方床柱上，秋季每日下午一點多鐘，會投入陽光，約一寸平方，恰巧烙印著柱上端，像一方沒有文字的漢印，烏廷鵬眼尖腿快，迅即佔領陣地，頭貼木柱，那一方日光，正好印上他的棕色太陽穴，像蓋了個金黃色「太陽印」……隨著時間足跡蠕動，漸漸的，這「印」慢慢向他左頰下半部移轉，前後不過一刻鐘左右，「印」就消失了。

我佩服烏的恆心。每天午飯後，還不到下午一時，他就搶先佔有陣地，據守床柱側那角空間，守株待兔，佇等那位趕著六龍的羲和御者（註二），在他太陽穴上戳上「日光印」。

這一寸陽光，彷彿是他神妙的生命甘液，他在饕餮的酣飲。直至它完全消失了。他尚戀戀不捨。

不過數日，床柱畔那片空間，便成爲他個人的特定包廂。其他囚友，不再能染指。但衆人全屬陽光冷淡客，並不計較。我這個太陽嗜好者，未免有點嫉妒。我想，太陽本是大家公共財產，而太陽先生大約又是一位最頑固的共產主義信徒，你竟實行太陽私有制，老是一人獨霸，似乎也有點過分了。再說，即算太陽是個人私有財產，到時候，你也該請請客，讓別人嚐嚐太陽鮮味呀！

想是這樣想，畢竟也不好爲了這一寸陽光和他爭執，甚至火併嘛！那樣，未免小題大作，太缺乏風度了。

幸而難得有兩三次，下午他應召去提審了。我這才名正言順，坦然「竊據國土」，靜立那根床柱邊，等待紅日在我臉上戳上「太陽印」。

總算等到了。我闔緊雙目，悠悠的，讓自己沉潛於一片夢幻海洋。儘管那一寸見方的光與熱，相當薄弱，若在牢獄之外，永不會有任何人珍惜。但此時此刻，它畢竟象徵偉大的太陽在憐惜我這名悲慘囚徒，似有意衝過鐵柵欄，滿溢博愛的撫摸我。在它一寸手掌熨貼下，我倒眞覺得是熱烘烘的，好像渾身裸浴於海灘陽光瀑布中。這時候，透過這一寸熱意，替我羸瘦的軀體與靈魂注滿希望。

有生以來，我那許多數不清的眞正肉體日光浴，也比不上這一寸，這十五分鐘。

這一小杯一小杯太陽酒，烏廷鵬也不過享受了約莫一個月，我只飮過三小杯。以後，秋漸深，日影漸移，先是轉照下頦，接著又慢慢射向頸部，終於消失了。

後來我常想，也只有在暗無天日的紅色牢獄中，人類才珍惜這十五分鐘一寸陽光。

在紅色世界以外的自由人類，其實又何嘗眞懂得太陽的涵意？

【附 註】

註一 「鎭壓反革命」始於一九五〇年冬季，延續至一九五一年全年。被中共屠殺的百姓至少在六百萬人以上。詳情請閱拙作「恐龍世紀」。

註二 按中國古代神話，羲和乃太陽的母親，又是爲太陽駕車者，故驅使六龍的羲和御者即象徵太陽。

殺時間

——紅獄雜憶之一

囚禁于紅色牢獄，最大痛苦，是我曾約略談過的那廿條「不許」，它們可謂「二十銅表新羅馬法」。當時整個中國大陸雖被形容爲一座偉大監獄，但畢竟多少也還享受一點點基本自由，諸如嘴巴可以發聲的自由，走出家門的自由，購物的自由，甚至設法塡飽肚皮的自由等等。坐牢以後，這些可憐的自由統統失去不算，竟連嘴巴發聲、雙脚散步的自由也剝奪了。

首先是「不許」你肚子吃飽，「不許」你的親友送食品，「不許」你自己買食物，你非得在飢餓裡打滾不可。

「不許」談話，你就得做飢餓的啞巴，不能爲飢餓而訴苦。而且，「不許」你散步，「不許」你白晝睡覺，整日你就要扮演一個飢餓的靜坐的啞巴。

事情很簡單，中共要求的樣板囚犯，就是一個個長年「閉關」參禪趺坐的參禪僧，而且是飢餓的苦行僧，一座座石雕坐僧。

對這種苦頭陀境界，囚犯不免反抗，大家不得不串通了，悄悄說話、走動。

同樣可怖的懲罰是「不許」你瀏覽書報或下棋遊戲。哪怕是「毛選」或人民日報，照理應是思想改造的最佳讀物，令人不可思議的是，居然也禁止看，除非你個人表現良好，或全籠子表現不錯，這才准你個人讀「毛選」，或准衆囚閱看人民日報，而又只許看一天，隔日即收去。

在這一連串「不許」下，囚犯們幾乎無法支持時間，那巨大的空間隨太陽昇起，便成爲巨大壓力。不少年紀較大的人。不斷枯坐，差點整日就在半醒半睡的昏昏沉沉中度過半載一年、二年。神話上有「睡美人」，這叫做「睡囚犯」。

對智識份子來說，這是精神自殺。時間一久，成年累月的時辰麻木、空間麻木，製造了他們的靈魂麻木。四五十歲的士大夫犯人，四五年後即使釋放，雖不變成白癡，中樞神經的記憶力、思考力、感受力，也喪失泰半。不用說，有的人乾脆自殺了事，用褲帶上吊，或把飯碗砸碎，設法以碎磁片割斷靜脈。

當年共產黨大頭目列寧．托洛斯基等革命者，把監獄當自修大學，埋首讀書，寫筆記。被稱爲「殘暴的沙皇」，尙容許他們閱讀，並由家人接濟豐富的食物，供應足夠的卡洛里熱量，讓他們用功，而出獄後，就等於大學畢業。被詛咒爲「反動的」國民黨牢獄，也容許家人送食品、書籍、報紙、雜誌，犯人並可在獄中寫作，有錢的甚至可向館子裡叫菜進來吃。殘忍的蘇俄監獄，犯人也可向圖書館借書，下王棋，甚至抽煙。

中國大陸的紅色監獄，直是一頭頭怪獸，也是世界獨一無二的恐怖動物，呑吃了數不清的囚犯生命、青春。

早在數十年前，西方法學家及監獄當局，就考慮過犯人「性」的問題，也曾研究過一些方案，雖然未能解決，但資本主義世界，「有錢能使鬼推磨」，買通獄卒，默許犯人妻子暗度陳倉，甚至納妓的，也時有所聞。

對小車橋監獄中已婚壯年男子來說，性的飢渴自然是一份壓力。我遷入六獄廿三號後，就發現好幾位青年被這一壓力所困。一位劉姓大個子，常談猥褻故事，不時手淫，不時洗滌床舖一攤攤污穢。另幾個青年，三十左右，情形也好不了多少。「性」的陰霾氣氛令我感到苦惱。我不禁聯想起，我家鄰舍水產公司，有一個大倉庫房間，一入冬季，就滿坑滿谷堆了一籮筐一籮筐鮮帶魚，滿室腥臭，現在囚繫我的，彷彿正是這樣一座腥臭空間。

可是，不受也得受，身爲囚犯，不再有拒絕腥臭氛圍的自由。

有的號子殺死時間，並不採用「腥臭」這種武器，而讓室內空氣比較清潔些。我在五獄十二號，有一段時間，人們有本事把襪子或汗背心抽釋出一根根白紗線，再用雙股紗線搓成粗線，一條條粗線相結合，就可製成一根褲帶，甚至行李繩子。霎時間，囚室變成一座座手工紡織廠。未參加作業的，僅我一個。按監規，囚犯一律禁止繫褲帶，是怕犯人用它上吊自殺。放風時，有些極左的管理員，見褲帶就抄。

儘管抄，犯人仍有辦法製造褲帶，學某些流氓，翻轉褲腰，再打活結，卻到底不牢。於是，一場褲帶爭奪戰暗中進行。時間久了，放風時，有的犯人索性先把褲帶放在床邊，手提著褲子出去，待放完風，回來時，再繫。

現在，有了這座手工紡織廠，褲帶供應就不虞匱乏了。

搬到六獄二號後，大家殺時間的辦法，是輪流講故事、猜謎、說人書。我自然講得最生動。他們一再逼我講「北極風情畫」和「塔裏的女人」。我想，整日飢腸轆轆，哪有力氣講長篇小說？但他們願爲我的胃囊服務，集腋成裘，集體捐獻我一碗飯，好讓我吃飽，有精神開講。可是，我又怎忍剝削他們那點可憐日糧？

「老卜，你再不講，老子會叫你好看！」小余恫嚇我，他是囚室小霸王，在暴力威脅下，我只得就範，花二星期，活捱著連續講完這兩本小說，每天只講一小時。

後來，囚友大老王告訴我，他認識一個小學女教師，她因爲極喜愛「塔裡的女人」，反覆背誦，竟能從頭到尾，通本把這本十萬字的小說背出來，這倒使我吃了一驚。

一搬籠子，離開二號，不受小余威脅，我下定決心，再不浪費我那點可憐熱量來講故事了，我開始默默寫詩，筆墨紙張就是我的大腦皮層。這樣，我再不怕漫長時間壓力了。十五年後，在臺灣出版的「獄中詩抄」，其中一部分就是此時寫的（出獄後寫得更多）。

毛澤東死的那天

一九七六年九月九日下午三時左右。

我坐在一張破舊沙發上，在冥思。臀下彈簧早斷了，整個人彷彿陷身大沙坑，可是，這毫不妨礙我冥思得很出神、很自得。

自從一九七〇年起，每年此日此時，我總要冥想個一點多鐘，來紀念我出獄一周年，兩周年，……今天是七周年。

與其說是「紀念」，倒不如說是回憶——追憶一九六九年九月九日下午三點零五分（註一）以後的一切。

七〇年這天下午，我寫了一首長詩，就叫「下午三點零五分」。

「卜寧！把行李拿出來！」臉孔白皙的阮科長，打開囚房黑門上的小木窗，低沉的吆喝著。接著，一聲天崩地塌巨響，漆色黑棺材門轟然敞開了。

我的上帝！這八個字，我已等了四百三十二天了（註二）！阿門！

於是我大喜若狂的收拾行李。

四十分鐘後，我發瘋的在街上奔馳，找尋三輪車，好運載我的偉大行李捲。它們簡直像兩座大山（註三）。

再三十幾分鐘，我出現在離家最近的一爿理髮店。一年零三個月以來，這是我第一次拜訪鏡子。望著矩形大穿衣鏡內的臉孔，我駭了一跳，差點大叫起來，這眞是一張魔鬼臉孔，尖瘦得脫了人形，而且有各式各樣的奇怪形狀。

「我剛從醫院出來，害了一場大病，差點死掉……」我連忙向一些駭異的理髮師解釋……

……

一幕一幕，像演電影，足足放映了一小時半，甚至二小時，我的「紀念」儀式才算閉幕。記憶的濃度與時間成反比，今天，我的記憶調色板上的油彩，比去年又淡了點，四點還缺幾分鐘，我的「儀式」就匆匆「結束」了。

我坐在窗口櫸木檯子邊，讀一本文學書。窗子分兩層，上層是一排透明玻璃，下層一排是毛玻璃。

這天大約是秋老虎最後一日，氣候特別悶熱。按我和紅色人物長期打交道的規律，如果今天我是寫作，不管怎樣炎熱，下層一排毛玻璃窗必關得嚴嚴的。不寫作，就把全部窗子打開，好向鄰居們具體說明，夏天我的窗子並不總是緊閉的，以便麻痺或打亂他們的注意力。我從未忘記，這時候，我仍是一名摘帽反革命分子，每位可愛的「公民」，全有暗中監視我的可愛義務。

偶然向左轉首，我感到奇怪，對面老孫聽半導體，怎麼聽得這樣專心？而且緊張？可是，音響太輕，我絲毫聽不見。

更奇怪的是，他突然離開半導體，踱到院子內，而且向我這邊走來。

啊！太奇怪了！他居然敲我的房門了。

在「山獄詩抄」裏，有一首曾形容：「我的家是人迹獸迹罕至的深山」。七二年九月摘帽後，「深山」偶爾也出現一二友人足迹，如古池偶飄一兩片落葉，但對面老孫除非有「特務」，幾乎和我「老死不相往來」。我們最安全的說話空間，常常是大院子中央，交談內容，每一句話，每一個字，全被風或流動空氣傳送到每一戶人家，像電臺廣播一樣。

原因很簡單，我是摘帽「五類分子」，屬於印度賤民階級；他的家庭成分是地主，也屬於印度賤民階級。在印度本土，賤民和賤民可以同吃同坐。在中國大陸，一個賤民如和另外賤民來往，某些幹部便會「目光如炬」，探照燈似的，偵查他們言行。一個賤民的妻子，和丈夫兩三年不講一句話，也不是沒有。

「老卜，把下面窗子關起來。」他低低道。

我才關好那排毛玻璃窗，只見彎下長長身軀，對著我的耳朵，低低道：

「毛澤東死了！」

「什麼？」我幾乎不信。

「毛澤東死了，剛剛我聽到廣播。是今天凌晨死的。」

這位老鄰居眞可算是「無名氏專家」，他完全識透我內心最後一個細胞；唯恐我要狂喜得大跳一丈高，這才趕緊先吩咐關好窗子，又唯恐萬一北京「人民電臺」廣播員發神經病——他將犯特級造謠罪，所以預防他的聲音透過洞開的窗子傳出去，並避免鄰居看到我們交頭接耳。

老實說，聽到這條大陸天字第一號喜訊，我眞是差點要跳「南方玫瑰快速華爾滋」。可是，且慢！我必須殺死這些華爾滋，揉碎這一瓣瓣玫瑰——

「去！讓我去聽聽這個消息！」

在老孫窗邊，才打開半導體，我就聽見淒涼的國際歌，接著是那驚人的新聞……

霎時間，滿院子火焰衝天，一片片排山倒海的金光，叫我睜不開眼。那一輪「最紅最紅的紅太陽」（註四），忽然從幾萬萬里外的宇宙深處跌落在窗外。

我再坐不住了，立刻返回自己房間。我點起一支煙，躺在藤睡椅上，極細心的，一口一口的，咀嚼生平第一次嘗到的這隻美味水果——這條新聞。

這一刻，我實在感到太幸福了，比五四年結婚那天還幸福。

眞是奇事，從沒有一個統治者，剛上臺幾年，會有那麼多人「關心」他的「壽終正寢」。許多人和我一樣，從五十年代起，就談論毛的「擺平」（註五），足足談了二十幾年，像談生活裏必不可少的小菜價錢。「看相的李鐵拐仔細研究了他最近相片，說他印堂黑得厲害，今年內一定暴斃。」「王老道夜觀星象，說一顆兇煞星比往年大大暗了，主毛（「主」作動詞）今年非翹辮子不可。」極突出的一次，是一九六六年春天，我才踏入虹口一個友人家，他劈頭就衝我兩句：「你知道毛最近住在華東軍醫院嗎？聽說命在旦夕。」這是爆發文革的那一年，後來閱報，看到他與林彪、鄧小平接待謝胡的照片，謝是阿爾巴尼亞部長會議主席。毛果然病容滿面，但還沒有立刻歸西跡象。這以後，關於他中風、腦充血的消息，一天天猖獗了，眞是多如牛「毛」。最妙的是一位數學老師，他告訴我：「毛最近在小張床上昏迷過去了，全身赤條條的，把小張駭死了（註六）。後來經醫生搶救……」這使我現在聯想起暴死在丁珮床上的李小龍。然而，一九七五年，他接見李光耀，我一看見那張照片，他那種整個癱瘓了的幽靈形態，我立刻毅然斷定：不出五年，他必上天找馬克思進行同性戀。

我又算了算，即使他遲遲在第五年「擺平」，那時我還不致「行將就木」，我的命運可能還有最後一線轉機。現在，居然提早四年實現我的美夢了，我怎不沈醉在這隻稀世的美味大水果裏面？

突然，附近工廠裏的擴音器響了，首先是國際歌，接著是……

這時大約五點。

我走出去。我要欣賞人們的臉孔。

不管別人是否同意，我個人卻認爲：自從黃帝戰勝蚩尤以後，這是四千年中國歷史上的頭條新聞。我這樣估價，是拿十億人的比喜馬拉雅山更高的痛苦作根據的。

隔壁吳瘸拐瘦骨伶仃，坐在房門口，不斷搖著破芭蕉扇，若不是下頦上有一撮白鬍子，他活像阿Q。現在，儘管他著意板緊面孔，裝出一副嚴肅神情，但憑仗我的第十覺，從他神秘的眼神裏，就察出他內心的喜悅。

我們不響，心照不宣。倒是吳師母蠕動著老太婆的薄薄癟嘴：

「這叫眞平等！不管是誰，全要往這條路走！」

我覷了覷，院內並無他人，只有左廂房小王坐在門口小竹椅上乘涼。我不禁想起：五二年的三反五反運動，從吳家抄走一千兩黃金，這位杭州出名的濶太太，自此便淪爲街頭賣油氽蘿蔔絲餅的攤販。

小王是工人，一向心直口快。他做了個鬼臉。

「做人嘛！就要這樣做法，才算夠本！」

院子裏進來幾個人，我趕快跑開，裝出沒有聽見他（她）們的話，逕向賣魚橋大街走去。

從一些人臉上的微妙表情來分析，這條大地震式的新聞已傳遍全市。可是，並沒有一副臉孔瀉露悲痛情緒，更沒有人流眼淚。然而，除了幾個兒童在行人道上嬉戲，成年人卻沒有誰敢大笑。

我發現，不少人確實被這個消息震懾了。但幾十年來，比春草更多的刺激已使人們麻木。他（她）們全表現出一種無可奈何的情致。我相信，在內心深處，有些人會嘆一口氣，火山式噴射了十年的文化大革命，從此是不是可以暫停噴吐了？

於是，我想起凱末爾的死，土耳其街道上、商店裏，到處是哭泣的行人、客人。印度甘地被刺的那兩天，全印度千千萬萬人痛哭著；尼赫魯的嗓子全哭啞了，曼特爾（註七）的臉孔是一尊「悲哀的雕像」。孫中山先生逝世後，許多人在流淚。先總統歸道山時，全臺灣人民落著巨大的淚雨。

在大街上走了近一小時，我看不見一滴眼淚。

第二天，報紙來了。對著那張照片，我足足端詳了十分鐘。我彷彿還有點不大相信——此時此刻，太大的幸福好像與我完全絕緣，只有這幀相片，才證實了我的幸福不是虛妄。這一會，我的感慨之深沈，在我個人生命史上，眞是史無前例。

宛若生物學家的一個標本，他躺在一架巨大玻璃罩子內，最突出的，是他的極龐大的軀幹，它並不像一個常人的身體，而像一種已絕種的史前動物，例如恐龍之類。在我冷靜的眸子裏，這頭彪碩動物依然有一種駭人的力量——那是能製造和黃河水一樣多的鮮血的力量。可是，不管怎樣，他那雙魔鬼眼已閉上了，而且閉得那樣深，你就是用大鐵鎚兇猛敲打，也敲不開門。我爲這份緊閉而慶幸，更爲他全身的靜謐而寬慰。「不管六十年來你怎樣可怖，此刻你到底被罩在玻璃罩子裏了！阿門！」

我點起一支煙，續續凝望——不，是享受這張照片。我像昨天咀嚼這條新聞一樣，細細享受一隻美味水果。

大陸以外的全世界人，根本無法想像這二十八年大陸人的奇異生活。而這份比太平洋水更深邃的「奇異」，是與躺在大玻璃罩內這條猛獸有血肉關係的。這頭動物，是一個每分每秒狂唸金箍咒的唐僧，前後有六億到十億孫悟空（註八），便成日成夜抱著腦袋，幾乎要滿地打滾。這一下，至少我們的頭部和雙手可以略喘一口氣了，如果頭和手也有嘴的話。拿魔鬼的天才和本質說，我暫時還不相信：任何第二個宇宙動物能具備罩子內這頭動物的條件！

「你也有今天！」我終於在心裏大吼了一聲。

消息傳開了，布店裏的黑紗布全賣光了。上面有命令，從今天起，大家必須一律佩黑紗。據說，有一個年輕工人被逮捕了，因爲他頂了一句：「這簡直是拆空！」（註九）

不久，我看到造反派的油印文字，說今年起，毛就瘋癱床上，後來連話也不能說了，但聽覺尚未喪失，腦子仍能用。平日和左右說話，全靠筆談。就是這樣一個重病者，卻繼續支配十億人的命運好幾個月！

「四人幫」下臺後，另一批資料說明，毛本不會死在九月九日，只因爲江青剛遊歷小靳莊回京，聽說毛病更重了，來探望他。爲了名正言順表現她的妻權，她裝出關心模樣，有意把他翻了一個身，不料這一翻，毛竟一命嗚呼。華國鋒他們說，這是江青蓄意謀害「領袖」。

這時，我最關心的，是今後政局。有一位年輕朋友很天真的道：「我看，江青要當黨主席。」

我冷笑道：「你等著吧！看她還有幾天政治生命！」因爲他平日和我很接近，我便透出眞實話。

據我估計，不出一個月，中南海必大變。我向另一位好友描畫：「在不久的將來，以葉劍英爲首的軍方，必動員全部陸海空軍封鎖北京。江青這幫人基本沒有軍隊，光靠民兵，有什麼用？再拿政治和軍事經驗說，江青張春橋又哪裏是葉劍英他們的對手？」

果然聽到消息，進靈堂「瞻仰」遺容時，南京軍區司令許世友昂首濶步，大模大樣走進去，跟江青連招呼都不打，無禮之至。

十八日上午，天安門廣場開追悼會，全大陸各地同時收聽廣播，舉行追悼。根據報上所刊照片，我發現：張春橋、江青、姚文元三人如三頭受傷野獸，面露兇燄，文革十年來，從未見他們形相如此可怕過。大約在作困獸之鬥吧！我想。

後來傳說，十月五日凌晨起，空中所有飛機不能飛過濟南，海上所有艦艇不能進大沽口，陸上所有戰車、裝甲車、軍用卡車，全不能越過濟南、石家庄或山海關。葉劍英（他當時是僞國防部長）下令海陸空封鎖北京，全華北進入一級戰爭戒備狀態。這天深夜，王洪文正在動員北京民兵起義，司令部被包圍，把他和民兵司令馬某逮捕了。這時，張江姚正在清華大學開會，號召造反派學生進城，被葉劍英一網打盡。汪東興控制的八三四一中南海警衛師、陳錫聯掌握的北京衛戍部隊，全部佔領北京各個戰略據點，及四人幫把持的單位。這一天以前，江青曾和毛的接班人華國鋒長談五小時，一大半是她獨白，軟騙硬嚇，甚至聲淚俱下，要求華站在她這一邊。被汪東興派兵捉拿後，當葉劍英出現時，她忽然披頭散髮，滿地打滾，痛哭流涕，大罵葉汪這批人：

「你們這些狼心狗肺忘恩負義的叛徒！毛主席屍骨未寒，你們就欺負他的寡婦……」

葉劍英呵呵冷笑道：「誰不知道電影明星藍蘋（註一〇）是上海灘著名的演員！今天這個時刻，我們可沒有胃口看妳表演！快爬起來！妳已經被逮捕了！」轉首對左右：「少跟她廢話！把她帶走！」

不久，有關「四人幫」的大字報貼遍全大陸，以上海爲多，揭發江青的最多。其中不少文字相當精彩。她與莊則棟那段「佳話」，將成爲紅朝信史的深刻資料（註一一）。

大字報還記載其他面首如錢浩亮等的軼事（錢以一個平劇小生擢爲文化部副部長）。至於她與張春橋同床共枕，那全爲了政治需要，並非貪圖他那副老骨頭。

還有一條確實新聞，爲了殺江青威風，某日午夜，華國鋒等人在內部批鬥她，由內部電視傳播全大陸，只許中央及各省省委一級以上的高幹觀鬥。據說，江青被押出來後，登時脫去所有衣服，只留乳罩與三角褲。她大聲恫嚇華國鋒等人道：

「你們如果膽敢鬥爭偉大領袖毛主席的結髮妻子，她馬上剝掉乳罩與三角褲——」她一面大喊，一面模仿港臺脫星，作脫衣狀。

不料華國鋒破口大罵道：

「你這個背叛毛主席的反革命份子！你如果敢再脫，明天就把你五花大綁，綁到天安門廣場上，交群衆批鬥！你脫！你脫！你脫！」

這一嚇，江青果然不敢再脫了。

一九八一年底，公審四人幫的電視節目放映，我發現江青還算規矩，並沒有表演脫衣舞的鏡頭，這與那一夜的批鬥大約有點關係。

不過，那條在大玻璃罩內「擺平」的猛獸，一度自詡爲「全世界無產階級導師」的「大人物」，絕未料到：自己鑽入水晶棺材不到一個月，就家破人亡，妻子差點像美國酒吧女郎表演脫衣舞，以後又被判「死刑緩刑兩年」。

……

今年九月九日，我在臺北陽明山一座花園裏散步，想著七年前的往事。我自忖，那位「大人物」當時如不被大玻璃罩子罩住，現在，說不定我還出不了一個比它大萬萬萬倍的黑罩子，後者已把整個大陸緊緊罩了三十四年了。

也許，這個下午，我還坐在那隻舊沙發上冥思，來紀念我的出獄十四週年吧！

一九八二年十月上旬陽明山

【附註】

註一 出獄時，我看了辦公室的掛鐘，剛巧是下午三點零五分。

註二 我在獄時間是四百三十二天。

註三 我的兩件大行李超出通常行李一倍半，管理員說我已「搬家」到獄中了。

註四 文革期間，造反派成天大喊毛是「我們心中最紅最紅的紅太陽」。

註五 杭州話：「擺平」即死。

註六 小張即張玉鳳，原爲中東鐵路火車上列車員，貌美，毛赴莫斯科時相識，終於成爲他的私人秘書兼情婦，毛死後，她自殺。

註七 曼特爾是當時印度內政部長，甘地最忠實的信徒。

註八 中共上臺後，大陸人口起初是六億，毛死時，將近十億。

註九 「拆空」爲杭州語，意即「胡鬧」。

註一〇 江青在上海當電影明星時，化名爲藍蘋。

註一一 關於這段「佳話」，特將當時大字報內容節錄如後，後面按語是我加的。

某日午夜，世界乒乓冠軍莊則棟接到江青電話，有事要與他面談。他抵達釣魚臺。侍衛請他直入內室。他推開門，只見江青赤裸裸躺在床上。他駭了一跳，才想退出，江青向他招手道：

「怕什麼？來呀！」

莊戰戰兢兢走過去，眼睛看著地氈，囁囁嚅嚅道：

「請問……江委員……有什麼指示？」他頭都不敢抬起來。

江青妖魅的笑著道：

「今晚我睡不著，請你來陪陪我，過來躺下吧！」

一心一意學武則天的江青，當然要選擇她的張昌宗張易之了。這段公案，有根有據。以一個乒乓球隊隊長，莊則棟後來高昇爲國家體育委員會主委，（過去這是賀龍的位置），江青垮台後，至今他還被囚，這些全是證據。最有力的證據，是他的妻子——也是世界乒乓女子單打冠軍林慧卿的大字報，控訴江青霸佔她的丈夫。上面一段軼事，肯定先由莊告訴林（夫妻間無話不談），又被她傳出來。

水夜

一九七六年九月九日，毛暴大帝壽終正寢，第二天我就決定，出遊太湖。一是實現多年願望，二是秘密慶祝毛暴歸西，好好玩一下。同樣重要的理由是：當時我是「摘帽反革命分子」，行動仍受暗中監視，毛死後，預感四周網罟暫時會稍稍鬆弛，趁此良機，二十年來不敢旅行的我，正好遊山玩水。於是，九月十九日下午六時，由杭州賣魚橋登小輪船，溯運河至蘇州，再轉火車赴無錫。當晚看「人民日報」，全版刊北京追悼會照片及新聞。我發現張春橋江青臉孔幾如野獸，出現從未有過的可怖兇燄。我暗想，大約你們自知就要滅亡了，才準備作困獸鬥吧！(後來一切正如我預言)。但這一夜，我在船上的感受卻有點奇異。現在想想，也許那是一份正常。因爲，經過二十八年我個人與中共的秘密信仰戰爭後，如果我竟始終毫無一絲疲倦感或消沉情調，那倒是怪事了。這一晚，我的水夜感覺，恐怕不僅是我個人的感受，也是許多大陸知識分子的感覺。太湖歸來，我就匆匆撰寫此文。雖事隔六年，此時遲遲發表，仍算是介紹大陸知識分子的一種心態，

這可能比理論文字要稍稍接近眞實，而且，這種心態目前恐怕仍瀰漫於大陸。

在陸地生活久了，乍睡水上，有一種說不出的縹緲感。當然，這是指眠宿船艙，並非肉身眞漂浮水面。縱然如此，將近二十年來，這卻是我第一個水夜，儘管我的軀體——安躺於

一隻臨時支起的棕色皮沙發疊床上，渾身仍有一種浸沒水中的妙覺。這種感覺是奇異的。有點像乘宇宙飛船繞旋地球一周，整個人脫離實際世界，完全架空，游離於浩浩蕩蕩太虛——

更確切點說，是太虛幻境。所以滋生這種詭譎靈感，大約因爲這是午夜，是水上。

一條似無盡頭的運河，寬廣的延展著，疾駛的汽輪割破夜靜，也剖開河面整體，衝捲起一片又一片的巨大波濤。偶憑窗遠眺，電燈光照爍處，只見渾濁的蒼黃河水，昇湧著峻急的浪潮，一排又一排，撲向兩岸。岸上，一派廣蕩而淒靜的黃土平原，原野上的一些桑樹沈入黑暗中，看來眞像一片太古荒原。傍靠岸邊，簇現一叢叢高高低低荒草，附近卻沒有人，沒有獸，生命似已停止了；只有大自然自己在活著，它突出的存在符號，就是劃分兩岸的汹汹的河流、浪潮，——特別是船尾激起的險壯湍流、漩渦。這時候，一個人躺在船上，恰巧又是空中疊床，四周似動實靜的水聲，襯配著有節奏的輕盈馬達聲，而又被遼濶的岸上荒原包圍，那種離奇的況味，眞不容易藉言語描畫。我似存在，又似不存在，簡直不知道自己究竟在哪兒？在哪一種空間？——是地球空間？還是火星或金星空間？二十年來第一次，我是眞正與世界絕緣了。不，一個我所不認識的新世界——屬於夢中的天地，彷彿呈托著我。這個新世界不認識我，我們相互陌生，卻又暫時緊密的擁抱在一起。這一夜，其實我並沒有睡，不可能睡，不需要睡，也沒有想到睡。我只是闔上眼，仰臥床上。偶然迷惚個幾分鐘，就算睡了。時間好像特別快，正如外面水流。不經意的，看看錶，一小時、兩小時，就這麼輕易消逝了。我在想什麼？沒有。我倒眞想想（註一），卻想不成，想不好，想不久，也不需要想。思想從來孕育且繁殖於眞實中。這一刻，我沒有眞實，就不可能孕育和繁殖。四面水上幻境，應該勾觸起一串串幻覺。就算幻覺或錯覺也可冒充思想吧，但這些幻覺一重複，一延續久了，本身就開始發黏、板滯、麻痺了。也許，過多的幻覺如泡在濃度醇精中的昆蟲，唯一的後果是麻痺。也只有這樣，我才能安靜、享受，雖然失眠，卻不煩躁、不疲倦，通體有點醉醺醺的，很舒服。這個夜，這運河，這艘輪船，使我寧謐、恬適，不管風浪怎樣高，夜怎樣黑，我卻覺得溫柔、平安。船外的「高」與「黑」與我無關。然而，眞理是：正因爲艙外有這種「高」和「黑」，我才特別感到嘆靜、平安。因爲，小小艙房內，瀰漫著一片靜與光——電燈光。有時，偶爾也想：究竟是什麼一種古怪念頭，竟使我此刻離開旖旎的西湖，我的雖簡陋卻甜蜜的家，突然投入這樣一個荒夜，這樣一溜荒涼的河水，又甘心讓四周荒原包圍我？讓一片虛無縹緲繚繞我？是爲了那美麗的太湖？或古色古香的蘇州名園？又是，又不是。理智上是，——我早已決定作這次旅行了，情感上卻不全是。因爲，還未等到親炙淼淼太湖水和拙政園綠色荷池，這一會兒我似乎已疲倦了。換言之，遊興並不濃。我的心情是蕭瑟的、乏味的，不僅對黿頭渚或留園是如此，對整個地球，我也彷彿覺得疲倦了。可我仍服從理智，作這一次精神肉體早已兩俱疲憊的旅行，爲了貫徹原先的，——不，多年來一直未實踐的決定。不少人向我一再提起，太湖比西湖美，無論是眞是假，純爲了試探證實這個論斷，或爲了一次並無信心的探新，我早就決定此行。今天下午，像一個哈代式的宿命論者，我拖著沈重身子，冒著淅瀝秋雨，踏上這艘陌生輪船。而現在，夜與水聲忽然緊緊包圍我，我腦中充滿了突兀感覺，那是很自然的。多少年來，我一貫不由自主，眼前，即使在一場應該說是充分愜意的旅行中，一切也仍是不由自主。總有那麼一個並不可愛的「人間上帝」，在暗暗跟踪我，像影子一樣。不過，話說回來，無論如何，比起我那種三餐白米飯（註二）兩場硬鋪板的生活來，這個夜、這艘船、這片流水，或多或少，對我仍是一份新鮮。上下張張三位臨時旅伴，這時早入黑甜鄉了，我眞是羨慕他們落枕就「著」（註三）。這時，他們正在做什麼夢？我不知道，可我卻既未睡，更無夢。我不時爬起來，走入廁所，這是此時唯一可痛快觀河景的空間，倚窗眺望，窗外波浪與兩岸，雖然每一次景色大體相同，我仍一次又一次貪婪的、重複去品賞，想發現什麼新奇風景似的。眞正深夜，一個人如走在這樣荒寂的岸上，多凄涼！可怖！世界多寂寞！可這一陣，我們這片船艙內卻載滿可能是甜蜜的夢，因爲，這兒有燈火、人體，以及生命的活動。這樣想想，漸漸的，我似乎有點心安理得了，終於久久安閑的橫陳在皮沙發床上。雖然仍不能成寐，對於廁所小窗外那一幅幅未可知數的新的兩岸風光，卻不再覺得誘惑了。反正，這一夜，船外船內是兩個世界，永不相通，我又何必憑仗我這渺小的視覺，微末的腦細胞，硬要設法把一條神秘切線割成兩片的空間相互溝通呢？

我期待天亮，六時半將抵蘇州，可不一定有太陽。

九七六年九月下旬

【附註】

註一　「想想」，第一個「想」是動詞，第二個「想」是動名詞，正如「想走」、「想吃」。

註二　爲了省煤球，我們早上不煮粥，吃泡飯，也算「白米飯」。

註三　俗話，「著」即「睡著」，睡熟之意。

海水的聲音

現在，我已爬過「古稀」山隘，陽壽幸逾世界平均高齡冠軍的蝦夷族了。（註一）。

回顧我的一生，可算半生驚險，半生大致順泰。但對我個人命運最具決定性的時間，卻是一九五六—一九六〇年。（作者按：是民國四十五—四十九年。當時我卜居大陸杭州，通用西曆，爲求眞實，以下悉採西方正朔。）

●個人被動的宿命

這裏所謂「個人命運」，並非指大自然的或宗教的、被動的宿命，而是主動的、開拓性的命運。按我當時評估，後者至少涵蓋下列四個層面：

其一：眼見成千盈萬名流、學者、文人、藝人，此時爭先恐後熱烈擁抱紅色政權，身爲一個自信有良知的作家，我必須完成可能是我代表作的「無名書」六卷二百多萬字，以顯示我的藝術良心與恆心，以及對人類正義的執著。（註二）

其二：作爲自由世界中西傳統文化的崇仰者與維護者，我必須藉撰寫「無名書」來反抗當時主宰大陸的共產主義文化思想體系。

其三：作爲一個堅持是非善惡價值觀的中國人，我企圖借用當年譚叫天國劇藝術中的「烏雲遮月」手法，並含沙射影，旁敲側擊，通過「無名書」，來揭露當時大陸社會、政治、文化、倫理的無比黑暗。

其四：我想嘗試扮演人類歷史上的一個象徵性的生命原創動力，透過「無名書」的製作，以考驗這一動力能否通過史無前例的大陸超級恐怖的強權壓力，並藉此一大書爲人類心靈生命的耐力、韌性與強度留下文獻性的紀錄。同時也讓此一大恐怖時代在人類精神上的反應及投影留下歷史性的記載。

我的一貫信念是：生命的最高意義，在於鼓勵自我生命最大限度的放射光與熱，藉此奉獻國家、社會、人群——甚至全人類。

然而，斯時斯地，想創造內涵上述四個層面的個人命運，談何容易？

那是一個連千千萬萬小麻雀也被控訴爲罪犯而要趕盡殺絕的時代。（註三）

一千一百多萬平方公里的大地上，再不聞一聲犬吠與貓叫。（註四）

我們這些不得不停留地面的人，有若干年，每天生活中的第一音符，就是那些空中高音喇叭。它們不斷警告、恫嚇我們這些未來可能蛻變爲罪犯者，像蠶將轉化爲蛹。不用說，我被懷疑爲候補罪犯之一。

接著是排山倒海的鬥爭、逮捕、殺戮。

●兩個瘋狂的十年

兩個「瘋狂的十年」：十年文革是無秩序的恐怖，尙有漏網之魚；五十年代那十載，是有秩序的恐怖，全國有組織、有計畫、有指標的逮捕、屠殺、監視、一網打盡，靡有孑遺。

一九五一年的「鎭壓反革命運動」，應正名爲「殺人大競賽運動」，規模遠超過日本侵略軍南京大屠殺許多倍（連前冬農村大屠殺在內）。有人曾作統計：這一整年，平均幾乎每三秒鐘槍斃一個人（註四）。一九五二年「三反、五反」，所有大中資本家、商人的財產全都變相充公，還加上批鬥、鐐銬、死亡。

有一些日子，上海摩天大樓下面行人道，有的人不敢走，生怕跳樓自殺者砸死，砸傷他們。自殺加被殺，這類雙重悲劇，不時上演。

五三、五四年「肅反」、「審幹」，又是鬥爭、逮捕、殺戮。這回禍延紅色幹部自己。

五五、五六年所謂「公私合營社會主義改造運動」，連一切小商人、小店也被剝皮抽筋、洗劫一空。

爲了逃避死神，一個二十多歲小地主，隱匿于親戚家秘密地窖底，十幾年不見天日。後來發現，已不成人形，貌似厲鬼，鬚髮雪白。

說錯一句話，可能殺頭，寫錯一個字，可能坐牢，許多嘴唇不得不自動上鎖。神秘嘴鎖遍大陸。

在這種末日悸怖日夜圍攻下，政治災難洪澇駭浪滔天，步步驚魂，我還堅持開創「個人命運」，撰「無名書」，豈非瘋狂？

眞怪，這種時刻，由勇氣、智能、悲憫混凝成的信仰三合土，竟如銅筋鐵骨，貫串我的靈肉。爲了給中華民族文人爭一口氣，爲了替人間正義爭一口氣，我奮身投入瘋狂怒海，秘密與那些紅色神祇抗爭。

一九五六年春，我利用韌興的「雙百運動」，開始秘密續撰「無名書」第四卷「死的巖層」（註五）。萬一查獲，我儘可鑽空子，狡辯，根據周恩來「總理」有關「百花齊放、百家爭鳴」的政治報告，七年來第一次，容許不同風格的文藝作品「百花齊放」，我認爲拙作也是一「花」。當時中南海已揭櫫毛澤東的指示：即使毒草，也可作花園肥料，甚至是政治反面教員。

爲保護暗房操作，預防警察突然襲擊，事先我特撰「我怎樣養肺病」，約十八萬字，和「大衆作文入門」，約五萬字。萬一戶籍警破門而入，責問：「你到底躲在家裏寫什麼？」我便取出兩種原稿的一種，以若干頁來應付。（作者按：後來警察果眞來查，我如法炮製戲碼，他竟說：「你爲人民大衆服務，好嘛！」又說：「養肺病的書，有益於人民健康嘛」。）

不過，我所築的第一道防衛「碉堡」是家母。她常坐在門口，一遇來客，就高聲通報，我迅捷藏稿，再開門，佯裝看馬列書。

這樣重重構築了「馬其諾防線」，一年左右，才慶幸四十萬字「死的巖層」殺青。不料情勢丕變，反右派浪潮猝起，一筆勾銷「雙百」。此時死亡與鐐銬壓力之大，筆墨難描。猶憶一次公審大會，某人家庭成分是地主，本人並非地主，就因爲私寫反共日記，判處死刑。我正在筆走龍蛇的「無名書」後三卷，加上已完成的前三卷，其眞正反共性質，又不知超過他的反共日記多少倍！

前後足足花了五年時間，好不容易，我才漸漸習慣忍受紅色社會的血腥氣，牢獄陰影如森林，公安人員陰險的仇恨的臉孔，報章雜誌一片不成腔的拙劣讚美歌聲，現在，竟又逼我投入一個新的可怖世界，分分秒秒，警惕象徵死亡和鐐銬的叩門聲，而這種靈魂折磨將延續一年、兩年、三年。我眞擔心它已超過人類精神忍耐的極限，怕自己長期支撐不住。

●自由中國之聲

救星出現。

自由中國臺灣伸出援手。

倒不是眞有一隻神話巨臂，越過一三五浬闊的臺灣海峽，來扶持我。

是聲音之手。

是「自由中國之聲」對大陸廣播。

其實，早在去年春夏，我就利用「雙百」「鳴放」，乘上海探親，偷偷購了一台全新日本產品「新時代」收音機，有長中短波。我裹在一個大包袱裏，混雜一堆衣服，喬裝衣包，偷偷運回杭州，可說神不知鬼不覺。

從一九五一年起，五年多了，我未能諦聽自由世界的音籟。

我很難形容，久別重逢，乍聞這種音籟的感受。

不怕褻瀆，那簡直像亞當夏娃初嘗禁果。

是初夜。我把音量扭到最低——耳朵緊貼？。

剎那間，似乎我忽而騰雲駕霧，飛昇，渾身輕如羽毛輕輕飄，直飄入——蓮花極樂世界？抑但丁「神曲」三十三天——最高大？反正我不在人間的時候，我滿耳是曼妙的，美如莫札特提琴或彈奏曲或蕭邦、德比之曲，令我無限迷沉，我突感四周堆滿花團的愛，再沒有恨了。

一句話，我深受到眞正的人性。

這並非「天空」上的阿拉丁持神燈術，是「自由中國之聲播報員向我輕輕講話報新聞。這哪裏是播報似口吐聲音的蓮花，流伐爾的美麗樂曲。所以蓮花，因爲，這是「人」的音籟！眞正洋溢心的音聲！我這才覺得非常甜蜜。對比之下，「電台」那些女播報員，殺氣騰騰，滿口階級仇哪有絲毫人味？人性？

這五年多來人們久泡在血海裏，恨海無日不生活在非洲叢莽猛獸群，每一秒，死亡開血盆大嘴，想吞噬我那些最可怕的日子，就連我這樣和平的文人，每週至少也有一兩次，夜晚不得不用棉被蒙住頭顱，低低咒罵紅色政權幾聲，這才暫紓心頭大痛，否則幾乎活不下去。此刻，我怎不被這場久違的「人」性加愛心的筵席醉倒？至於新聞，一時似倒是次要了。

也不僅是「人」音、愛音，它還是我今後生命的希望。

人活著，不能沒有希望。

這以後，中波九〇〇及七五〇千週波，變成我心目中最可愛的數字，夜八時是我最珍貴的時間。開播音樂——那壯麗的軍號，是我個人戰鬥的號角，每夜，「自由中國之聲」，不只是我一天受夠紅色的精神迫害後的唯一補償及享受，更是我竊取自由世界資訊的唯一來源。透過臺灣廣播與美國之音，我才知道，自由世界並未與共產政權妥協，仍在鬥爭。特別給我打強心針的是：我開始獲悉中華民國在寶島的種種成就。這個島嶼將建設爲中國模範省。一些簡單數字，就對照了海峽兩岸的貧富。當時大陸人視手錶、腳踏車、收音機爲珍品，連城裏尋常人家全無力購買其中任一項。遑論鄉村？但此際臺灣每戶農家全擁有此三件珍品。再說，其時我們已用糧票、油票、肉票、布票、豆製品票，限量配給，有些城市人食不飽、衣不足。臺灣城鄉不僅豐衣足食，糧食出口，尙能改良農作，普獲成功，竟可派農耕隊到非洲幫助落後國家。才七八年，就取得這樣可觀的政績了。特別感動我的是：中國大陸，實行土改，血流飄杵，處死刑的地主、富農，數以百萬計，臺灣實行不流一滴血的土改，實現耕者有其田，贏得國際九十餘國的重視，紛紛來參觀、研究。（臺灣耕者常保其田，而大陸土改只是中共花招，釣魚的餌，一九五八年成立人民公社，又將農民所分耕地變相收歸國有。）

●創作「無名書」

我不禁回憶，國府在大陸的十年黃金時代，一九二七—三七年。一九三四—三五年，我客居北平，賃住沙灘（北京大學對面）一家公寓。每月食宿費，包括茶水、冬季火爐取暖和僕役服侍，才不過八元。午夜兩餐，有一葷炒一素湯。這時北大和清華大學專任教授，月薪高達四百元。若照公寓月費，一個教授幾乎可蓄養五十人。但一九五六年的大陸教授，最高薪金不過三百元左右，按這時物價，能養多少人？（絕大多數教授並無此高薪）三十年後，直到如今，大致仍是這個待遇，現在又能養幾個人？假如不是日本發動戰爭，加上中共製造內戰，以暴力攫取政權，若仍由國府執政，目前中國大陸肯定另是一番新氣象。

從這時起，「自由中國之聲」變成我生命信心的重要火炬之一，依靠它，我抵抗四周可怕的黑暗壓力，因而能堅持「無名書」的創作。「反右」惡浪魔濤再墨黑，也壓不倒我的反叛意志。但階級鬥爭的緊鑼密鼓愈演愈烈，局面太危險，一九五七年初夏，我去上海探親時，不得不秘携收音機售給拍賣行，以杜禍根。這時，多少人因爲偷聽臺灣廣播而被鬥爭、判刑。

但我當時每夜一聽完，就用包袱裹好，藏在床下。

以後幾年，雖失去自由聲籟，但這一年多所收聽的自由祖國種種喜訊及輝煌成果，已足夠鼓舞我的信心、決心，因而堅持信奉歷史眞理，反抗妖魔邪惡。而「無名書」的創作，就是這一信心、決心的具體實踐。

一九六〇年五月四日，是我畢生難忘的一日。上午十時許，我寫完第六卷「創世紀大菩提」最後一字。我偷偷在房內連跳三次，低低喊了三聲：

「我勝利了！我勝利了！我勝利了！」

直到二十三年後，這一卷才在自由祖國臺灣與世人見面。

【附　註】

註一　蝦夷族（The Ainus），本為日本民族之一，今國人常以之稱日人。十年前，世界平均壽齡最高者為瑞典，達七十二歲。後來日本居上，是七十三歲。我現已七十四歲。

註二　關於六卷二百六十萬字「無名書」，中共上台前，我已出版第一、二卷。中共上台後，我偷印第三卷上冊。第三卷四分之三及其餘三卷，約一百九十萬字，均係於中共統治期間寫成，目前已有近五十位評家客觀評析此書，達數十萬字。其中，區展才先生曾撰十餘萬字的論文「無名書的主題思想」，獲香港新亞研究所碩士。近又完成「『紅樓夢』『無名書』比較研究」二萬餘字，刊

「國魂」月刊。大陸某講師（暫隱其名）專研此書，已完成「死的巖層」「金色的蛇夜」二篇，達五萬字，「死」已刊臺灣媒體，「金」在此間已發表一部分。全書將達十餘萬字。司馬長風先生在其「中國新文學史」下卷尤厚愛此書。目前已在大陸重印第一卷「野獸、野獸、野獸」，連受中共文藝理論控制的此書編者，也肯定：「這部書在『五四』新文學的畫廊中是應該刮目相看的。」

註三　五十年代、中共興「除四害」運動，認麻雀是四害之一，乃多次發起圍捕麻雀的「大戰」。

註四　西藏牧羊的獒犬及中共警犬除外。深圳中共旅行社以紅燒狗肉招徠香港食客，亦屬例外。

註五　自民國六十九年二月下旬起，「死的巖層」四十萬字曾刊聯合報副刊，達一年之久。這是中華民國復興基地媒體首次連載身繫大陸的作家長篇作品。唯因秘密走私寄稿海外，不免有缺頁，亦不乏字跡模糊處，故舛誤不少。

唐達臘斯·鱸蓴·尋根

——「四十年來家國」序

沒有人不首肯：生命的發光體之一，是友誼；友誼的發光體之一，是聲音。在好友那一簇簇燦爛發光體中，總有一些，至少有三五句，會叫你刻骨銘心。

四十六年前，抗戰期間，友人李範奭先生在重慶對我說過幾句話，迄今似猶在耳鬢響。

「這一次，假如我的祖國不能獨立，我依舊不能回國，那我將來的遺囑，只有幾句話：『當我死後，請把我的遺體剁成肉醬，再搓成許多肉丸子，請人帶過鴨綠江，一顆顆的，撒在江對岸的祖國土地上。』」

不用說，此一遺囑，大約不易執行；而抗戰結束後，他也遄返韓國，榮膺第一任內閣總理兼國防部長，達四年之久。不過，他這幾句話，倒是證明了他的懷鄉病是石破天驚。

正像小兒出痲疹，大概凡屬遊子，無人不染懷鄉病，僅程度深淺不同。中國歷史上早期大人物，因患懷鄉病而愈益大增名望的是劉邦。他平生的轟烈偉業，或許被有些人忘記了，但他衣錦還鄉，回到豐邑，與父老子弟歡聚，及兒童歌舞，自己也擊筑唱了「三侯之章」，那一名句「威加海內兮歸故鄉」，卻震鑠古今學子聽覺。

以後，東漢嚴光敝屣尊榮，歸隱富春江嚴陵瀨，他那座嚴子陵釣臺，象徵了歷史長流的永恆高潔。雖說他生地餘姚，距桐盧釣臺尚有百公里，但兩浙畢竟是他的故鄉。

陶潛曾高吟「田園將蕪，胡不歸？」而「載欣載奔」的撲向故里，名文自此千古傳誦。

連晉朝張翰一見桑梓的鱸魚蓴菜，也忽然大發懷鄉病，迅掛大司馬高官，匆匆回歸故鄉吳中。

最沈痛、最富時代色彩的，自推庾信的「哀江南賦」（顏之推的「觀我生賦」內容雖類似，文采卻遜庾信，流傳之廣也不及庾文）。千載之下，讀來仍倍感親切。像「飢隨蟄燕，暗逐流螢」，及「燃腹爲燈，飲頭爲器」這類句子，簡直就是影射今日大陸，令人不禁興起宋玉的感慨：「魂兮歸來哀江南！」

清朝蘅塘退士編選「唐詩三百首」七言絕句第一首，就是回鄉詩：賀知章的「回鄉偶書」。

以上，全可說是流年逝水，隱隱暗香浮動，屬於過去的事了。

現在，我儘可以斷言，在古今中外人類歷史上，罹懷鄉病時間之久，人數之衆，規模之大，病情心態之光怪離奇，客觀因素之複雜幻誕，這種種達到登峯造極的奇蹟程度，而可以列入英國金氏大辭典者，首推今天中華民國的一百數十萬大陸人。自從三十九年前跨海大移民以來，他（她）們就不斷創造了上述沈痛的紀錄。

他們病情心情的譎詭苦痛，只有希臘神話中的唐達臘斯差可比擬。

宙斯天神懲罰唐達臘斯永恆口渴，而喝不到水。他浮在一片綠水裡，水就漲在口邊，距唇不到一吋，他終日渴極了，只要一張開嘴去喝，水卻立刻退開。永遠如此。

站在金門馬山，海水退潮時，離故園所在的大陸的邊緣，只有一千八百米，肉眼看得清清楚楚。平時若乘汽艇，幾分鐘就到了。但截至去年十月止，人們花了三十八年，仍未躍登彼岸。（註一）人們的視覺與感覺，永遠在扮演唐達臘斯。

臺灣上百萬的唐達臘斯們，如此被懲罰，將近四十年之久，不少人早已帶著奇渴離開世界。而十二年前，臺灣任何一個中國人，除非先獲得中南海默契，否則，一踏上大陸，立刻會遭受比唐達臘斯更可怕的懲罰。一九五八年八月，我被囚禁在杭州灣下沙鄉集中營，目睹一個大陸青年，名叫李明，從七歲到九歲，僅隨至親某商赴臺灣，讀過二年小學，十歲又返杭州，結果卻被逮捕在營中大肆批鬥，說他是臺灣派遣特務，大約七歲就受特務訓練了！文革期間，我前妻劉菁同事鄒作華，原是上海幼兒園造反派頭頭，僅僅因爲她五六歲時在臺灣住過一兩年，一查出這點底細，保守派如獲至寶，登時貼大字報，炮轟司令部，大標題是：「臺灣特務鄒作華滾出幼兒園！」「臺灣派遣特務潛伏造反派！」「火線戰鬥司令部被臺灣特務劫持！」結果鄒立刻垮台。這時候，以及前十年，凡有臺灣關係的，許多人或丟腦袋，或入集中營，或坐牢，或長期勞改，可說談「台」色變。

這種恐怖得離奇的大陸幕景，從一九五一起到一九七六年止，前後足足綿亘二十六年之久。

不用說，在臺灣，當時也是談「紅」色變。不過，這是一種防衛心理。

實況如此，無怪去年十一月，才一正式宣佈開放探親，登時如石門水庫全面瀉洪，閘門一開，洪水迅即洶洶湧湧，滔滔滾滾，奔流激射，勢若狂飆勃發，萬衆怒嚆，一下子，十萬人似乎直衝過臺灣海峽，殺奔大陸。

這裡，我還想提一個插曲。眞正作爲此次「大還鄉交響曲」的序曲的，應是七十四年十月美籍華人莫虎（註二）那次「尋根」。

這番尋根，所以轟動全美，部分固由於紅色政權盛大招待，迹近款遇國家元首，連中樞大頭頭趙紫陽、李鵬、萬里、張愛萍等全接見他，萬里甚至設宴和他全家聊天，並天南地北尋找了幾十位莫氏家族到北平聚會，全由中共招待。這且不表，最當得起大手筆的是：這位紐約市警察局副局長執意要到廣西雒容老巢尋根。這是「僮族自治區」的蠻荒空間，幾乎是不毛之地。中共居然派出八輛野戰坦克車開路，加上一輛家庭式的長型大車，和一些吉普車，廣西公安廳、局高級「長官」及莫氏家族奉陪，一行五十人，浩浩蕩蕩，殺奔崇山峻嶺，穿越榛莽，深入荒野窮鄉，找到那地圖上絕對找不到的地方，雒容公相村——莫虎父親生地，他歷祖歷宗活動場所。但莫家老宅已成一片廢墟。老家的族人全在紅色鬥爭中死亡。田產、牲畜、房地，完全沒收。莫虎不勝感慨，在門前挖了一坏桔紅色泥土，說：他將長放在曼哈登警察總局辦公所的桌上。我猜想，這是懷鄉病的極致。他母親許瑾說：「我們簡直像是在拍奇誕的紀錄電影。」隨行有紐約時報女記者馬爾文·荷葳，她報導了這個故事，標題：「莫虎回大陸尋根」。此文在該報刊出，當即震撼美國新聞界，也驚動了國務院，馬亦一舉成名。她是全世界第一個報導：全世界華人中第一個以如此驚人壯大的隊伍，作哥倫布式的壯大尋根探險的。

我所以提這一序曲，是因爲：這次十萬人越海峽探親所表現的懷鄉模式，既非上述劉邦式、嚴光式，亦非陶潛式、張翰式、庾信式或賀知章式，不過是唐達臘斯式、尋根式，加上幾分山水式和鱸蓴式。

五十歲以上的大陸人回大陸，多半是唐達臘斯式，充滿了血緣親情的煎熬奇渴，也稍稍羼雜了一些鱸蓴思念。祖籍大陸生於臺灣者探親，一部分是爲尋根。目前在大陸已無根無蒂的大陸人回去，以及臺灣人去觀光，大多是出於山水的引誘。那片錦繡河山和文物古蹟，其璀璨的魅力，對全人類俱是一大誘惑，凡屬炎黃子孫，在記憶這一角豈能永交白卷？

我喋喋不休，略敘此次探親大潮歷史的、時代的、倫理的、文化的、心理的種種背景，則「四十年來家國」的出版，意義之深遠，不言可喻。

它不僅僅是一些文學佳作的結集，更是歷史的紀錄，時代的見證，倫理的提昇，社會文化的探索，和人性心理的深刻挖掘。

由於是集體合奏「大還鄉交響曲」，時代現實傾向頗強烈，在新文學各類散文中，本書體例與內涵可謂別開生面，具見「文訊」同人靈思敏捷，匠心獨運。

論到所輯各文，限於篇幅，我不及一一細評。但我可以說，這二十一篇佳構，雖然十八篇由老一輩執筆，僅三帖出自年輕作手，年齡閱歷不同，觀感心態自異，但我讀來都很感動。前面我已說過，它們並非一般文字，是濃縮了太多的時代現實，歷史記憶，人性的悲劇，倫理的矛盾，以及說不清的山河暗影，社會血淚，複雜錯綜的政治糾葛，大自然的魔力……。

我們絕不能以尋常心態，咀嚼這二十一隻動人的菓子，酸甜鹹苦俱備的。我相信，凡是有良心的敏感的讀者，接觸這類菓子後，必有頗異樣的感受。而這些感受，絕不是長期封閉於臺灣本土者所能經驗的。

我個人當然祈盼：通過這類深刻感受，我們這一代——特別是年輕的下一代，能在道義上加強自我心靈的時代使命感，並對百年來這個苦難的國家的明天萌生更強烈的信心與希望。

（七十七年聖誕節）

【附註】

註一　正式開放探親前，海外華人回大陸，是另一回事。臺灣方面雖有人秘密潛返大陸，畢竟是極少數，少而又少。

註二　目前莫虎已辭警局副局長職，仍執律師業，準備將來競選紐約市副市長或參議員。有關他的材料是我一九八五年十一月進行美國、加拿大、日本廿場巡迴演講，在紐約時，他及其母許瑾告訴我的。

喘

——聽來的故事

記憶？它是松果體、腦下垂體？抑小腦外側面或內側面的震顫？是「溝」與「葉」的波動？還是一盞苦艾汁？一匙蜂蜜？

不管宇宙巨大變色，甚至太陽快被黑子呑噬，這應該是蜂蜜，甚至是蜂蜜海洋，其大無外、無邊、無上、無底。它將裏裏外外淹沒你，逼你永恒沒頂，而且沒頂的誘惑你，迷蠱你魂牽夢縈。……

在靈魂視覺裏，這或許是一個「天地玄黃，宇宙洪荒」的地球。所謂「人」，現在唯一標誌，或許只剩下一點點血緣記憶了。這般紅的血緣，像樹，永遠生根於你的動脈管。於是，血緣記憶便一汪汪的，幻變爲大海，能滅頂到叫你不斷喘息。而這一類強勢誘惑，今天或許已形成一種標竿，來界別人與獸，人與木，人與石，等等等等了。

言歸正傳。

我正主持香港一家極小的旅行社，小得我身兼數職，從經理到服務生到外勤跑腿。這段時期，這類「迷你」旅行社如雨後蘑菇，港台到處全冒出來了，爲了迎接探親人潮，也爲了讓台幣或港幣源源滾進脹裂口袋。

在這一波波人潮中，不用說，時不時的，我也聽到上述喘息聲。

那是光棍老兵房某，來自臺灣，躺在我的小小招待所的鋼絲床上。他輾轉反側，不斷喘息，心臟病發了。

對一條與醫藥攝生常識絕緣的生命，這正屆該發心臟病的年齡。老房七十五歲了。這一大把年紀，早已超過世界平均最高壽限了。不少老人業已被此病送進西天極樂世界，或帶到阿鼻地獄。他還能躺在我小小空間，和我暢敘北平女兒，一把眼淚，一把鼻涕的談起四十年濶別，這已算是上帝額外恩賜了。

他的哮喘，大約是兩千里外的女兒，未見面先送給他的見面禮。兩千里！再加上四十年！這個女兒不是妖魔，也變成妖魔，能賚賞他這種奇異的見面禮了。

這類妖魔，不只催發老房的心臟病，也誘發臺灣其他不少大陸籍老人的各式各樣病痛。

本來，老房也忒肥，活似一頭大象。啓德機場上接他時，他臃臃腫腫的走向我，步履蹣跚、艱困，眞有點像在爬東嶽泰山五千仞，第一眼倒唬我一跳。他胖臉浮腫，雙眼失神，四肢無力，舉步不穩……。

「眞糟！我這不是旅行社，是開醫院了。」我心裡直嘀咕。

晚飯後，大米飯加菜餚加湯水下肚，燃燒了足夠卡路里的熱能，他這才吐實話：他患了心臟病、糖尿病、肝硬化，全身水腫。

他躺在小小床上，不斷喘息，根根彈性鋼絲回應著他胸脯的顫動。

「羅先生！不管怎樣，咱要見她一面，到底是咱的親閨女呀！咱在臺灣打光棍一輩子，就這點骨血呀！她才五歲，咱就奔臺灣了。到後來她媽改嫁，不改嫁她吃什麼？天可憐見，嫁沒幾年，她就找閻老王啦！閨女還咱哥嫂領大的，……」

「老房！您回北平，真該跪在地上，給您哥嫂重重多叩幾個響頭！」我忍不住插嘴。

他淚灑雙頰。「咱哥嫂也走了！」這個「走」字可能還沾點「死亡」這齣悲劇以外的悲劇。

他哮喘得更急了。一椿椿往事是鋼針，緊扎他的心窩。我按他脈搏，看著腕錶，他心跳過速，幾乎接近九十跳。

怎辦？我是個小商人，僅靠接送、安排一個又一個返鄉旅客謀生。

當然！我也是一個「人」！

我不能不守著他、護著他。

我教他屈腿，不斷捏眼球，加上別的必要動作，好調整他的神經系統，舒緩心臟壓力。

我又不斷講些輕鬆故事，好導引他的思緒、感覺慢慢放鬆。

我忙了大半夜。

翌晨。我記得清清楚楚，這是一九八○年四月四日。他似乎感覺舒服些了。脈跳也大致快正常了，僅稍顯亢奮。看樣子，他的病症其實並未完全痊癒，卻一定要啓程。歸心似箭，一分鐘也不肯耽擱。

「羅先生！咱有個請求，請您陪咱上一趟北平，全部旅費由咱付，好不好？您若答應，您就是咱的大恩人啦！咱沒齒難忘。」

他怕半路發病，萬一陳屍中途……。

「不行！我頂多只能陪您上羅湖。自從開業以來，這還是我破天荒第一次送客人這麼遠。」

我不能不吐露眞情。我從大陸逃出來，快十年了。我永忘不了十年前那段漫長的黑暗遭遇。把但丁所寫煉獄加大加深十倍，也不一定能細針密縷眞相於萬一。一句話：那是人類從未夢想過的新歷史，新到超絕一切最魔鬼的想像。我憎惡那個社會，超過聖經上的一切惡魔。我早發過誓：紅色政權一天未瓦解，我絕不踏過羅湖橋。

大陸山川草木風景美極了，但由於紅色污染，在我視野裡，也不忍卒睹。

我勸他再休息兩天。

「不行！咱非走不可。越快越好！咱恨不得插翅立刻飛到她身邊。到底是咱血裡一塊肉啊！她是咱在這個世界的唯一血肉呀！爲了見她，哪怕只要能看她一眼，咱就是死在她面前，也甘心啊！死也暝目呀！天啊！咱的苦命乖乖閨女啊！……」

他痛哭了！我也哭了。

我沒法形容他此時胸膛內那座火山。已七十五歲了，內心還有這樣可怖的火山！硫磺熔岩滾滾流溢，猶如義大利爆發了的蘇維威。

可他也想不到，我胸中也埋了一座火山，性質卻和他那座正相反。

一路上，我加意照料，幾乎當個寶貝，捧著他，全程總算平平安安。

在羅湖橋畔，我倆抱著、哭著。

我怕他萬一……。我只有爲他默禱。

他自己也怕……。

咳！那個四十年加兩千里的女妖！

可我有啥理由不像他一樣疼惜那個女妖？

目送他踏上那座水泥橋——它對我是一座鬼門關，我的淚水仍不斷滴。

一週後，接到北平來的航空掛號親筆信。

他對我千恩萬謝。

我不是天主教徒，看完信，忍不住在胸前左畫、右畫、畫了好幾個大十字。

我默禱天主：他北平那些日子，千萬可別再哮喘。

附記：數年前，聽一個「迷你」旅行社小商人談這個探親小故事，我登時錄在筆記本上。現在似已「事過」，卻絕未「境遷」。乃整理成這篇小小報導。偶爾稍有筆墨渲染處，那是爲了藝術效果。

卷八 烽火之葉

釋題

此卷各篇散文，俱製於抗戰時期，題材多涉及這一偉大民族聖戰。其中「殲露」曾由重慶中央廣播電台向海內外華人播出，朗誦者是國立劇校一期學生郭季定。爾後若干年內，此文編入中學國文教科書。抗戰時，重慶中華職業學校亦選爲國文教材。「夢北平」則被當時四川自貢市中學選入國文教材。

第一輯

僧二

僧甲

年在四十開外，細瘦的身材，面目清癯，他遁跡空門已二十餘年了。我在這廟裡卜居近二月，見他每次與別人交談，很少超過三句話以上。他像一隻把頭埋伏在沙中的鴕鳥，怕見人跡，怕聽人聲。他走路時，像輕風行水上，低微得近於沒有聲音。他怕驚動別人，也怕別人驚動他。每當晨昏拜懺時，在雍容康莊的鼓聲中，他的虔誠的面孔如一幅莊嚴的宗教畫，使我深深感動。

他僻靜得如孤雲野鶴，若干其他僧人都說他古怪，因爲他們不能像他那樣有耐心的把歲月消磨在禪坐裡。我看見他禪坐時，不禁想起蟄居不動的蝸牛。每次日機來襲，我從未見他出走過。有一次我冒昧問他：對於中日戰爭有何感想，他瞠目不知所答，眸子裡閃爍著從未有過的迷惑，像一個樸質的農人，第一次跨入一座繁華都麗的城市。我忘記了：他是從來不閱報紙的。

二十餘年來，他的大部分歲月，均在那黝暗的禪堂流逝過去，這是一間不易見陽光的房子，泥地上不分春夏秋冬都是濕濕的。在晴朗的日子裡，上午室內有相當的光線供他默誦經卷，此外的時間，他皆盤膝箕坐禪床上，閉上眼睛，雙手合十，僵硬得如一株枯幹。禪床上，經常沒有他僧，他獨自浸沒於深沈的寂靜。

禪床前面的茶几上，香爐內燃了一支線香。線香一支又一支的殞滅了，這個寂然的僧人依舊枯坐禪床。

僧乙

這是一個年輕僧人。他告訴我：照陽曆算，只有廿二歲，他是不喜陰曆的。他的身材在中人以上，骨骼甚是闊大，但藍色袈裟在他身上從未顯出整潔過。他尤愛趿著僧鞋，在大殿上來回踱著悠閒的步子。當他唸經拜懺時，臉色是不嚴肅的，如果沒有周圍的幽揚的梵音伴奏，他的聲音或許會引起旁觀者一陣狂笑，那麼矯揉造作。他不常在禪床上靜坐，總愛到處亂逛、亂談，活躍得如一隻喜鵲。但他每天也看一點書。他的藏書有數十冊，其中包含佛教史，幾種大小乘經典，而大部分則是非佛教書籍，如克魯泡特金的「俄國文學史」、徐志摩的「愛眉小札」、魯迅雜文。

有一晚，他從外面回來，我適由他身邊經過，嗅到一股酒氣，但昏黑的夜色使我不能看到他的臉色。這廟裡住有一些被疏散下鄉的人。據一位女太太告訴我，某一深夜，她獨自在燈下看書，他站在她的窗前，嘻笑著道：「噢！這麼用功呵！」她未答。他又道：「這麼晚還不睡覺呵！」她狠狠盯他一眼，他才狼狽遁走。據他們說，某一清晨，有一個蓬鬆著頭髮的女人由他寢室裡偷偷溜出來。

廟裡和尚並不出去爲喪事人家放燄口，或做佛事，他終日甚是清閑，但並不感寂寞，臉上總堆著笑容如雲朵。而現在，當我執筆寫到這裡時，他的眼睛又從一本洋裝書面抬起來，凝視著一個年輕的服裝豔麗的遊山女客了，——這時他是坐在大雄寶殿的一株黑漆柱子旁邊的一條長凳上。

（一九三九年夏）

烽火篇

——擬屠格涅甫

羅　亨

七月夜風幽幽歌唱著夢的溫馨，院中紫葡萄藤在柔柔呢喃，滴滴綠葉的芳香無聲的墜下來，……。他側耳傾聽：遠處炮聲雷樣地響著，輕輕搖撼著籠罩古城的微涼天空，身前後伴著他的，是靜靜的琥珀色燈光。他記得，就在這間飽和著遠古氣息的小書齋裡，卅分鐘以前，曾捲起一場風波。他的三個得意弟子，氣咻咻地跑來，請他參加九一個熱血青年所組成的義勇軍，說是這個北方大城已被棄守，希望他能領導——但他毅然地搖搖頭。不錯，在文化界，他是公認爲主張抗戰最力的名教授，然而，他所嫻熟的武器是舌與筆，不是鎗桿，雖然前二者在此時此地已無能爲力。

經過一陣激烈的爭辯，三個年輕人紅著臉走了——穿過幽暗的葡萄架，懷了一腔說不出的幽憤。

（哼，小伙子總是缺少涵養的！）

他的雙眼對室內作一次卅秒鐘的巡禮：八個籐書架謙虛的侍立著，書卷的紙張氣息沁入鼻腔，他稍感到一點安慰，讓後腦勺舒適的落在柔軟的沙發背上。

遠地砲聲一陣陣緊起來，他腦子裡突然掠過一個問題，閃電似地：「我怎樣逃呢？」

貴族之家

當寂靜伴著黃昏輕輕掠來時，這座古老的宅第愈顯得古老了。後花園內白楊樹梢上掛著落日殘暉，一抹肺結核患者頰上的酡紅；幾隻麻雀從彩色琉璃瓦上竄下來，在大廳裡織有古埃及楔形文的棕色地毯上傲步著。

嵌有金獅子頭飾的一對剝落的朱門虛掩著。兩名白髮婦人坐在門內高背椅上，喃喃著，是「人下人」的打扮。

「現在的世界不是世界！」其中一個又矮又胖的說。

「比庚子年鬧毛子時還不順眼！」另一個瘦些的應和著。

「咳，想當年，老太爺在日，好不威風！……皇親麼！……哪個不奉承！」

「小主人的本事也不差。這兩年來，生意上很進了幾萬，……。就是脾氣有點怪。」

「要不，鬼子兵怎麼會找上門！——說是沒答應做什麼維持會。唉！」

兩人幽幽的嘆了口氣：「這個脾氣有點怪」的人被幾個矮子兵找去「談話」了，一直再沒有回來。沈沈的暮色爲她們披上一重深紫色的紗，兩顆白髮的頭無力地垂下來。

「聽說天津也完了，炸得怪慘的！」

「現在的世界不是世界！」

胡同的盡頭處梟起囂音，暮色是愈益深沈了。

前夜

深夜迷茫如海，洋溢著鐵的濤聲：列車不時奔馳過去，追逐著自己的長長影子。

岔道夫在他的白鐵屋外徘徊著：

「這是第卅二趟了，兵車！……怕不有幾萬大兵呢！……嘿嘿，好鬼子！有你吃的！」

說不出理由的，他縱聲大笑，刻劃著深紋的臉上，閃過一道紅光。吃了近卅年的「鐵路飯」了，（看這一大把灰白鬍子！）他從沒有這麼開心過。抬頭看看滿天星斗，心中暗自忖度：「紅橋事件，紅橋！……紅橋是個什麼瘟地方呢？」他曾經「逛」過上海，十五年前，但沒聽說過紅顏色的橋。

遠遠的，車站上逸出瀏亮的汽笛聲，他衝入白鐵小屋，匆匆提了盞紅燈，轉身向岔道處走去，邁著沈重的大步子，右脅下挾住紅綠旗。達到目的地，把紅燈置在地上，蹲下身子，向車站那一方瞭望過去：一列長長列車已向他這面飛過來，汽笛聲在嚷著「讓開」，於是吆喝一聲，扳轉岔道機，又站起來，揮動著綠旗。

「克隆！克隆！克隆克隆！……」一條鋼鐵蟒從他面前遊過去了，蟒身上擠滿草綠色動物。看見這條蟒滾到路那邊去了，他不禁又哈哈大笑起來。

父與子

落著牛毛雨，清晨暗淡如黃昏，天地儼若臨喪，滲透沈鬱的情緒。崇山峻嶺是無邊際的海浪，洶洶湧湧的起伏著，點綴其間的大森林乃成爲綠色島嶼。

在千巖萬壑間，他們趲趕行程，約一連人，經過大澤、草莽、荊榛、……，現在正踏入一座猛惡的赤松林。奔波過一整夜的腿已如撤去韁繩的馬，不可收拾的向前邁進，以一點鐘廿里的速度急行軍。

隊伍不啻是鋼鐵鎔鑄的，頑強而冷酷，飄散出慓悍的氣息。每一張鐵額上，鐫鏤著「戰鬥」，每一片鋼脣上，寫著「要生活」。二百多條鋒銳的視線，輻輳在浩瀚的前途上，在那兒，不久將匯合正在作殊死戰的友軍。——他們加快腳步。

「孫家窪快了吧，爸？……」靠隊伍盡端，一個青年人壓著嗓子問。

「還有卅來里！」他前面一個矮子答，年約四十左右。

濛濛雨不斷落，二百多件綠衣是濡濕了，背上的槍閃爍著銀白的水光，忽明忽滅地。幾顆赤松子從樹上落下來。

一支鐵的歌在他們的心裡飄浮著：

「我們都是神鎗手，……」

……

煙

每隔卅秒鐘，十六吋口徑的野砲總要咆哮一次，排洩著一串串的原始憤怒。從敵人陣地，騰翻起一片片青煙，氾濫著濃烈的硝石氣息。軒轅氏的後裔們笑了，輕鬆的——在電光形的深壕裡。

青色的煙柱不斷昇起，倉皇的，長長的，……

笑聲，……

煙，煙，……

新時代

蒼茫的揚子江環接溫柔的嘉陵江，在它們交叉的手臂上，泊著這微笑的山城，衰老的軀體循環著年輕的血液，跳動著年輕的心，……

肩負著雙重十字架的一日，山城到處飄起青白紅三色，一個地道的中國人，在這一日，嘴角上是該掛著微笑的，當雄偉的追擊敵人的炮聲由血紅的汨羅江傳來時——就是這條上了年紀的水流，二千年前，一個大詩人曾投入她的懷抱。

黑夜邁著神祕的步子踱來了，夢幻似地，各色燈火浮在夜之海。人們波浪般湧到街上，結成一條長長的火炬行列，手中所提的燈光聯成一條透明的蛇，在行列上面悠悠蜿蜒。

十幾萬顆赤紅的心，在暗紫色夜天下跳動著，十幾萬朵微笑的花，開放在人們嘴角上。

「慶祝我軍大捷！」

「中華民族萬歲！」

十幾萬條手臂突然高舉，平地上湧起一座莽蒼蒼的森林。

（一九三九年冬）

詛咒集

在疏散區

我走在疏散區，血液急速的流著，心急速的跳著。我能化身一支古琴，把所看見的琤琤琮琮的彈出來嗎？——這個時代所需要的只是一頁白紙，或者是血。

我走在疏散區，我的心靈手指撫摸著黑色音符，但人們告訴我：這樣好的山水風景，是不許流淚的。

我走在疏散區，看見光明與暗影。我看見暗影一圈圈擴大，但人們告訴我：這就是光明！

我走在疏散區，鉛灰似的暮色一片片的沈重，我的足步也一步步的沈重、沈重，……

花　園

上帝造人類時，最先就給他花園，但花園卻給上帝帶來無窮煩惱，無窮的美麗的罪惡。

一個幽玄的仲夏夜晚，當我經龍門浩上塗山時，路上，我看見一座豪華的花園：長長門楣上髹漆著美麗的英文字：Night Garden，裡面點綴著慣於呼吸花園空氣的紳士淑女們，一個個臉上都很樂觀。

在南山之陰，我也看見一座豪華的花園，門口也有著美麗的英文字：Pure Garden。當夜的黑色華翅如睡蓮花般悠悠展開後，紅色的綠色的大燈籠一盞盞張掛在樹林裡，幽幽濾出紅色的綠色的淺光。白色茶座子一張張隱在林葉深處，各自成一片天地，與外界完全絕緣。喁喁的人語聲有若月夜荷塘中的魚群唼喋，……

然而，我聽見從夜空裡震落下來的吼聲：

「這不是花園！這是墳墓！花園是在千千萬萬人正在流血的地方！」

我無言

一個清晨，我隨幾個友人登老君洞，手杖響在大殿白石階上，從殿後面，一陣牌聲像一隊隊兵，勇敢而兇猛的向我們衝來。我聽見友人的聲音：

「戰事現在還算平靜。黃昏時分，你再來吧，到處都是牌聲，比前方炮火還激烈。」

我低頭看空寂的白石階。我無言。

別墅笑聲

傍晚，我又一度在一座華麗的別墅旁漫步，我又一度聽見放縱的笑聲從玻窗內激瀉出來，夾著留聲機的旖旎而狂放的音樂。

這笑聲比晨曦雀噪還瑣碎，比霤散彈的爆發還突兀，比海水的氾濫還富有蔓延性，比大風琴最低音與小提琴最高音的合奏還協和，比狂風怒吼中的牧鈴聲還詭祕，比——

但是，我憎恨這笑聲！

對話

「鄉間的生活很習慣？」

「鄉間的生活太安靜，我覺得枯燥、沈寂。」

「你是喜愛勞動？」

「勞動太累，我倒願意參加都市人的輕鬆活動。」

「那麼，你就要遷進城內？」

「不，那要等到霧季以後，空襲威脅較小的時候。」

「你現在的計劃是——」

「對不起，我從來沒有想到這個。」

「不，我是說，你的事業或理想——」

「對不起，我也從來沒有想到這個。」

「那麼，你現在的日常生活——」

「這還用問！吃一點，喝一點，悶了出去走走，倦了回來睡一睡，……」

廟

遲遲的鐘鼓抑揚的繚繞著樑殿與佛像，慵困的梵唄聲抑揚的繚繞著樑殿與佛像，在遲遲的鐘鼓聲與慵困的梵唄聲中，一群著黑色袈裟者匍匐在空廟的大殿上，像一群黑色大蝴蝶。古廟的歲月在一次又一次的匍匐中逝去了，習慣於匍匐的著黑色袈裟者，並沒有看見古廟外面的天穹已被遠方烽火染紅，他們是深深的深深的沈浸在靜寂與虛空裡。靜寂與虛空，正像金色寶爐內散逸出來的藍色煙篆，一重重的，一重重的，纏裹著他們，一重重的，一重重的，像紫色的霧，霧，霧，……

繁華

「重慶市所有的繁華都搬到這個小鎮上來了。你看，重慶人看電影，還須渡江到此地來。」

友人的話並沒有說錯。這個小鎮的電影院，雖然是與這個戰時古國一樣的殘破與簡陋，但每一場總擠滿了從各地來的人。好萊塢音樂的艷麗羽翼不斷從院內飛出來，掠過樸素的田野，樸素的丘陵，樸素的公路，……

我親耳聽見一個從前方歸來的武士低低問我：

「這也是後方嗎？」

消　費

在報紙上，我看見有人把生命消費在血與火的鬥爭裡。

在山中一個廟裡，我看見有人把生命消費在求求籤、下下棋、看看天，……

凋殘的碉堡與碉堡裡的人……

凋殘的碉堡站在荒涼的丘陵間，堡頂早已頹圮，只殘賸下蒼白而衰敗的底層，四株斷壁像殘廢軍人的四支斷臂，悲壯而沈默的伸向藍色天空。堡的整個表情是莊嚴的，熱烈的，有著火燒後的古羅馬城的表情。它的存在意義，也正像古羅馬帝國所留下來的廢墟、神廟、荒墳與墓碑一樣，告訴人一個悲哀的歷史的故事。

現在——一個仲夏黃昏，我在碉堡左近逡巡，聽見一聲呻吟從碉堡內傳出來，聲音是幽幽的，像暗夜洞簫嗚咽。我踱到碉堡門口，在薄薄的暮色中，我發現一個枯瘦青年躺在一條破蓆子上，他旁邊有個老婦嚶嚶垂淚。

這是一個比深秋最後一片殘葉還要枯萎的人，他的容貌顯然比秋日最後一支枯老的蓮梗還要憔悴。人們可以肯定：他的一隻足已跨到世界外面，他的一隻眼睛已經看見地底下的道路，他的生命之燭光，只餘下最後的一閃了。如怨如訴的呻吟與輕輕的呼吸，是他僅有的生命的符號。

我想起鄰人近來的傳說：一個人從長江下流被驅逐到這裡的難民收容所，又被第三期肺病驅逐到這個碉堡裡，人們因此不願在碉堡裡避警報了。

我沒有說什麼，只看了他們幾眼，（那個老婦是他的母親？）有點感到壓迫的退轉身子。

三天後，一個月夜，我又在碉堡左近逡巡，耳邊不再飄起如怨如訴的呻吟聲，環繞我的只是淡淡的新月的光，以及林子裡捲來的松濤聲。

我輕輕走近碉堡門口：裡面只有一片空虛與灰暗，不再有生物存在。映著妖嬈的月光，我看見地下一堆銀鉛色灰燼：是紙錢。堡的四周，也有著一堆堆銀鉛色灰燼。一股含有原始森林的恐怖意味的枯焦氣息，直衝入我的鼻翼，……

我又想起昨天一個鄰人的傳說：一個黃昏，那個不幸的年輕病人，已走出這個世界。

詛咒以外

正像千千萬萬生長在城市以外的人一樣，他是啃田邊長大的。他的臉孔是高原黃土層的棕褐色，秋收後的田野的顏色。他所穿的制服，是泥土的鉛灰色。每日兩餐，食料裡也混雜著污濁的泥土。他的床舖是乾燥的泥土地。他的唯一老伴侶，卻是一枝很少沾惹泥土的三八步槍。

現在，他站在發著濃烈霉濕氣息的泥土上，在飛機庫旁邊的路上放哨，茂密的夜色凝成一片片黑色溶液，在無聲無形的灑向大地，夜的黑暗饕餮的呑食著一切。

老朋友似的，他熟稔這黑的天，黑的地，黑的夜，他毫無所懼，毫不焦慮，因爲，他相信——明天！

（一九四〇年七月廿二日日機轟炸中寫於塗山）

大宗師

巨靈

這黑毒毒的夜，無月無星無燈無火，黑暗已凝結一片。在夜空的黝暗穹窿裡，雷霆一陣陣「轟」然崩裂，相同一座座火山爆發。一條條白花花的蟒蛇，不時環匝著這恐怖的雷聲而狂舞，是閃電。暴雨從四面八方奔過來，化爲無數支箭鏃，瘋狂的射擊大地與海水。狂風運轉天馬行空的精力，怒龍般疾舞，飛馳著，獰惡的向大地與海水猛撲，狂噬。大海被暴風雨猛烈進攻，也憤怒的反搏，千千萬萬座排山倒海的浪濤，轉變爲千千萬萬匹才出柙的獅虎，在怒號，狂噬，奔騰著，馳騁著，似欲衝上天去。

毒夜，狂風暴雨，在惡浪怒濤裡，一隻孤舟在掙扎前進，如但丁煉獄永恆推巨石上山的鬼靈。船篷被急雨瘋撻得已然麻痺，船身被狂風惡浪猛噬得不斷蹦跳，每一秒鐘，整個船會被暴風雨捏碎，這一刻不能想像下一刻的存在，每一秒，死亡都在惡狠狠的張著野獸巨口，……

羅馬大將朱里厄斯·凱撒，這時正端坐船上，全身凝靜得如一尊石像。他的眼睛燃燒著兩道火炬，強烈的閃耀於黑暗，照射著坐在船板上的舟子。現在，他不再想到回羅馬後人民對他的喝采聲，以及暴風雨似地「萬歲」歡呼聲，代替的是耳邊愈響愈大的實際的暴風雨聲，波濤聲，……

舟子面色慘白，渾身抖顫，喃喃祈禱著，動作機械得像殭屍。他的兩手雖然還把著舵，但每一個動作全由一股外力鞭撻而成，他早已不是自己的主人。

陰黝黝的毒夜，黑茫茫的大海，電在閃，雷在鳴，強風在怒嘯，暴雨在奔馳，惡浪在騰躍，黑濤在澎湃，……

全世界似已動員所有力量，來毀滅這孤舟。

孤舟在掙扎，掙扎，掙扎著，……。終於，舟子被一片原始恐怖所緊抱，將被扼殺似地，嚎啕痛哭起來：

「啊，我的上帝！我的救主！……啊，你蒼天！你聖瑪利亞，你萬能的大神！啊！請救救你的子民！……啊！……救命！……救命啊！……」

這絕望的哭喊聲，搖舞於黑暗淒苦而哀厲，不斷被大雷雨與大風浪所吞沒，……

舟子的身體逐漸的愈益癱軟、癱軟、癱軟，……

當他癱軟得快要倒下，雙手即將離開舵把時，凱撒突然瘋獅子似地，在黑暗中喊出獰惡的吼聲，宛若要壓倒暴風雨與雷電，要擊碎全宇宙：

「我就是命運！我就是上帝！我就是救主！信仰我！把緊舵！往前進！向暴風雨與雷電宣布，向全世界全人類宣布：凱撒的名字非爲毀滅而設！站在凱撒身邊的人，世界上沒有什麼敢毀滅他，能毀滅他！」

冰層

無邊無際的冰層，無邊無際的慘白，……

風咆哮，雪怒舞，寒冰化爲無數千萬柄鋼刀，無情的猛刺著這一批饑寒交迫的潰軍。潰軍的首領，喬治華盛頓，失落了靴子，赤足疾走在隊伍前面，走在刻骨寒冷的冰層上，狼狽得像一隻遍體鱗傷、血污淋漓的野獸。他的衣服襤褸，還不如整日在污泥裡打滾的乞丐。他的頭髮，被北風撕扯得錐心痛楚，被雪水沖洗得冒出寒氣，不斷濕淋淋的，滴著冰冷的水點。這雪水浸透他的衣服，澆洗他的全身肌肉，他的臉孔比這可怖的雪夜還慘白，但眼睛卻始終是兩顆燧石，堅定的凝視前面。

與英國的鏖戰慘敗了，紐約、費拉德菲亞、查理士頓、……，相繼陷落，他們不得不往內地潰退。

隊伍是一長列死灰色的蛇，急速的在冰層上爬動。

冰層透露無比的凜冽、寒冷，赤足走在上面，如走在刀尖，痛楚得宛若有千枝利箭穿心射過。在痛苦的疲倦中，士兵們抖顫著，不斷有人被寒冷與饑餓殺死，冰涼而饑餓的身子，於是倒在冰層上，毫無抵抗，讓風雪繼續擊打。

然而，沒有一個人想到：爲什麼還要繼續前進？爲什麼還要繼續忍受寒冷、饑餓、疲倦、痛苦？

沒有一個人想到：爲什麼不向英國遠征軍投降，既然他們的軍艦與大炮是這樣厲害？

沒有一個人想到：爲什麼阿美利加一定要脫離倫敦威斯敏斯特議會與白金漢宮的統治？脫離後又能獲得些什麼？

大伙兒只知道：首領華盛頓是在赤足前進，於是跟著前進；華盛頓並沒有倒下，於是竭力掙扎著不倒下；華盛頓並未有發出一聲呻吟，於是努力遏制著，不發出一聲呻吟。

然而，現在，華盛頓究竟在想些什麼？

華盛頓現在並沒有想什麼。他現在不能想什麼。他的整個心與腦，已被數千萬美洲人民的痛苦呼籲聲撕碎了：

「寧做痛苦的主人！不做幸福的奴隸！」

七　月

聖安東郊外捲起一片血紅的火燄。

火燄狂舞著血紅胳膊，搖顫著血紅的舌頭，紅銅色的光霞撕裂了夜的黑暗。在光明與黑暗中，爆裂著狂烈的鎗炮聲、刀劍聲、喊叫聲、騷囂聲、足步聲，……

火燄瘋狂的燃燒著巴斯蒂監獄。

千千萬萬人在瘋狂的攻打巴斯蒂監獄。他們施用從軍械庫搶來的鎗炮、彈藥，以及自己的刀劍、鐵門、斧子、棍棒、鏟子，甚至磚頭、石塊，……

象徵著皇權、黑暗、痛苦與奴役的古老堡壘，現在已失去平日令人發抖的威嚴。在毒火煎熬中，在人民猛攻中，它第一次顫慄了，認識了人民的力量。

全巴黎都被人民吼聲震動了。羅浮宮中的路易十六與波邦皇族，第一次聽見人民有這樣雄大的吼聲。

爲了維持巴斯蒂的最末一次威嚴，爲了最末一次散佈黑暗與痛苦，守衛軍在頑強的抵抗。然而，在人民的瘋狂進攻中，這抵抗顯得可憐的微弱，比狂風中的枯草還微弱。——古堡壘本身已看見不可避免覆亡的命運！

火燄瘋狂的燃燒著。

鎗炮與刀劍聲瘋狂的怒號著、銳嘯著。

人民吼聲瘋狂的衝過火燄，衝過鎗炮刀劍聲，衝過夜的黑暗，攻佔了全巴黎，不，全世界！

「自由！」

「自由！」

「自由！」

「自由！」

「自由！」

「……！」

紅

伊里奇坐在古老的克里姆林宮裡。他皺著眉頭，批閱各方送來的公文與電信。爭先恐後撲入他眼簾的，是一串串比夜還黑比魔鬼還惡劣的消息：白色軍隊瘋狂的撲攻露西亞母親的黑土，呑噬露西亞人民，……。重要城市與據點相繼淪陷，革命軍隊像旋風驅捲的砂塵，敗北了，被敵人一步步猛逼。莫斯科與聖彼得堡，已經陷入危險的泥淖，退下來，而敵人緊接著退軍的步子進逼。白軍像洪水泛著瀰天白浪，淹沒每一座城市與鄉鎮，洗劫每一座田園與村莊。他們播散饑荒瘟疫，與屠殺，千萬人投入死亡。

機器鏽爛了。工廠夷爲破瓦堆。槍膛裡沒有子彈。人肚裡沒有麵包。槍與人都餓著。

戰爭帶來毀滅與災禍，全露西亞佈散痛苦呻吟，千千萬萬人睜著空洞的眼，在困苦中惶惑張望。農民抱著黑土哭泣，因爲土地枯裂了，不會生育了。他們在問：革命到底能把壓迫與掠奪掃蕩嗎？革命能使人得到生命和自由嗎？

伏爾加河滾滾流著血腥的水。

聖彼得堡教堂的鐘聲業已死滅。

尼古拉二世與羅曼諾夫皇族在地底下陰笑。

全世界堅信：紅色統治即將崩潰。他們以爲：白色領袖丹尼金即將做克里姆林宮的新主人。

……

這一晚，一個高級軍事參謀走進來，把戰事最壞的消息帶給他，要他切實考慮，是不是還能繼續支持下去，避免滅亡的命運？……

「閉上嘴！你不要再講了！」伊里奇憤怒的叫起來，兩眼射出紅湛湛的光燄。

「現在，你立刻答覆我，生命會不會滅亡？」

躊躇了一下，參謀長終於勇敢的答道：

「生命不會滅亡！」

「那麼，革命將戰鬥下去！」

薩卡里亞河畔

一千九百二十一年七月。深夜。薩卡里亞河靜靜流著。

人們都睡了。一切都睡了。但凱末爾卻在司令部辦公室來回走著。他不能睡。土耳其不許他睡。戰爭不許他睡。戰爭的大潰敗更不許他睡。他不能否認：戰爭現在已潰敗到不能再潰敗的地步了。土耳其民族正站在生死邊沿。那個曾出生過柏拉圖與亞里士多德的民族後裔，正被唐寧街牽著鼻子，跨過愛琴海，向穆罕默德的子孫進攻。城市一個又一個的陷落：阿非姆、卡拉喜沙、寇達希亞、尼士奇什爾，……。軍隊節節敗退，千千萬萬回教徒顫慄於敵人刀劍下，千千萬萬女人的淚水染濕黑色面紗，聖潔的可蘭經被敵人馬蹄踐踏著，……

國民軍的主要交通線，完全被截斷。大軍被迫撤退到薩卡里亞河畔，離革命首都安哥拉只有四十餘里。安哥拉，這到處高擎白色圓頂塔尖的清眞教堂的都市，這有著和平棕櫚樹搖舞的城市，是自由的土耳其人民手中的最後一個大堡壘了。失去了它，輝煌的土耳其歷史將響起悲慘的喪鐘，而從此，人民將淪入黑暗的奴隸深淵，今後只能午夜匍匐於伊斯蘭教堂的白石階前，用眼淚去回憶中世紀鄂圖曼大帝的雄偉事業，……

「啊，眞主，不能！不能！……」

一串痛苦的思想，鴿子似地盤旋在腦際。他似乎看見，被稱做「東亞病夫」的土耳其人民，一列列被繩子繫著，由他面前走過，像一列列就要上絞架的囚徒，面部籠罩著無言悲痛，一個個是饑餓、病弱、愚騃、憔悴、……

他又看見唐寧街、雅典與君士坦丁堡傀儡政府伸出陰謀的黑手、誘降的黑手。黑手從黑暗中伸過來，要把整個土耳其推入無底深淵。

「啊，絕不能降！絕不能！」像被豹子猛咬了一口，他突然失聲驚叫起來：「爲了土耳其的光輝的傳統！爲了土其耳億萬代子孫！」

他來回走著，走著，瘋狂的走著。旋即，一個思想電光般閃過腦際：「準備九月總攻！（註一）薩卡里亞河或者是土耳其的墳墓，或者是土耳其的搖床！」

……兩行感激的清淚從他眼角上流下來，透過這淚水，他從無邊的夜的黑暗裡看見土耳其的明天！

（一九四〇年夏）

【附註】

註一　一九二一年九月，凱末爾軍乘希臘軍攻勢漸疲之時，在薩卡里亞河突取銳不可當之攻勢，希臘軍大敗，退守厄士奇什爾原陣線。由此次大捷，國民軍乃得轉危爲安。而奠定土耳其民族戰爭之勝利基礎。

火燒的都門

啊，你火燒的城！

喲，你火燒的城！你用火燄與黑煙裝潢你的身子。你用創傷與血斑裝潢你的身子。我願意你如此。

喲，你火燒的城！你奴隸！你囚徒！你的命運該受煉獄毒火鍛鍊。現在，你英勇的屹立著，接受這鍛鍊了。我願意你如此。

我巡視你的子民：在火光中，到處裝飾著他們的偉大屍身！我願意如此。

我巡視你的子女：街，他們勇敢的躺在血泊中，像一條條赤鱗巨蟒。我願意如此。

城喲，你火燒的城喲！你應該有毀滅的大歡喜。你是阿拉伯沙漠中的Phoenix（不死鳳鳥）。你在火燄中化爲灰燼。又從灰燼中再生。

生命的剎那

像傳說中毒蜈蚣御風而至，炸彈聲由遠而近，「瞿瞿」響著，帶來一陣陣陰森森冷風。接著，洞前、洞後、洞頂，爆發出雷樣的隆然巨音，洞內登時充滿窒息性的煙燄與火藥味。

這是生命的刹那。我感到殘酷。這一刹那，人的生命飄忽如大海一葉蘆葦，……

一分鐘後，巨音停止，我的身子並沒有倒。我知道我還活著。

我憎恨這世界。如果千千萬萬人的生命、血淚，還不能建築一個新的國際秩序與道義，

我寧願人類整個毀滅！

人性的尊嚴

卅多架太陽機闖入市空：傲慢、兇狠、冷酷、旁若無人，……。突然，一陣旋風，三隻鐵鷹猛衝過去，翅膀閃著青天白日光輝，太陽機群立刻零亂，其中一架在煙火騰騰中頹然墜落，機翼上的猩紅太陽失色，……

啊，弟兄們！讚美那三隻鐵鷹吧，因爲，他們宣布了人性的尊嚴！

花袖章與巨人

當炸彈雨點般撲下時，一個人屹立天穹下面，他的崗位上，正視這殘酷而猙獰的現實。

「人呵！你爲什麼不走開？」一個聲音在他心裡響。

「因爲我已佩了花袖章！」（註一）另一個聲音在他心裡響。

像冷靜的石碑，他屹立著，屹立著，沒有眼淚，也沒有笑。

漸漸的，他的軀幹高了，高了，高了，……

終於，他變形爲一個山岳巨人！

我的眼睛濕了

高射炮聲與炸彈聲還未停止，在洞中，我聽見外面傳來悲壯而激昂的騷音，是消防隊集合聲。我的眼睛濕了。我的心抖顫了。

「信仰」像一尊大神，站在面前，對我吼著：

「中華民族絕不會亡！」

屍

一個人跪在岩邊，頭牴著充滿陽光的岩石，身軀拱起如小橋，他似在向無際祈禱，但他是屍！

一個人仰臥沙灘，滿身灰塵，腳下響著長江的幽咽聲，他似在看藍天，但他是屍！

一個人斜倚城牆，兩手撫摸膝蓋，長長的應屬於哲學家的黑髮垂下來，他似在閉目沈思一個哲學問題，但他是屍！

一個人匍匐地上，兩手直直的伸在前面，像兵在戰場上掙扎著前進，但他是屍！

一個人……

生前與死後

擔架隊抬著一個人，滿身黏貼淡綠色硫磺藥粉，點綴著凝滯的血跡。他的腦袋，變成半個猩紅的肉球，猩紅的腦漿腐爛，如裂開的陳年石榴，與包裹著它的猩紅的血無法分別；在肉球與石榴外面，膠著短短黑髮如豬鬃。他所枕著的帆布，已滲透紅血，散佈著一小簇爛肉與腦漿。他的眼睛，死魚般半睜，似在恨著什麼。他的嘴巴還籠絡一層黑色口罩。——他是警士。生前，他忠於職守。死後，他用可怕的屍身證實敵人的罪惡。

靈魂頌

想用炸彈毀滅一個國家的意志，呵，愚蠢！
想用火燄燒死一個民族的心靈，呵，愚蠢！
想用坦克衝碎一國文化的光榮，呵，愚蠢！
想用野蠻抹去一系歷史的存在，呵，愚蠢！
告訴你，愚蠢的！黃帝子孫決心用彈片與火燄裝飾他的靈魂，如果他確有一顆靈魂！

（一九四〇年夏重慶被日機大轟炸後）

【附 註】

註一 防護團團員佩花袖章於左臂，以資識別。

訴

——給友人

㈠

我憎惡的凝視這座罪惡之門，這黑色的門，這把世界分成兩個的門。門內，正有人執著屠宰的刀子，作著無聲無血的殘殺與摧毀，人類文化的光輝在他們的鋼刀下抖顫。

於是想起我自己。多可恥呵，我曾被溫軟的臂膀拖入門內。曾被嫵媚的微笑招入門內，雖然我的手指從未叩過門上黑色鐵環。

多可恥呵，我曾欺騙自己，盲目泅泳於門內的虛僞歡笑聲裡，欺詐的辭色裡，蜂蜜樣的喝采裡，如是消磨自己的生命。

我於是想起門。

我於是想起從友人處聽來的，另一個善良人所說的門的故事：

「……設若深夜，我坐在門內。門外敲門聲響了，一個曾經是好友而現在是叛賊的人在敲我的門。敲門聲是那樣緊急而震響，如狂風暴雨，一陣猛似一陣。然而，我冷靜坐著，絕不去開門。……最後，在門的最激烈的震撼中，我終於衝過去，打開門，把世界上最毒最狠的惡詈與唾罵向門外人摔去，接著，『砰』然一聲，我用盡平生力氣再關上門。……」

較之這故事後面所隱藏的堅強，我眞是卑怯而無恥了，我値得人們的寬恕麼？

然而，今夜，是這樣幽靜而美麗的夜啊！錦豹子似地，我終於衝出這罪惡之門！

㈡

門外是一條陡峻斜坡，我的路不是上升，就是墮落。

「你們在哪裡？我的朋友！」

「你們在哪裡？我的朋友！」

我的聲音是一柄空虛的劍，與夜相搏鬥，終於給黑暗吞沒。

沒有回應。沒有共鳴。

先前在門內聽見的美麗召喚聲，只是虛妄，現在，人與獸都不再理睬我。

我徘徊在石級上，不知道應該上升還是墮落。「唉，我的聲音何其微弱呢？」

我想起一個十二歲的孩子送給我的一幅畫，畫一隻貓，反面有抖顫的字跡：

「看呵，這隻貓多可憐，先生，請你做牠的主人吧。」

我又想起歌德的一首詩，描繪一座神像，說出下面的話：

「唉，可憐的孩兒啊，你心中有什麼難言的隱痛嗎？」

我又想起朋友，朋友與四週暗夜一樣，有時只是一種空虛。

「唉，我的朋友，你們在哪裡？」

「唉，我的朋友，你們在哪裡？」

㈢

我憎恨外形，因爲它隔絕了人與人，有的人因外形而拒絕別人走來。

我的外形使一些人對我虛僞，使一些人給我寒冷，沒有人願意看看：我的心是怎樣一種顏色。

今夜，我走在黑暗裡。我絕不畏孤獨，絕不畏友人之遠離。因爲，透過無邊黑暗，我看見千百萬人獻出自己的丈夫與兒子，千百萬人在流血，千百萬人在哭泣與歡笑，千百萬人衝過黑暗，往光亮裡走去，千百萬人……

而這——

這就是生命。

（一九四〇年冬清水溪）

寶劍篇

寶劍

懸在壁角的寶劍忽然鳴叫起來。於是，片刻思索後，主人開始詰問道：

「你有什麼不平？」

「……」劍匣中的聲音戛然停歇。

「我知道，你一定有不平。你的銳敏感覺，迫使你在人間發現許多不平，你要鳴的，太多太多了，現在，你向我作不平之鳴吧！」

「是不是你看出，這世界只是一座火山，溶岩在暗中傾軋、激盪、摩擦、燒灼終將爆炸而同歸於盡；大毒火即將來到人間，於是一切又回到原始榛莽境地，因而你感到悲哀？」

「……」

「是不是你憎恨尼采與武器，因爲，前者佈他的道：欽定唯強大者應該生存，弱小者死得越多，人類幸福越增加；而後者向世界宣布：『我是眞理，我是熱，我是光，要永生的，跟我來！』」

「……」

「是不是你厭惡人類的愚蠢，本是同根生，相煎何太急？」

「……」

「那麼，你一定是因東亞魔王的殘暴而憤怒了。這魔王的魔燄，正在東亞高躍，囂張，千千萬萬中國人燒死在魔燄下，遭遇空前大屠戮；魔王的魔蹄踐踏處，人獸草木蟲蛇粉碎於大毀滅中，因而你憤怒了？」

「……」

「要不然，你是詛咒吸血的螞蝗，它們散佈後方各處，寡廉鮮恥，吸吮人血，肥沃自己，因而你深深憎惡了？」

「……」

「吼，我終於猜到了，你是恨人心太壞，太黑！就當四萬萬五千萬人生死存亡的時候，就當五千年輝煌歷史興廢繼絕時，就當億萬代子子孫孫要判定作主人或馬牛時，竟還有人出賣祖國，出賣民族，出賣兄弟；竟還有人穿著朋友的裝束，做著敵人的工作，因而你忍無可忍，在這深夜發出不平之鳴了？」

「……」

「啊！我的聲音你竟不回答，我的思想你竟不共鳴。現在我再問你最末一句話罷：你究竟要怎樣？」

主人話才說完，劍匣中已衝出寶劍的雷吼：

「我要殺人！」

就是他！

哼！就是他！這麻臉孔鷹鼻子的東西！

就是他！這白眼睛黑心腸的東西！

就是他！這被戰爭餵得肥肥的東西！扮演迷羊樣悽慘的面孔，用抖顫的聲音告訴人：鬥爭使他失去一切，他的華貴邸第闖入了赤足草鞋的鄉下人，而從此，他的生活打入十八層阿鼻地獄，……

就是他！這塗抹著濃濃雪花精的東西！鼬鼠般隱藏於人叢，不斷偷偷發出牧師佈道的聲音，問群衆想不想大江黃河南北的故鄉，故鄉故園垂柳的安靜與和平？

就是他！這舞著紳士手杖的東西，走在大隊行列裡，埋怨夜是這樣黑，燈光這樣暗，路是這樣崎嶇難走，而終於一口咬定：前面的前面永遠是黑暗連接黑暗，像鎖鏈上的鏈環連著鏈環。

就是他！這無孔不入尋覓權力的東西！摸著大肚子，豬樣蹣跚於朋友們的家裡，悠閒的搶劫著金銀與箱籠。

就是他！這比敵人更是敵人的東西！卻比朋友更朋友的站在你身邊，用肥大而溫暖的手掌拍你，用軟軟的舌頭舐你，使你夢中也想不到：他就是那使你吃五十五塊一擔米的鬼！

就是他！這慾壑永遠塡不滿的東西！遍後方都有他的黑色魔手，他自信他的大胃口能吸盡地底膏腴，地面的血，……

就是他！這鼓弄黃鶯簧舌的東西！暗夜卻吐出蝮蛇紅舌，發出一會兒是貓一會兒是鼠的聲音，自稱是正派老基督徒，根據他過去經驗：下等人要登天國，必須先信仰上帝與命運，有人打你左頰，連右頰也送給他打，……

就是他！

啊！弟兄們！快背叛基督在山上寬恕娼妓的教義，向他——投石子！

夢北平

(一)

小鎮坐落在群山窔薁，地勢高亢，冬季西北風如大瀑布，不斷從扁魚形的山嘴子裡瀉進來，把鎮上氣壓激盪得特別低。夜來被窗外「呼呼」風聲驚醒，我渾身不自覺的打起寒顫，聽枕畔縈迴著蒼暗的「煞煞」聲，知道那灰色雨鞭又在打著黃桷樹與洋梧桐的肥大葉掌了。睜眼望房內毛茸茸的黝暗與白色窗紙的朦朧亮光，聽著那沈鬱的雨聲，我不禁想起北平：北平的大風沙夜公寓裡的溫暖爐火。入冬以後，那座荒涼的城雖少雨，但夜長風沙大，最容易令一個江南客聯想起雨聲的。

可是，北平……

我的心突然抽緊了。我們不難想像，經過殘酷的搓揉與壓榨，這個有靈魂的大城的面貌，現在是變得怎樣可怕的歪扭了，那冷冷的廢宮門口的冷冷白石獅子，夜半也許在偷垂冷冷的淚，……

㈡

唉，我怎樣說才好呢？

首先，必須在我們面前，鋪起一片金碧輝煌的琉璃瓦，一片懵騰騰如黃霧的風沙，一棵棵沒有盡頭的古槐，一群群靈活的、燕子似的自行車，……

㈢

我還記得，西單靠玄武門那頭的一爿舖子，舖面是陳舊而陰森的，門口永遠燒著一盆熊熊的紅火。客人來了，一腳蹬在四周板凳上，接過堂倌一盆鮮紅的肉片，放在猩紅色的火上慢慢烤，然後蘸著佐料，和著一大碗一大碗的白酒，送到肚裡。

這是蒙古式的吃法，令人想起塞外荒漠，古銅色大月亮照映著寂寞氈幕。

佔據這爿館子的客堂的，是一座座暗棕色酒缸，缸蓋上放一隻粗毛竹製的筷筒，便算是座子。一些有著陰暗的但並不絕望的臉孔的勞動者，就默默坐在旁邊，喝著堂倌現從酒缸內舀出來的白酒。

每經過這爿館子，我就想起左拉的叫做「酒窟」的那本小說。

但北平人是沒有巴黎人的瘋勁的。從這古城的氛圍裡，他們先天的濡染到一種斯文。這斯文，在公寓掌櫃吸長長旱煙管時可以見到，在洋車夫喝酸梅湯時可以見到，在店夥計提鳥籠逛北海時可以見到，在拾煤渣的孩子哼起「楊延輝坐宮院」時可以見到，在烤白薯的老人叫賣時可以見到，……

(四)

我還記得，第一次在北平街上散步時，那遠遠的坐落在北海的白色喇嘛塔，就像一個親密友人，站在我旁邊。如果走上塔的四周，被綠樹組織成的北平市，便如一片碧綠的大海，展在眼前，而那廢宮的杏黃琉璃瓦，則似金子樣在綠海上閃爍綺麗的花朵。

(五)

我還記得，初踏上御橋「金鰲玉蝀」的白石身子時，似乎還聽見古帝王脫去龍袍的聲音；一個璀璨如花的夢是凋落了，……

(六)

北平的夏季是燥熱的，在古槐所投下的圓圓綠蔭裡，常憩下兩三輛啞默的獨輪車。車夫喝過酸梅湯後，搖著蒲扇趕蒼蠅而假寐了，說不出理由的，在綠蔭中，我就默默守著，端詳那熟睡的樸質的臉，直到他打了一個噴嚏醒來。

(七)

聽，那搖金錢板的來了，他站在一家公寓門口，嚷嚷的唱著，「大老闆，福氣好，……」

(八)

一根槐蠶的游絲在長長的夏日中長長的拖著，長長的，長長的，……

(九)

讓我們在這個大城的街上散步吧！街很能表現出這座古城的斯文而寬大的風度。北平有著太豐富的寶藏，因爲它有著太多的斯文而寬大的街。

在一條又一條的街中，我的記憶裡，三座門大街分量最重。這是一條極潔淨而安靜的街，它令我想起一個不喜說話的朋友，來自古舊的華貴門第，而極愛清潔。雨後，這條街分外洗得白潔，那三座矞麗的牌坊，經雨水洗刷，透露出輝煌的冷艷。幾乎每落雨，我總喜歡在這條街上走，讓纖纖雨腳在荷葉傘上舞蹈，盪起輕悄的迴音。有時微雨，索性不帶傘，不戴帽子，讓頭髮在雨絲中浸濕，眼睛望著那粘滑的如塗上膏油的柏油路，那精緻的雅潔的街道，走著走著，心地彷彿也跟著精緻而雅淨起來。雨中景山分外顯得淒苦，山後的白皮松林，被雨水拍打，似呻吟著淡淡的憂傷，映襯著山前故宮的長長的朱紅宮牆、朱紅宮門、門上的金黃銅椿與華麗的金獅子頭，門口白色石獅子凝視著白色街道，……

(十)

不再彈憂鬱的曲子吧。

三十年來，這座古城是與每個進步事象同呼吸的。在古城的衰老的身上塗染過數不清的猩紅的鮮血與酸辛的眼淚，埋藏著無數善良的熱情語句與悲憤的吼聲。不要看輕它是如一株老樹樣衰頹而佝僂了，時候來了，正與過去許多次一樣，這株老樹變成一條年輕而憤怒的紅龍，週身滿塗紅血，它將引頭長嘯，發出令統治者發抖的咆哮！

我們期待這偉大的咆哮！

（一九四〇年十二月七日清水溪）

霧

霧來了，從不知名的很遠很遠的地方，姿態憂鬱得令人有點驚訝。它的顏色是山嵐似地淡藍，夢幻樣飄浮在山間、江上、樹林裡。它的四週似有一簇簇朦朧的茸茸的白羽毛在抖顫、延展，想以它的不透明的光亮來照耀什麼，但予人的感覺卻是陰沈的，燠悶的，令人想起那些因它的不經意的暗影而觸礁而沈淪的海船，以及那些在霧中繞著不必要的彎子的旅人。

看看窗外，今年霧季，似乎來得特別早。就在那明亮的溫煦的夏季日光裡，人已曾見霧的陰沈影子，它的神秘的纖細步子在山間水上走著，在旅人心裡踅著。於是，我的心被霧氣浸得滿滿的，不，我是被哀愁漬得滿滿了。這哀愁是幽玄的、微妙的，沒有原因與結果的，是一種與時代不相調和的愁緒。這是一個血的時代，我前面是一條被炮火所獨照的血路，然而，不知何時起，一種靜靜哀愁卻把我潤得滿滿的，我幾乎哀愁得不敢仰視這個時代了。我的頭深深垂下去，垂下去，看見天際線處，迷霧繼續不斷的昇起來，昇起來。

（氣象學解釋：霧是灰塵與冷氣的產物。）

「不要向我解釋吧！從你的眼裡，我已讀出狡詐，你是在向我背誦一本又老又古的書。你的聲音是響亮的，卻很空虛；你的語調是懇摯的，卻很獨裁；你的面部表情是世故的，卻不過在保全你自己。你把『解釋』看做職業，但若干年來，連你自己也不知道是在說些什麼。你自己比我更明白：你不過是在演一齣牽線木偶戲，你的機械動作的來源只是一根線，而你所有的言語不過是幕後的提示。你愛用『神聖』一類字眼，其實這只是一種傳聲，而在你卻是一種罪惡，不要忘記，在鏡子裡，從頭到尾，你不過是一段僵硬的木塊！」

（唉！唉！霧總是霧！）

我的面前於是站著一段英格蘭故事：一個迷失在倫敦霧中的盲人，被一個識路的盲女領回他的家。她離開不久，他聽見一陣汽車喇叭聲，慌亂的煞車聲，以及一聲絕望的驚喊與哀號，她是永遠走了。………

唉，唉，這個故事倒有點像亞細亞式的呢。………

（牆外的霧仍在浮動、延展………）

（一九四一年九月）

拉丁之凋落

公路，不知從何處來，也不知往何處去，像一條自天而降的瀑布，傾瀉在平靜的溫柔的山谷裡，投射出一條條蒼白色拋物線。這粗獷的線，神奇的投擲出去，直到遙遠的山之轉折處，林叢裡，才兀自隱遁。末夏下午三點的陽光，在公路上邁著慵困的蓮步，軟弱的衰頹的小步子，令人聯想起古羅馬帝國末日的凋殘的顏色，那種令旅行於歷史者悵惘的瀕於幻滅的力量，……

山中禮拜日的下午，除了添加一些比較陌生的足跡外，路上一切照舊平淡無奇，寂靜和平。山裡天地似乎要比城市寬大些、親切些。在這裡，人隨時可以躺在草地上看天，不用擔憂路人眼色。唯一使人偶然煩躁的，是天際線處那條神秘的繩索，忽隱忽現的，似在睜著斯芬克斯的眼睛，凝視路人，使後者起一種被捆縛的感覺。

公路上的靜寂破碎了，一陣聲音隱隱由遠方傳來：「沙，沙，沙，沙，沙，……」聲音自遠而近，由模糊而清晰，終於轉爲脆亮的「滴達達，滴達達，……」我知道這是馬蹄聲。在禮拜日午後，只要不落雨，這條平坦大道照例有一些「騎士」出現的。

於是我看見兩匹白馬跑來。

這些馬正如這一帶居民，面相與姿態不算是最英俊的。從踏入世界第一天起，它們的命運便被注定了：或是代替滑竿馱載旅客走山道，或是被一些有點英雄氣的人騎著，在公路上跑來跑去的。當騎士虎虎的跨上馬後，他們幾乎是用著比騎馬更大的力氣來揮舞柳條鞭子。然而，馬總是無精打采的跑著，懶洋洋的打著噴嚏，似乎並不是載著騎士，而是在拉一輛馬車。鞍上人於是失望了。然而仍氣咻咻的揮舞著柳條鞭子，遠遠的，衣衫襤褸的馬夫竭力跟蹤著，在喘氣，……

兩匹白馬終於跑近我身邊了。我閃在一旁，看見鞍上人。白色水手帽，白洋布襯衫，白色短褲。他們雖然沒有佩四方形的青色海軍領巾，但我認出他們是法國軍艦上的水兵。這是兩個白胖胖的年輕人，藍色眼睛裏，流露出拉丁系特有的明澈的智慧，然而，充溢著鮮麗血色的臉上，卻滿佈一種傲慢的不屑的神色，這種神色是在踏上殖民地後才扮出來的。現在，他們興頭頭的揮舞馬鞭子，悠閒的騎著馬，快快樂樂的笑著，一股濃烈的酒精氣息掠過明媚的空氣，……

漸漸的，這兩個悠閒而樂觀的背影從我眼裡消失了。我垂下頭。出現在我腦海的卻是一幅拉丁血畫。

沒有一個愛自由的人，能忘記這個曾帶來盧梭、伏爾泰與「大革命」的民族。估計那些輝煌名字與史蹟所給予人類的影響是困難的。兩年以前，我們曾經眼睜睜的看著這個民族走進戰爭，一年以後，又眼睜睜的看著它踏上歷史的「屈辱的車廂」（註一），而甘願褐色的卍旗遮蓋上「公理戰勝強權」的紀念石，……

一齣歷史大潰滅的悲劇是注定的。想想看，一個握著五百萬士兵命運的統帥，會在總崩潰前夕，靜心在自己花園裏種植玫瑰花（註二）。一個領導四千萬人的領袖，會站在窗前背著雙手說：「在病人未死以前，醫生總是說有希望的。」（註三）——而現在，這兩個「巨人」是與一座古堡的空虛四壁長年作伴了。

於是，那個凡爾登的勇士來了，那個鬚髮雪白的魁梧老人來了。（註四）因爲他曾經是勇士，而他的鬚髮現在雪白了，他遂有權作奴隸之王，領導千萬人匍匐在褐色旗幟下，……

「自由」於是又一度被投入牢獄，一切又回到一百六十年以前。

「願上帝保佑我們！」（註五）

在那綺麗如春天的「花都」，在那豪華的「上流社會」的大客廳裡，粗糙的德語如硬石塊，不斷向輝煌的四壁擲過去，柔美婉轉的拉丁語言是低暗了。代替那如痴如幻如夢如醉的夜舞，應是比墓園還死寂的漫漫長夜。溫柔的小夜曲沒有了，日耳曼刀劍與靴刺的奏鳴曲，驕傲的流瀉過每一個窗口。巴黎的上流婦人依舊在明鏡前塗抹著濃艷的脂粉，但那塗抹的雙手是顫慄著，一道憂鬱的陰影掠過光滑的鏡面，……

在日耳曼英雄的褐色華筵上，美麗的巴黎少女喝著人血與羊眼淚調製的甜酒，彈著古雅典豎琴，婉孌囀唱著流瀉蜜與奶的芳香的歌曲。華爾茲又來了，那曾使全維也納瘋狂的華爾茲又來了，你美麗如花的巴黎少女啊，快把柳腰投入日耳曼英雄的臂膀裡，舞吧！狂舞吧！用如雨的眼淚打濕英雄的衣襟，打濕他的臉，打濕他的貪婪嘴唇，……

叛逆終是有酬報的。聽：凡爾賽的鎗聲響了。（註六）

猶如黑夜期待黎明，我們期待那個沈淪在深淵裡的民族，有一天能像死去的落日，重新莊嚴華麗的昇起來。然而，馬蹄聲又響了，那兩個白衣水兵又回來了，興頭頭的揮舞著馬鞭子，悠閒的騎著馬，面孔是笑嘻嘻的，被拋在身後的酒精氣息比先前更強烈的浮起來，……

（一九四一年九月病中草）

【附註】

註一　法國議和使者在走向康邊森林裡那節歷史性的車廂，向德國無條件投降，第一次歐戰結束，德國議和使者曾向法國福煦元帥簽訂投降和約。

註二　指法國統帥甘末林。

註三　法國總理雷諾語。

註四　指貝當元帥。

註五　貝當廣播語。

註六　賴伐爾曾於凡爾賽遇刺。

第二輯

崩　頹（註一）

——素描尼采的最後畫像

心靈的掙扎，依附於一串串飄忽的刹那，在這些瞬間，他跌入曲折奧妙的感情迷宮，一股璀璨的眩暈擒住他，親切的，但是悽酸的眩暈！下意識的，他體會到這些掙扎徒然，它們且唆使他離開清朗的蘇魯支的哲理高峯，邁進另一座黝黑深谷，但他無能爲力，失去了往昔近於苦刑的克制。而今他多酷愛黑暗，它裡面氾濫著曄曄的芬芳，洋溢著天鵝絨似的溫柔，輻射著幽秘的紫色火燄，他竦惶的但不可抗拒的擁抱它，每枝血管幽咽著一泓甜靜，……。他素所敵視的教堂，（啊，傷風敗俗的下流品！）現在也稍稍貼近了他。每當中宵，夜的黑色殮衣掩覆了死去的大地，遠處悠悠滑來的玲瓏鐘聲，怎樣雨點般頻頻輕吻他的靈魂？——

他渾身愉快得震顫不止，從沒有過的恬適，永不再有的恬適呵！這一刻，他分外認清了黑暗，從中咀嚼出甘美的苦意，他赤裸裸的無掛礙的耽溺在裡面。

他怕見光明，它像刺蝟似的令他痛楚。

「光明於我何所有？——我的時候還沒有來到，未來的未來才是我的哪！」

感情的傷痕日益加深，猛烈的痛楚中，靈魂的極端饑渴非靜夜的芬芳所能飼飽。有時，爲了陶然升入黑暗核心，他連續三四個鐘點，沒頭沒腦裹在毯子裡，直到喉頭不堪嘔漲，才探出脖子。但這點微弱的快意塡不滿他空虛的心。他揮霍大部分時間在踽踽散步上，他夢想有一天，能化成蘇魯支的靈鷲，振翮離開這可詛的人間，多猥瑣多淺薄的人間！他試讀康德、讀叔本華、讀司湯達，但心情早變成一汪詭譎難測的幻海，無法平靜下來。唯一能慰藉他的是「育訶霍姆」（看這個人！）——他最後的也最瘋狂的一冊書。他藏它在大衣口袋內，踅入被嚴冬巨手摧毀殆盡的園中，呈在他面前的，是一幅枯零的景象。他陰影般踱到一株靛青的金針松下，取書朗誦，不斷憤怒的沈鬱的重複書尾的兩句：

「人們可懂嗎？狄阿立修斯反對被釘在十字架的基督！」

重複著，重複著，終於兩行清淚渡過蒼白面頰，無聲的墜到暗褐色泥土裡。

他從未這麼氣憤的憎惡過一切：這比北極還冷的社會，比金鋼鑽還頑固不化的「學者」們，比驢子還愚蠢的智識份子，……。他喃喃惡詈著基督、瓦格納、野蠻的德國文化界、歐洲的陰柔主義——然而，他感到空前綿延迤邐的寂寞。

「呵！我用錘子做著哲學工作，……但人們的眼睛呢？人們的嘴巴呢？……」

他陰慘的苦笑著。他遇不到人們含有崇敬與感激的瞥視，他聽不見人們俯首折服的聲音。

夙有的目疾隨心境的過度惡劣重新茁芽，眼瞼爆裂出一球球刺痛，眼泡臃腫，他迫不得已，用黑手巾包紮眼睛，幽幽來回在屋裡間踱。慈柔的母親與體貼他的妹妹都留在威瑪，他不願意寫信去騷擾她們的平靜生活，讓老僕亨利伺候他所需要的一切。忒林鎮的冬季，說不出的冗長、沈悶，雖是靠近鄉間，他也一天比一天急迫的感到窒息不安。他孤寂的躺在睡椅裡，諦聽窗外神祕的霏霏雪聲，聲音微弱縹緲，超過耳膜的感受性，他卻自信無誤的辨識出來。他幻想外面景致是怎樣富有個性：一朵朵刺梅子似地雪花蹁躚起舞，天空比丹麥王子哈姆雷特的面孔還陰鬱。長青棘、金雀花、車前菊、櫻草、番紅花，……各式觀賞植物均靜靜躺在白雪下。

聆著窗外北風傷獸似地咆哮，他的心房陡然緊張，如一條捩滿的琴弦：粗獷的彈奏奇異神幻不知名的曲子，黑色的曲子！從鏗鏘音響中，偶然飄忽的閃過一道靈性的回憶：展覽出他往昔通達瀟灑翛然矯然的姿態。這只是一瞬的靈異。隨後，一切仍淪於曖昧恍惚的淵底。

長時期離群索居，養成他一種易怒難犯的癖性。數十年不斷揮斧，鑄成金字塔似的事業，反響微眇更令他憤怒。有意無意的他領悟他的感情已變成快爆發的山洪，一股縈迴激蕩的波聲隱約可聞。他挪不脫驕傲的本能，身外繚繞的寂寞深深刺傷了他的驕傲。多年來，支持他的只是「是」或「否」，一旦發覺自己的依賴物只是虛偽與空茫，他感情的軌轍遭了怎樣的摧毀與撕滅？人們以「是」報他「否」，以「否」報他「是」，多難堪的侮辱！他堅決否認他是娛悅群衆的小丑，雖然歷史上的巨人往往被目爲小丑。

一個沒有落雪的日子，天空呈現一片皎潔與蔚藍，他自覺目疾痊癒了些，便解開黑手巾，跨出門檻。醉醺醺的陽光鋪砌著大地，原野溶化著連日積雪，道上泥濘狼藉，參差的林木，莽蒼的林野，紆徐的溪流，簇擁的村落人家，……深度近視雖阻礙他的眺望，但仍禁不住一陣天眞的喜悅。他愛陽光、愛生命、愛歡樂、愛大地的一切產物，……然而，它們是怎樣回報他的痴愛？他沿一條夾生樺樹的石子道走著，不斷翹首瞰視天空。

「呵！可愛的明朗日子！」他囈語著。

剛說完這句話，受陽光激烈刺戟的病眼突感一陣錐心刺痛，眼淚嗖嗖落下來，打濕了乾枯的兩腮，他差點沒栽倒。勉強撐持著踱回家中，神經不斷震撼、顫簸，如一隻惡浪濤天中的海船。他機械的用黑手巾包紮住眼睛，無主的跌到睡椅裡。耳朵「嗡嗡」鳴響，金屬聲音不斷從胸膛發出，一朵朵紅色火花閃過腦際。他煩躁的撕開黑手巾，掙扎著從睡椅中站起來，跌跌踣踣的來回躑躅，眼淚不斷流。一種超於肉體的痛苦突然襲擊他，不等他作理性的分析，一向受損害與侮辱的傲慢本能神妙的抬起頭，說不清是什麼時候開始，倏的傾覆了他。他低低喘息，蠻橫的握緊拳頭，捧首獰笑，緊鎖起眉頭，怒撕自己的頭髮，失去理智似地狂笑。是電光？燐火？乾雷？是暴雨？刀戟？旌旗？是崇山峻嶺？汪洋大海？……無數幻象同時掠過腦際，互相擁抱、排斥、傾軋、揉合，使他整個遺忘自己。

老僕亨利從門口露出灰白頭髮，一副焦思苦慮的臉孔。

「去！……去！……」

尼采暴跳如雷的吼著。灰白頭髮馴順的消失了。

他不顧眼痛，提筆寫了許多瘋狂的信，零亂倉皇的字跡與交織血淚的言語在在象徵這顆快崩裂的心魂。

發了信，他稍稍平靜點，疲倦的倒向睡椅，跨入另一個黑色國度。亨利悄悄滑進來，替主人蓋了兩床毯子，皺紋縱橫的臉上，刻滿憂鬱，眼角懸垂一粒乾枯的老淚。

發信後這一天，他全部時間在瘋狂與休憩中靜靜溜過去。連續五六小時，他來回踱。從抽屜中，他找出幾張基督與瓦格納的相片，撕成粉碎，扔了滿地。他不斷冷笑，用拳頭搥擊掛在牆上的自己肖像，又熱熱烈烈的親吻它。他重濁的唉聲嘆氣。他勒令亨利用黑布蒙上所有窗子，爲了他厭棄光明。

「我要一口口啜飲黑暗！……」他喃喃。

當屋中陰暗得近於墳墓時，不久他又無端煩躁、愁悶。

「唉！唉！尼采！……尼采！你……」他繼續喃喃。

慘不忍似地，他又堵上耳朵，接著喚亨利進來。

「爲我打開所有窗子！我要光明！唉！光明！你這自私的妖精，我是怎樣恨你！」

「先生！天這麼冷，您身體又不舒服，打開窗子，不嫌涼嗎？」

「什麼？」他垂頭沈思，又陡然喝道：「……什麼？……打開！……我要光！……」

他走到亨利面前，連連搖這老人雙肩，大聲道：

「聽見嗎？——我要光。」

亨利苦著臉，遵循主人的意旨。陽光不久又溢進來，地上披了一條金紗。是煦和的日子，沒有寒風，亨利的心輕鬆了點，盤算第二天怎樣給威瑪的老太太捎封信。

次日，一切都沾上陰霾的影子，大地和蒼天沒有半絲笑容。北風嚎啕，童禿的枝椏發出一陣陣乾笑。老鴉狂唱喪歌，尖峭的寒冷到處流著。上午九點，一部雙輪馬車停在門口，車廂中躍下一個中年人。他是個上等人，碩長健實的，鬍髭修剃得乾乾淨淨，眼睛稍稍憂鬱。他沒有通報亨利。直闖入客廳。他聽見一片雜沓蕪亂的鋼琴聲。越過門限，他一眼瞥見那位「超人」搖搖欲墜，坐在椅子上，兩只胳膊毆打仇敵似地，猛擊鋼琴，室內充滿了磅礡的琴音。

尼采的臉幽暗如陰雲，黑髮直是一叢叢野莽草，兩隻眼睛比地獄深淵還可怕，獰惡的瞅著來客，瀑布般的琴音霍然消滅了。

來客走到鋼琴面前，溫和的問道：

「怎麼啦！尼采！你不舒服嗎？」

尼采噤默，畏葸的退後一步，怔視了一分鐘，才猛然趨前，狂熱的擁住來客：

「哦！你是奧芬巴赫！……奧芬巴赫！快救我！我給釘死在十字架上了。……哦！哦……

……」

「別胡說！別亂瘋，好好鎮定下來！你昨天給我那封瘋狂的信，是怎麼回事？——你覺得那兒不舒服嗎？」

主人的回答給亨利的足音打斷了。

「奧芬巴赫先生！您來得正好。您得救救我主人！他這兩天陡變了。這一晌，我就瞄著他有點不對，我沒敢聲張。昨天早上，不知道怎麼一回事，上帝知道，咳！我瞧他獨個兒瘋瘋癲癲的，勸也沒用。我正想捎封信給老太太哪，您可來得正好！您得救救我主人！……唉！唉！願上帝佑他！」

尼采倏的鬆開環繞奧芬巴赫的兩臂，猛鷙的對亨利道：

「什麼！上帝？上帝早死了！早笑死了！你記得蘇魯支的話嗎？——我要教你們超人！只有超人！超人！……」一陣眼淚絡繹不絕的流出來：「寂寞呀！蒼天的寂寞呀！……」

「憩憩吧！你該靜靜躺下才成！瞧你的眼睛全腫了！」

奧芬巴赫黯然說著，咬咬嘴唇，招呼亨利和他一同出來。到了亨利小披屋裡，他取筆寫了一張便條，疊好了，交給亨利，又搖搖頭，絕望的道：

「沒辦法！你主人精神全錯亂了，也可說是瘋了！你快備輛車子，把這條子送到波恩大學，叫那兩位先生快來，我們得商量把他送進瘋人院！——這是沒辦法的事！」

「瘋人院！……」亨利眼淚流出來，但他終於悲哀的喃喃著，邁出大門。

奧芬巴赫失神落魂，倒在椅子裡，不再動彈。不久，他聽見一陣淒楚的朗誦聲，從裡面傳出來！

「我可苦呵！時間到何處去了？我不是墮入了深淵裡麼？世界睡了！——呵呀！呵呀！犬正吠，月亮正明！我寧肯溘然長逝，逝去，不想向你們說我的午夜的心正想著什麼。……」

「讓我去吧！讓我去吧！我於你太純潔了。請不要觸我！我的世界方才不是完成了嗎？對於你的手，我的皮膚太潔淨了！讓我去吧！你這愚闇陰沉的白日！午夜不是比較明朗麼？……」

「一切重新再生，……」

「……」

（一九二七年八月二十五日南京）

註一　此爲我早年第一篇作品，過去曾收入「無名氏全書」。副題所謂『最後畫像』，是指尼采入瘋人院前，喪失清明神智時的最後畫像，非其生命的最後畫像。

絕望的呼籲

——給法蘭西國民（註一）

啊，你有著明亮智慧的法蘭西國民！你偉大的拉丁血液！你聖貞德與拿破崙的子孫！今天，你何其凋零！何其悲涼！在你的身上，我看不見聖貞德的比火燄還熱的熱情，我看不見顛覆波邦王朝的偉力，我看不見毀滅巴斯蒂牢獄的毒火，我看不見拿破崙越阿爾卑斯山時的雄姿，我看不見自囚於實驗室中的巴斯德的冷靜，我看不見……

我看見了：巴黎商人在用防空木架的圖案畫裝飾玻璃店櫥，（註二）巴黎婦人在用飛機坦克裝飾她們秀麗的臉蛋，（註三）巴黎的歌舞聲掩蓋了敵人炮火聲，巴黎上流人把自己沈浸在遺忘的酒精裡。

我看見了：馬其諾五十萬戰士在解甲投降，佩著勳章與金星的將軍在卑屈的向日耳曼下士舉起雙手，千千萬萬的法蘭西之子放下鎗桿，千千萬萬的法蘭西之子攜著牛羊流亡，波爾多的代言人徒然作著無益的怨憤與悲傷。

巴黎聖母院的鐘聲依舊宏壯。羅浮宮的巴鏤式的淫艷建築依舊輝煌。賽納河的流水該還是明亮。故皇宮前的埃佛爾鐵塔該還是堅強。但是，痛哭吧，你有良心的法蘭西人啊！那巍峨莊嚴的凱旋門下，已響起日耳曼的鐵蹄，條頓號角的金音瀰漫巴黎。我站在東方廢墟裡，看見巴黎人的頭深深垂下了，淚水一滴滴濕了衣襟，濕了大地，……

二十二年前的歷史悲劇，又一度在康邊森林上演（註四），依舊是那冷靜的車廂，依舊是那蓊黯的森林，但昔日南面王，今成階下囚，燦麗的卍字旗在叱咤，在狂笑，三色旗是黯然無光，低首嗚咽。

洪特辛格爾軍呵，爲了你面前的法國戰勝紀念碑，爲了你面前的福煦大將紀念碑，爲了地底下福煦（那固執、瘋狂、而又有點可愛的老頭子！）的血淚，你忍心卑屈的踏上康邊車廂？

痛哭吧！痛哭吧！你視自由如生命的法蘭西人！你近代民主的保母！你平等思想的泉源！這是你應該痛哭的時候了！痛哭吧！痛哭吧！

在震天撼地的哭聲中，在晚潮般氾濫的淚水之海中，千千萬萬的法蘭西鬼靈在怒吼，在詰問：

十八世紀法蘭西大革命的光焰哪裡去了？十九世紀法蘭西浪漫文學的奇葩異朵哪裡去了？「悲慘世界」裡詹恩華尙的犧牲哪裡去了？「最後一課」裡老教師的授課聲哪裡去了？德理孚斯事件中（註五）左拉的「我控告」（J'accuse）的聲音哪裡去了？老虎總理的咆哮聲哪裡

去了？福煦大將的攻擊精神哪裡去了？

聽呀！二十年前死守凡爾登的勇士的聲音又響了"On ne pas passeron!"（他們（指德軍）不能過去！」（註六）學學二十年前凡爾登的勇士吧！你不朽的法蘭西魂！用胸膛抵住敵人刺刀！用血肉抵住敵人鎗管！用身軀塡滿道路！一千次一萬次，塡滿道路、塡滿道路，但是"On ne pas passeron!"

曾幾何時，大革命的烽火燃燒後，全歐洲的反動派都出來撲滅這大火，來圍攻你們。然而，馬賽曲的雄麗歌聲飄入藍天，全法蘭西人衝出家園，舉起刀斧，奮身一吼，擊退敵人。現在，當馬賽曲的雄麗歌聲飄入藍天時，你們是空自飲泣？還是再爲祖國奮身一吼，衝上前去？

你法蘭西子民啊！你答應我，答應我，說：衝上前去！

衝上前去！衝上前去！快！快！拿起刀鎗，拿起斧頭，拿起棍棒、鏟子、短劍、鐵鎚、石子，拿起一切能殺人的，衝上去！衝上去！爲了美麗的賽納，爲了輝煌的巴黎，爲了喀爾文的教義，爲了法蘭西傳統的人格，爲了法蘭西文化的光榮，爲了法蘭西的永生！

身外的一切武器用盡了，你們有的是身內武器。你們有的是鐵拳、馬靴、輕蔑的唾沫、銳利的牙！最後，你們還有憤怒的眼！眼！眼啊！你善良的法蘭西公民！睜大你們憤怒的眼吧！用憤怒的眼對敵人作沈痛的宣誓：聖貞德的子孫絕不屈服！

啊！你英勇的法蘭西人！你崇尚正義的法蘭西國民！憑著在天上的萬能之父（註七），憑著在地上的善良人類，我最末一次請求你們：起來！起來！衝上前去！衝上前去！讓法蘭西紅色土壤鋪滿紅色屍身，鋪滿四千萬拿破崙子孫的屍身！但是，"On ne pas passeron"!（他們不能過去！）

神啊！你萬能的大神啊！不自由！毋寧死！

（一九四〇夏法國投降時作）

【附註】

註一 一九四〇年六月，法國向納粹德國投降，我憤而寫此文，刊當時重慶時事新報副刊。

註二 巴黎商店爲防空襲時震壞，在屋之外層搭木架保護。商人爲美觀起見，則將此木架製成圖案畫形，以作廣告，招徠顧客。

註三 巴黎婦人之時裝中，風行飛機帽、坦克車帽、大砲帽、降落傘帽，帽形一如飛機、坦克、大砲、降落傘。

註四 見「拉丁之凋落」註一。

註五 德理孚斯爲猶太人，充法軍砲隊長，遭遇冤獄，被控爲通德罪，一八九四年軍事審判庭秘密判他終身監禁，牽動全法國，成爲軍事的、政治的、道德的、宗教的問題。左拉領導文人學士爲之辯護，發表歷史上著名的十一條控告，開首均以「我控告」（J. accuse）始。一九〇六年，德理孚斯卒被宣佈無罪。

註六　第一次歐戰時，法國勇士死守凡爾登，以胸膛作肉屏風，擋住德軍之刺刀，高呼「他們（指德軍）不能過去！」凡爾登卒不失。

註七　此處「萬能之父」，非指基督教中之上帝，乃泛指冥冥中一命運主宰，或宇宙自然法則而言。

薤露

——「八一三」三週年謹獻給全體死難將士之英靈

……你們，中華大地的兒子，爭祖國自由的戰士。你們，最最忠勇的，最最善良的，最最親愛的，請靜靜的，靜靜的，靜靜的，安息在地下。地下是刻骨的寒冷，千種的凄清，沒有路，沒有光，沒有城市與山林，沒有野蠻與文明，長年陪伴你們的，緊緊擁抱你們的，只有黑暗的泥土。

在那繁華而斑爛的春天，當冰凍的透明的溪流輕輕展舒玻璃樣的身子時，當溫馨的三月風隨著黑色燕子翩翩飛來時，花木與野草受著你們肉體的營養，將又一度睜開青色大眼睛，綠色大眼睛，彩虹般誘惑著撫摸著億萬顆青春的心。（你們，犧牲的化身呵，生前，用軀體餵養祖國的黎明，死後，用軀體餵飼大地的青綠。）在那熱情而蘊燠的夏季，在黑茫茫的地下，你們的肉體將加速腐爛，被蛆蟲與蚯蚓啃蝕著，頭髮、血、肉、爪牙，漸漸的，一絲絲化成泥土與塵埃，構成大地的一部分，沒沒無聞，讓人與獸踐踏。（你們，犧牲的化身呵，生前，用軀體搭黑暗到光明間的橋樑，死後，化爲塵埃與泥土，構成人類的道路。）

在那金黃的秋天，紅熟的果實無聲的墜在地上，美麗的葉子無聲的墜在地上，隨著風雨與時間，腐爛的果實和凋殘的落葉，將深深溶入泥土，你們就變成他們的安眠的床，撫慰著這些曾有一度豪華青春的植物。（你們，犧牲的化身呵，生前，用軀體的勇敢撫慰過多少顆懦弱的心，死後，用軀體的凋朽來撫慰姿顏憔悴而終將凋朽的植物。）在那嚴厲的黯淡的冬天，風雪與寒冷統治一切，蟲豸們全無助的避居地下，你們的軀體就成爲牠們的糧食的一部分。（你們，犧牲的化身呵，生前，不恤軀體倒下而使另外千千萬萬軀體不倒下，死後，不恤軀體的滅亡而保全另外千千萬萬生命於滅亡。）

堅貞的中華之子，犧牲的象徵呵！你們是以犧牲爲歡樂的泉源，所予的何其多，所取的何其少？當你們還未走到地下，而奔馳於大地時，你們就戴著犧牲的冠冕，穿著犧牲的衣服，從迤邐數千里的長白山起，到旖旎的海南島止，無休止的流著血。爲了祖國的青春，民族的青春，你們拋棄了自己的青春。世界是恁般美好，月光是恁般嬋娟，海水是恁般綺麗，玫瑰是恁般芳香，你們都是年輕的，豈不知在綠幽幽的籬牆下，有軟綿綿的溫柔手臂在期待剛強的一握？然而，你們拒絕了，爲了祖國！

在洗金黃菜花時的母親蒼蒼白髮是恁般慈藹，靜夜獨酌時的父親的酡紅鼻子是恁般溫存，冬日紅泥小爐的火舌舐在粉壁上時是恁般天眞，爐上茶吊子的鼾聲是恁般紅熱，你們都是善良的，豈不知有一顆父性或母性的心在旁邊「卜卜」跳著，希冀用它的急速跳聲來止住年輕人的腳跟，然而，你們沒有一滴淚水，冷淡的舉起足步，爲了祖國！搖籃曲的歌聲是恁般甜香，嬰兒的笑聲是恁般明亮，代乳粉的罐子是恁般安靜，小泥人的臉孔是恁般多情，你們都是純樸的，豈不知有許多無辜的小眼睛在祈求父性的慈愛的回顧，然而，你們不回一回頭，卻昂然望著遠方，爲了祖國！

是的，爲了祖國，你們望著遠方，遠方的戰爭。戰爭的聲音在叫喚，戰爭的大手在招呼，你們服從的去了，不管太陽是毒熱得像冶鐵爐，北風兇狂得像老虎，嚴霜鋒銳得像巉巖，道路崎嶇得像山巒，大雪冷酷得像北冰洋，……。

你們是去了，去到祖國的海濱、江岸、河上、山間、城市、平原，……，用武器來斬斷敵人的侵略的手，用血液與肉體來撲滅貪饜的毒火與狂燄，讓祖國盡可能的，盡可能的，盡可能的，留下一寸乾淨土。在戰壕裡，在行軍時，你們常常是飢餓、疲倦、病倒，沒有一絲溫柔的聲音來問一問冷熱，沒有一隻友情的手來撫摸創痕，雖然野花是開得那樣燦爛，天空是那樣明藍。然而，你們的眼睛從未看到那些苦難，它的唯一對象是——前面，敵人盤據地。就當重炮彈一朵朵在身邊盛開黑色的紅色的罪惡之花時，你們所看的仍是——前面，而不是身邊。

死亡如一柄銳利的鋼刀，一次又一次，穿過原野、村莊、河流，被一隻無情的巨掌投來，你們從來未想到閃避，卻一次又一次，坦然把胸膛迎上、迎上，因爲，你們是中國人。是的，中國人。中國人走在村莊的田塍上，中國人走在都市的大街上，中國人走在豪華的舞場裡，中國人走在棕色的咖啡廳裡，中國人走在瘋狂的交易所裡，中國人走在紅色的屠宰場裡，但是，他們並不是眞正中國人。他們慣會用你們的血與淚來裝飾筆尖、充實口袋、鞏固基石，但他們並不是眞正中國人。有權利自稱眞正中國人的，只有你們。在飢寒交迫中，在冰天雪地中，與敵人肉搏的，只有你們。只有你們，有權利從松花江走到揚子江，從渤海走到南海，從喜馬拉雅山走到長白山，從戈壁沙漠走到江南丘陵地，而身軀可以挺直，無須一毫一厘的屈曲，視線可以放平，無須一毫一厘的低垂，臉色可以寬舒、坦然，無須流一滴羞恥的淚，道一聲慚愧。

爲了當前祖國的苦難，你們做了祖國父親的好兒子，大地母親的好兒子。你們當中，大多來自飄著青色炊煙的村莊，來自鋪滿陽光的金黃色麥田，來自榆柳蔭覆的小溪旁，來自洋溢著稻香與米香的碾坊，……，卻幾乎終年缺乏富有鐵質的食物，患著劇烈的貧血症。然而，有著貧血臉色的你們，竟毫不吝惜殘膌的貧弱的血，卻慷慨的獻給戰爭。戰爭需要戰士的血！失去大量的血，你們如一株株樹似地倒下了，絕望的躺在戰場上，躺在無月無星的黑夜，躺在繚繞著淒苦的呻吟聲的病床上，直至肺葉萎然無力，彈振出最後一次呼吸，輕輕的，輕輕的，像凋殘的五月薔薇，彈落下最後一片開謝的花瓣。陪伴你們入土的是無情的子彈，無情破片，潰爛的創傷，一套雲灰色的或草綠色的污垢的戰士服裝，或許再加上幾絲苦雨、一片淒風、半個陰天，……。沒有蕭邦喪曲，沒有長蛇般的殯葬行列，沒有煙塵般騰起的哭聲，沒有噙著露水的鮮花，沒有嗚咽的鎖吶或喇叭，沒有黃色紙錢，沒有銀灰色或淡金色的錫箔，沒有黑色的禮服，沒有白帽或麻衣。你們來到人間，是一條寂寞的清白的身子，離去時也應該是一條寂寞的清白的身子；如果你們過去曾有一絲污點或陰翳，當你們勇敢的張臂擁抱死亡時，這污點與陰翳已被四萬萬五千萬人的手指拭去了。你們的靈魂是潔淨而明朗的。

沈霧與霖雨才罷的夏日午後，金色的陽光瀑布般傾瀉到大地上，白色的雪朵像一片片白色羊群，這潔淨而明朗的景致，就是你們靈魂的象徵。你們是同藍天一樣，美好無瑕。然而，現在，卻甘願把生命握在手上，又勇敢的放下了，毫無怨嗟，從地上走到地下，明知在期待你們的不過是寂寞與黑暗，而從此，再沒有人世的火光與友誼，再沒有父母妻兒的容顏。在地上，生活裏沒有花、沒有笑、沒有春天；在地下，一樣的沒有笑、沒有春天，多麼黯慘的遭遇呵！然而，你們甘願如此。

痛苦本身就是最大的報酬與安慰，此外再不需要什麼。可是，忠勇的戰士呵，請勿想像你們的消逝是無聲的。在紐約、倫敦、莫斯科、重慶、巴達維亞，到處都有人紅著眼圈，深深垂下頭，當你們平靜的躺在戰場上，最後一次闔上眼睛時。人們走在城市裡，看著街景與行人，會輕輕自問：是誰，能使我有權利從容散步在柏油道上的，在這大騷擾的時代？人們在華麗的筵席上，在燈光鬢影中，會輕輕自問：是誰，能使我有權利安靜的擎起紅色葡萄酒杯的，在這大苦難的時代？月夜，人們靜躺在床上，會輕輕自問：是誰，能使我悠閒的看窗外美麗月光的，在這人吃人的地球上？人們在明窗淨几邊，拿起一冊紅封面的或綠封面的書本時，會輕輕自問，是誰，能使我有權利自由選擇思想或文字，當禁錮的魔掌已從三島伸過來時？是誰？是誰？——是你們！保衛廣大人民的戰士！四萬萬五千萬人知道是你們！全世界知道是你們！……說不定是一個黃昏或黑夜，一個人站在海濱或江畔，凝望雲天與遠方，偷偷爲你們灑幾滴淚。說不定是夏季或秋天，一個人經過農村你們老家時，會站在你們的父母中間，站在田裡，幫他（她）們收割一畦小麥或幾十行晚稻。說不定是大城或小城，一個人邂逅到你們的貧苦子女時，會感激的領回去，款以一項豐富的晚餐，並驕傲的指向客人道：「這是戰士的子女！」說不定是百年或千年，一個人經過你們的墓碑時，會深深的深深的，沈浸在崇高的回憶裡，而流連不忍別去。說不定……。

戰士呵，請勿悲傷吧，你們並沒有離開這世界！在祖國的天空裡，有你們的笑容；在祖國的海水裡，有你們的聲音；在祖國的群山中，有你們的手臂；在祖國的原野上，有你們的胸膛；在祖國的瀑布裡，有你們的足步；在祖國的人群裏，有你們的幻想、回憶、幽夢、愛與恨；在祖國的未來建築裡，一木一石都有你們的鮮血與眼睛。你們並沒有死亡。你們比活著時還活得更新鮮而堅強。你們的名字，將永無間斷的掛在人們的嘴角上，正像太陽與月亮的名字，常掛在人們嘴角上。這些名字像傳統的輝煌文化，一代代傳下去，傳下去，當一萬年後，人們唸到這些名字時，心靈還會「卜卜」跳動，胸脯還會不自禁的，向前挺起，像秋風吹落一朵白色花似地，嘴邊落下一聲：「祖國，我是你的！……」戰士呵，請靜靜的，靜靜的，靜靜的，安息吧，人們將永遠流著感激的眼淚，回憶你們，永遠，回憶你們，永遠，永遠永遠……

（一九四〇年八月七日塗山）

劫運篇

其一

黃巢手執大刀，躑躅廟門外，目光如鷹隼，四下逡巡。環繞他的，只是一片曠地，一條乾涸的小河，河邊殘剩最末一棵古老枯柳。

連年戰火，饑荒，已捲去這裡所有生物，他再看不到一條人影。

他睨著古廟，廟身朱紅墨綠的雕飾早已遯跡，只賸下一副憔悴而衰老的容顏。廟內沈寂如深淵，空洞得似可激起迴音，裡面沒有一條生命。

他想起廟中曾存在過的那條唯一生命：那個老僧。這是一個清苦而慈藹的僧人，犬似地守著這座古剎。當黃巢病困於此時，僧人曾殷懃的服侍他。

病癒了，揹著因襲的憎恨與野心，黃巢想走向外面寬廣世界，立一番大事業，換個解釋，就是造一次大亂，行一次大屠殺。歷史證實：他這個夢想並不虛妄。

才動此殺機時，僧人神色不安，告訴他：昨夜卜卦，卦中說，他（僧人）明晨要遭殺劫，

……

黃巢苦笑起來：「是的，明晨啓程前，我要殺一個人，用一條牛命來祭這把刀，好祝我前途順利。」閃著手中明亮亮大刀，激動的道：「但是，我欠你的恩情，我不能殺你，明晨你找個地方躲起來吧！」

現在，廟內外沒有一條生命，僧人大約已躲起來了。

黃巢皺眉，他必須祭刀，這是傳統儀式，沒有一個大師出征前不祭大纛旗，——目光由鷹隼化爲歸鴉，終於投到那株兩人合抱的枯柳上。這也是一條生命！——權且代替人命來祭刀罷！

像一隻餓虎，黃巢一個箭步撲過去，輪起大刀，施盡吃奶力氣，只一揮，——嚓！空心古柳幹拉枯摧朽，斷了，倒了，一顆血淋淋的光禿人頭，隨著滾出來。

黃巢大吃一驚，不禁失聲道：

「啊！你躲在這裡面！」

其二

日影由屋脊爬過簷溜與樓欄，落入天井，……

焦循守著方桌，眼光落在桌中央的磁瓶身上：這是景德出產的小型磁器，葫蘆形，通體晶瑩，煥發著琥珀色光輝。

一月前，他按照易經八八六十四卦卜課，課文告訴他：這隻磁瓶將於端陽正午壽終正寢。現在正是端陽，樓下浮沈著人聲，似鳥噪，他卻靜靜坐著。他要看，這隻磁瓶究竟怎樣毀滅？——或許，那課文只是一個虛妄。

他對樓外投了一瞥，日影快正中了，是長長的寂寂的日影。

樓下，人們懷著端陽節的愉悅心情，圍坐在圓餐桌四周，桌上酒菜都齊全了，只有家主位置還空著。

「循兒哪裡去了？」做母親的有點不安起來。

人們告訴她：從辰牌時分起，主人就枯坐樓室，出神的望著一個琥珀色磁瓶，說不出是爲什麼。已遣人請過幾次，只是不下來。

「讓我去！」老婦人嘟嚷著。

她登上樓。主人果然靜坐，痴痴端詳方桌中央一隻蠟黃磁瓶，心凝神一，似乎沒有見到她上來，沒有向她招呼。

「什麼鬼瓶子！——飯菜都上桌了，一家人只等著你一個人！」她的右手憤憤向方桌中央揮去——

蹦然一聲，磁瓶落地，砸碎了。

焦循再度向樓外投了一瞥：日影業已正中，正是午時。

他嘆了口氣，臉上畫出一圈苦笑。

其　三

——紀念一個人

新聞記者某君，出於好奇，停在測字攤旁，想以兩角錢購得一份廉價新命運，但測字先生卻率直的告訴他：五月份有一大劫，他應該切實注意。

他笑笑，沒有說什麼。

數日前，他參加一個雄壯而熱烈的火炬大會，金色火燄燃亮每一顆心，但他在翌日特寫中，卻說：「這個大會是死樣的靜！」友人憂慮著他的黑色心境，這是一種不吉祥的徵兆。

他笑笑，沒有說什麼。

兩日後，五月三日，山城命定要受一次重創。然而，直到太陽機盤旋藍空時，他才想起躲避，右手捏著一頂黑色呢帽，他的夫人遠遠走在前面。

「快點走吧！」

「不要緊，炸彈不會這麼巧。」

他笑笑，不再說什麼，腳步跨到兩屋中間的空地上。

「砰澎！……」一枚炸彈的爆裂聲。

走入前面一間屋的女人匍匐下來，十分鐘後，四週沒有一落瓦聲，磚石聲，牆坍聲，玻璃碎裂聲……，她退回來，只見一頂黑呢帽寂寞的躺在地上，帽子主人已不見了。

其四

一隻神秘的黑色巨掌從冥冥中伸出來，……

一個人倒下了。

今禹鼎

汪精衛與鏡子

汪精衛站在大穿衣鏡面前。

這是他的習慣：出門以前，總要在鏡前站這麼三分鐘五分鐘，梳梳頭，或整理整理衣冠。

鏡子嵌在柚木大衣橱上，比汪精衛的個子還要高些，質地名貴，輻射出晶閃閃的光亮。亮度像爍自一個永不枯竭的泉源，不斷瀉出來，一個鄉下人在鏡前站久了，或許會給光亮的小瀑衝得頭暈目眩，但汪先生卻永遠不會暈眩。正如一隻狗習慣主人鞭撻，他早已習慣鏡子的光亮了，雖然，正如狗怕主人鞭撻，他也有點怕鏡子的光亮。

現在，他是穿著米白色新法蘭絨西服，在鏡前梳那烏油油的頭髮。這每天用生雞蛋清（即蛋白）及上等香皀洗擦的黑髮，施用過巴黎髮膏後，閃耀出賊亮亮的烏光，夾著濃郁刺鼻的芬芳。

汪精衛滿意這烏光及芬芳，嘴角浮了一絲苦笑。

於是愈加起勁的梳，梳，絕不讓一根髮絲翹起來，要像用熨斗燙過似地、平滑無縐。

好，黑髮終於梳得又光又平又亮又滑了。這時候，他採取鬥牛姿勢，俯下頭來，這一溜黑髮簡直是一面光亮的鏡子。

汪精衛嘴角又浮了一絲苦笑。

正似一個明妝艷服對菱花寶鏡的青樓妓女，他知道這美麗頭髮的「政治價值」及「經濟意義。」

他嘆了口氣，放下梳子，開始端詳他的臉蛋，看夠不夠光亮、白皙、香嫩，否則，他準備再加上一點香粉，或雪花精，甚至不惜來一兩下老人頭保險剃刀的。

奇怪！

「這臉今天怎麼有點不像我了！」汪精衛訝然皺眉。

是的，眞有點鬼，這臉今天竟有點不像汪精衛先生的臉了：從兩頰到下巴以至唇部，如豬嘴似地，有點拱撅起來。

「咦！我並沒有被打腫呀！爲什麼拱撅起來呢！」

汪精衛憤憤的把嘴扁一扁。

不行，拱撅如故。

索性做一個哭相，拚命再把嘴扁一扁。

對不住，拱撅得更厲害了！

憤憤打了個嘴巴：

「媽的，這不是做國府主席的汪精衛的嘴呀！這，這像什麼呢？」

有點像狐！

汪精衛退後三步，鏡子裡仍有狐嘴。

汪精衛前進三步，鏡子裡仍有狐嘴。

就在這前進與後退的當兒，忽然，汪精衛感到屁股上多了點東西。

用手摸了摸，這「東西」是毛茸茸的、光滑滑、細長長的。

還沒有等我們的汪精衛先生把它拖出來，這「東西」竟擅自搖搖擺擺，露出色相，也照起鏡子了：一條尾巴！狐尾巴！

「啊！」

汪精衛大叫一聲，醒過來了。還好，身子是躺在愚園路七號樓上的席夢思床上。

五秒鐘後，同床的陳璧君被叫聲驚醒，詰問原委時，渾身汗淋淋的汪精衛第一句話是：

「哎，哎，你說，你說，我究竟是狐是人呢？」

謁陵

天是陰濕濕的，愁慘慘的，沒有一絲陽光，到處膠黏著沈悶的鉛灰色。整個天地像由一口陰暗地窖擴展而成，塞滿了黯慘、潮濕、湫隘、淒冷。陰風颯颯悲鳴，輕輕在空氣中滾轉，激起細微的漩渦，拂到人面，卻帶來一股尖銳的寒冷。

一切都掛著愁苦而陰黯的顏色。

這是一個適宜展覽殯葬儀列的日子。但我們的汪精衛先生卻陪著新上任的「特使」阿部信行謁陵：前後簇擁著灰灰黑黑的一大群，一個個都擺出雖笑卻更像哭的臉孔，倒像一大隊雜亂的送葬行列。

在憂鬱天穹下，白大理石的中山陵墓像是渾身披黑紗，愈顯得憂鬱而悲傷了，長長的白石階，傷感的伸展華麗的白色身子，莊嚴的神態滲透了愁苦的汁液，彷彿在厭棄這一群踐踏它乾淨身子的畜類。那寶藍色巍峨的屋頂的陵堂，屈辱的蹲踞幽暗陰影中，如一隻疲倦野獸，垂首默默無語。陰風起處，階旁的法國梧桐呻吟著，笨拙的搖著肥大的綠葉如手掌。

聲音響在白石階上，分不清是腳步聲還是獸蹄聲。

汪精衛與阿部信行率領大隊，浩浩蕩蕩，向陵墓進發。攀登石階時，不知是有意還是無意，汪精衛的白皙細手，不時挨近阿部的臂彎，想攙扶後者，終被拂拒了。

抵陵堂時，汪精衛領導大家行禮如儀，獻了花圈，於是阿部骨碌碌的瞪眼四顧，不斷用粗嗄的嗓子讚美建築莊嚴偉大，說日本的靖國神社也難望項背。汪精衛在一邊笑著。不斷搓手，低低咳著嗽，不知怎樣才好。

十分鐘後，大隊擁入陵墓：準備瞻仰中山先生遺體。

首先謁銅像。

汪精衛率領全體，向銅像行三鞠躬禮。

抬起頭來，銅像如巨人，矗立在汪精衛的眼裡，渾身裹著一層嚴肅，凜寒逼人。站在銅像面前，如在巍巍崇山之前，每人肩膀都感到一片沈重壓力。

銅像似冰柱，冷酷矗立，在汪精衛的眼裡，是愈來愈崇高不可攀，愈來愈冷酷無情了。

奇怪！銅像的眼睛，漸漸的，漸漸的，發紅了，漸漸的，漸漸的，潮濕了，潮濕了。

終於，一滴淚水從銅像眼睛裡滴出來，落在地上。

一滴，兩滴，三滴，……

汪精衛吃了一驚，下意識的退了一步，看看旁邊的阿部與隨員，似乎都若無其事。他不敢再看銅像了，懷著鬼胎，默默走開，逕向遺棺邁去，腳步一步比一步沈重。

終於，他又站在中山先生遺體的旁邊了。

死者面孔莊嚴神聖，令每人都不自禁的想匍匐下來。

汪精衛準備行三鞠躬禮。

然而，當他才想彎下腰時，那玻璃棺蓋突然自動揭開了，接著，死者的屍身閃電樣坐直，火山爆裂般的，發出要震碎一切的怒吼：

「滾開去！你叛徒！我憎惡你的膜拜！」

第二天，南京城紛紛傳說，汪精衛生了小病，因爲謁陵時中風，閃了一跤。

（十月十八日清水溪）

陽光

一個囚徒在牢獄的陰影中度過三年，一天，他被派到監獄門口去拔除莠草，看見美麗的藍天與陽光，他流淚了。

「把窗子打開，讓陽光射進來！」

「把窗子打開，讓陽光射進來！」

「今天的陽光眞明亮，眞溫柔，我要把發霉的陳舊的箱子，從陰暗的角隅裡搬出來，打開來，放在太陽裡晒一晒！」

「是的，你的臉色太蒼白了，太陰暗了，你應該在太陽光裡多走一走，多晒一晒。」

陽光如山洪般爆發了，從四面八方衝出來，淹沒了田園、村莊、河流、丘陵、城市、山林，……

陽光如金色海水，氾濫在流線型的都市裡，氾濫在瀝青柏油道上，杏黃色花崗石鋪砌的路上，泛濫在銀紅的、鵝黃的、海藍的、天青的建築森林裡，錦繡的花園裡：紫羅蘭、鬱金香、白芍藥，……

陽光如琥珀色麥浪翻滾著、起伏著、騰捲著，到處招展它的琥珀色大穗子。這大穗子探入陰鬱地窖，探入潛藏獅虎蟒豹的原始叢莽，繚繞寂寞梵音的幽古禪房，探入天主教堂的彩色玻璃窗內，深閨少婦的紅樓，初生嬰兒的搖籃，……

陽光的金色氈子披在紅色丁香花身上。

陽光的金色氈子披在紫色玫瑰花身上。

陽光的金色氈子披在青色金針松身上。

看！

一個金髮藍眼的亞利安種的白胖孩子在水邊舞蹈、歌唱，陽光在她的歌聲中震顫。

一個赤膊農人走在阡陌縱橫的田隴，陽光的金色舌頭輕舐他的紅銅色肌膚。

一個藍衣工人從金色街上走過去了，追逐陽光。

一個白色護士從綠色公園內走過去了，追逐陽光。

一個灰衣士兵走過去了，追逐陽光。

……

我如一隻貓，蜷臥在燠熱的陽光中，青青草地上。

陽光孔雀樣，閃爍著璀璨的光輝，把艷麗的彩色繡織在我的四周，我深深浸入這母親似的溫柔的撫愛裡。

我的腳下，明亮的溪水愉悅的歌唱著。

附近池塘中，鵝群驕傲的伸出白色長頸，金紅嘴喙，像一隻白色船，悠悠在水面滑行，不時展開白色華翅如白帆，輕輕拍打著綠水，激起輕鬆而歡快的迴音。

灰色鴨在水田裡發歡的翻著筋斗。

兩頭白色綿羊在榆樹下草叢中，俯首嚙草。

從遠遠的藍色煙霧裡，騰起初秋午後的慵困的雞鳴聲，明亮的擣衣聲，……。

草蟲在我身邊低鳴著。

一隻青蛙跳進水塘去了。

紅色蜻蜓在我頭上盤旋著。

一對燦爛的蝴蝶，翅翼閃著華麗的陽光，掠過去了。

一隻金紅的野橘子，滿身披著陽光，悄悄墜落在草叢裡。

我的記憶中浮起一個維多利亞朝詩人的聲音。他輕鬆的告訴我們：俯下身子，他摘起一朵充滿陽光的野花，抬起頭來，一切都是藍的；這樣，他不再想起生命的空虛了。一個阿美利加的詩人告訴我們：他最愛冬天走到充滿陽光的樹林裡，從清晨到黃昏，聽伐木人的「丁丁」伐木聲，聲音中飽和著金色陽光，……

生命中無陽光，猶食物無鹽，從而，乃患劇烈貧血症。

今天，人類的愚蠢，已發展到企圖把陽光據爲少數人的私有財產，從而，乃有戰爭！

我們戰爭，因爲，我們要——
陽光！
「給我們以陽光！」

友

離你離火光，我怕，冷！

設若是一朵鬱金香凋謝，一株棕櫚樹摧折，一片飄墜的梧桐葉被園丁投入熊熊爐火，一彎彎殘枝，或一瓣瓣零落桃花、被流水不知帶往何處去，兩支親昵相偎的並蒂蓮或連理枝、被狂風帶到兩個不同的方向，……那麼，它們的感覺應是麻痺的，沒有憂鬱，沒有哭泣，沒有祈禱，沒有懺悔。

可悲憫的，我們是人。

我們的心，永遠是一具懸在高峯上的豎琴，連最細微的氣溫的嬗遞，都會使它搖顫，而發出輕微的歌唱，不管這歌唱是愉悅的，還是悲哀的，是紅色的，還是黑色的。

當這架豎琴搖顫而發出聲音時，友情如天際七色虹，出現在我們面前。它有時像雲雀，破曉時在我們耳邊歌唱，有時像荒漠綠洲的清泉，供我們匍啜，像……

歌唱友情是多餘的。站在大海面前，我們只應深深的默默的沈浸。

然而，兩年多以前，我卻在一座現已淪陷的土地的寂寞高樓上，在一本華麗的線裝冊子上，寂寞的寫下後面的句子：

你玲瓏的黑影我將收入行囊。
有一天，跋涉的風雨中暮色蒼茫，
我倦了，我將取出你的悠悠黑影如明鏡，
照見我往日的嘹亮的歡笑，低徊的憂傷。

「明天我要走了。」

我常聽見朋友這麼說。

這對我是怎樣一種殘酷！它有時給我以蜜蜂刺似的輕微的刺痛，有時則給我以沈重的鞭撻。在後一情形中，它昭示一個命定的分割，如一掌荷葉被冷酷的手指撕成兩半。

一個美麗的月夜（月夜總是美麗的），幾個年輕人站在月光抹成銀白色的樓欄前，望著滿天星斗與群山。

一個說：「二十年後，走在街上，你們能認識我嗎？」

一個說：「每一個人都是自由的，爲什麼一定要認識你呢？」

一個說：「分離與生疏是必要的，有暗夜，才有今宵月明。」

我怎能不被第二個與第三個說法折服呢？

然而，第一個人的話卻使我顫慄。（一生中我們能有幾次深沈的顫慄呢？）在這句簡單如鵝卵石的話語裡，隱藏著怎樣深的痛苦與悔恨？怎樣豐富的生命秘奧？

一句簡單的話、或一個沈默的瞥視、或一角輕微的手勢，往往使我們想哭泣，在這刹那間，我們覿見生命的幽靈。

鐐銬

誰曾傾聽過一串鐐銬擲在地上的聲音？那冷硬的叮呤噹聲，那凄厲的金屬音，那使每一個自由公民顫慄的聲音？

這聲音經常響在愁苦的監獄裡，陰暗的地牢裡。然而，在芬芳華筵上，在繁榮如春天的大街上，在輝煌的音樂會裡，在古舊的莊園裡，我們有時也同樣聽到這可怕的聲音。遠古關於佛教的傳說中，描繪一個美麗如花的夜晚，王子釋迦未騎白馬逃出宮門以前，他在宮中盛大筵席上看見墳墓與骷髏，在人們發狂的笑聲裡聽見哭泣，在美麗的大廳裡看見火光，……

不管你是一條龍或一頭虎，當你陷入鐐銬的桎梏後，你的壯大手臂會變得如三期肺結核患者的，你的鐵棒似的又粗又硬的大腿會乾縮成又細又弱；那被鐐銬鐵蛇所纏繞的手腕與足踝，將被一隻神秘的鐵錘不斷猛烈擊打，逐漸陷下去、細下去，……

鐐銬是吃血的，但被吃的不一定自覺。三年前，一個感到它是在吃血的友人，脫去手足的鐐銬，脫去桎梏他全身心的鐐銬——牢獄後，站在那關閉著無數自由靈魂的黑色大門之前，對著那把世界隔成兩個的粉白高牆，用盡全身力量吼出：

「我自由了！」

「我自由了！」

「我自由了！」

然而，也有著令人吃驚的相反例子。這就是下面的故事。

不用問故事發生的時間與地點，也不用追究故事主角的詳細履歷，總之，當他跨入這個故事而作爲主角後，他已是一個囚徒了。入獄時，他的眼睛是明亮的、步履是堅挺的、頭髮是烏黑的；隨著時光，他的眼睛昏花了、步履蹣跚了、鬚髮灰白了。然而，對於這些，他似乎並沒有悲哀與傷感，也許，他的眼淚沒有被別人發現。大體上，他像許多囚徒一樣的生活著，咽著永遠不能飽的飲食，吸著永遠不新鮮的空氣，行動限制在蝸牛殼般的小空間裡。而不幸的是：他也如一些不被牢獄信賴的重罪犯一樣，常被釘上沈重鐐銬。這鐐銬爲幽靈似地跟隨他，寸步不離。起初他不習慣，被痛苦咬噬著，但日子一天天過去，漸漸的，他失去尖銳的感覺了。他把自己訓練成一個能與鐐銬作親密朋友的人。在他生活中，鐐銬已佔據一個重要位置了。

不用敘述他與鐐銬作朋友以後的情形了。我們只知道，當日子如一隻隻飛鳥，飛走幾千隻以後，當他已變成老人時，有一天，獄卒來了，說出一句驚心動魄的話：

「你的鐐銬可以解除了。」

「唔！」

老人毫無感覺的應著，兩隻無光的眼睛遲緩的轉動著，望著陰暗的地面。他的臉色很平靜。

獄卒於是啓開鐐銬上的鎖，把這吸血的鐵東西取走了。

老人頹唐的坐在地上，沒有聽見幾個伙伴的祝語，也沒有端詳幾十年來被鐐銬迫害得又蒼白又凹陷又乾瘦的手腕與足踝。他似乎墜入一個沈沈的、悠長的回憶中。漸漸的，他兩眼發直，嘴唇開始抖動，渾身微微顫慄起來。終於，他從地上站起身，來回走著，走著，……他的面部呈現伙伴們多年來未見過的歪扭。這種歪扭，只在最痛苦中，才會如風暴，從密密的陰暗雲層包圍中衝出來。

他在不斷搓手，手指如蠍子腿似地顫動著。

每一個囚友都以爲他有點神經失常，但不知道爲什麼。

這一晚，監獄四週捲起奔馬式的暴風雨，風雨聲如無數野獸怒嘯，把恐怖與絕望帶給人間。所有囚徒都睡了，只有老人還在來回走著。

自失去鐐銬後，一種痛苦就緊緊抓住他。說不出爲什麼，他彷彿感到渾身每一個細胞都在爆炸，每一條血管都在碎裂，四肢像騰旋雲霧，因一種極度自由而驚駭。從來痺麻的他，現在卻冒出一股強烈的欲望：他想死！

他走著，走著，走著，……

終於，如電光一閃，他在黑暗中看到一點光亮，——

就在這時候，就在窗外狂風暴雨怒吼中，睡夢裡的囚徒們，突然被老人的狼嘷似的悲慘呼聲撕醒了：

「還我鐐銬！還我鐐銬！」

月下風景

其一

(一)

狗一樣的，他遊走在這破敗城市的破敗街道上。明亮的月光勾勒出他身邊的陰涼廢墟，一切都被敵人炮火摧毀了。他沒有家。廢墟裡躺著他被殘殺的父母，死者渾身纏結垢泥與污血，面部已被塵埃染灰，一股腐臭氣從他四周蒸騰起來。他沒有淚，只憤恨的凝望著這月光裡的殘酷現實。

(二)

在廣德，一個裸體婦人被釘在大門上，身形如一座十字架。她的兩手被鐵釘貫穿，染滿污黑的血，（人們似乎還可以從這猙獰的手上足上聽出「丁丁東東」的敲釘聲。）她的黑髮死蛇樣蜷曲不動，她的眼睛是兩座深扃的黑門。慘白的月光下，她全身是愈益顯得慘白了。兩隻乳峯已被割去，只留下石榴樣的血紅肉鱗，在月光中明滅著恐怖的死紅彩色。她的下部插著一根冷酷的木棒。……

㈢

隊伍如一支被斬斷的大花蛇，零落而脫節，遊動在小徑上，他（她）們的眼睛望著西方，雜花生樹群鶯亂飛的江南已成爲一場噩夢，從此，「家」馱在背上，只合作天涯流亡客，與風霜雨露爲友。月光憐憫的望著他們，瀉下漠漠銀輝，照出他們前面永遠不盡的顛沛流離路。

㈣

月光用冰涼而蒼白的手指撫摸這被狂炸過被烈火燒過的大城，撫摸這一塊塊廢墟，一座座瓦礫場，斷垣殘壁如一片片受重傷的戰士胸膛，沈默的坦露在月光裡。街道是一具具死屍，僵冷的躺著。千門燈火的繁華業已熄滅，朱樓崇廈淪爲灰燼，空留下焦臭的萬戶劫煙。作爲這城市雄麗裝飾的，是林林總總的焦黑斷柱，在伸出林林總總的絕望手臂，向蒼天作出絕望的姿勢，絕望的呼籲。

殘火陰鬱的閃亮著紅燄。一兩個乞丐圍火取暖。

一隻野狗倒在陰溝裡，發出腐臭氣息。

漸漸的，月光的手指是愈益冰涼而蒼白了。

㈤

人群驚鳥樣棲息山上、樹顛，四周是渾茫茫的黃水。水含著原始的仇恨，從四面八方衝過來。

在月光的白色的夜裡，他們恨著從三島伸過來的決堤魔手。

其二

㈠

火光狂烈的照耀月夜，火花連珠彈似地畢畢剝剝爆炸，雜著哀怨的呻吟聲、哭泣聲、詛咒聲。一個個重傷病人被枯柴樣丟到熊熊大火裡。病人的聲音已逐漸嗄啞。紅亮的火舌狂舞於月光中，令人昏眩的軋士林腥氣不斷衝出來，火燄的巨力凝成一口大坩鍋，揮發出要熔冶一切的無比熱度。病人脆弱的軀幹如羔羊，不斷投到火口裡，作著忠順的餵飼。沒有一個死者想到：從遼遠的海那邊，從綺麗的開遍櫻花的島上，踏入支那海岸，會在自己弟兄手裡，遭遇這樣悲慘的命運。

當塗滿污血的軀體投入火中時，似乎有怨毒的嗄啞聲抖顫在月光裡：誰要你受重傷呢？月光照出火的四周，「皇軍」的眼睛是悲傷的垂下了。

㈡

在四月櫻花節，整個櫻花島變成一座瘋人院，人們在月光下狂歡舞蹈。然而，全世界善良的人呵，請看，那遠遠的草地上，一個華麗少婦垂著首，讓眼淚如露珠裝飾在青草上，美麗的月光繪出她美麗的孤獨的青青影子。

㈢

鈴木坐在江南村中小溪邊，月光中的溪水是明亮而澄澈的，遠遠野營中有凄楚的嗚呃的尺八聲傳來，迴音憂鬱的徘徊在溪水上。鈴木望著溪水中的明月，頭是深深垂下了。今夜，在海那邊，在這樣如錦的月光裡，妻兒會不會含愁帶怨的垂淚呢！一滴明亮的珍珠淚，輕輕投入沈醉在月光中的明亮溪水裡了。

㈣

月光織在海上，織在「淺間丸」身上，這隻海船猶若殯葬儀列，緩緩行進海面，表情與姿態是悒鬱的。守著五千瓶屍灰的水手，默默望著海水與月光，彷彿聽見海那邊昇起五千少婦的哭泣聲。

㈤

三年前的今夜，他與千代子散步海濱。瀲灩的日本海在月光中呈現無比的艷美，海水錦繡樣閃著華光。三年後的今夜，也是散步海濱，但中國海顯得怎樣遼闊而寂寞呵，他的身邊已失去一條溫柔的臂膀。

三年前的今夜，在海濱，他的右手緊緊的抱著千代子，嘴唇熱烈的壓在後者唇上。三年後的今夜，他緊緊握住「白朗寧」，對準自己太陽穴，嘴唇嘆息樣輕輕迸出：「爲什麼要進攻支那呢？」

（一九四二年十月十五日清水溪）

林達與希綠斷片

在希綠的生命裡，永遠是幻想、瞭望、期待、狂歡與回憶。自從那一枝照徹她的黃金色的感情之火燄開始燃燒起，每一個黃昏，她就穿上最美麗新鮮的淡金色長裙子，斜欹著被夕陽殘暉塗抹成淡紅色的窗欄，向海的彼岸瞭望著，期待著。接著是溫柔的歡樂的夜。每一夜對她象徵著青春，生命火樹，狂歡，靈魂的大沈酣及大酩醉。接著是黎明。在她身邊的溫柔的靈魂與黑夜俱逝。一整個白日，她是沈溺在幻想的回憶裡。她睡在青草地上，用一條織繡著大蝴蝶的綢手絹遮蔽著眼睛，閉眼回憶著那一些歡樂的幻景，那發燙的臉，發燙的嘴唇，那火似的胳膊，火似的擁抱，連話語也是發燙的，像昏熱病猛烈時的譫語。

她是深深的，深深的回憶著。她有著太多的記憶，與太深的記憶習慣。她的日子不是度過去的，是回憶過去的。在草地上、在樹林裡、在海邊，她聽見日子在馳過去，像苔錢上一隻隻麋鹿。這些時間的蹄聲是輕快的、美麗的，也帶著瑰麗的憂鬱。她並不重視這些。「我有回憶就夠了。」她想：「有了幻想，就有了一切。」日子對她，除帶來一大簇鮮花似的歡樂，並供給她以多量的幻想與記憶外，還有什麼意義呢？「我來到世間，就是來回憶與幻想的！」此外，就是「橘金色的歡樂」！

生活的每一細碎節目，對她全是一些幸福的節奏。當她看藍天時，會想起那個人的天藍色眼睛，與天藍色的笑，他的靈魂似乎也是天藍的。她看著看著，不自覺的笑了。當她躺在草地上時，就設想那個人癡癡在一旁守著，又不敢驚動她，他要欣賞她幻想的嘴唇的線條。當她像蝴蝶樣從樓梯上飛下來時，這曲折幽美的短短一段，叫她故意誤會自己是一個公主，在樓梯的最後一級，早就有一雙強壯的臂膀等待她。她有時不妨閤住眼睛，邁著細碎的小步子，輕快的跑下去，每一步小蓮花樣輕輕墜落，臂膀熟悉的在朱紅樓欄上滑下去，最後，再熟悉的投到另一個胸懷裡，讓一雙紅紅的嘴唇（她不用睜眼睛就知道是紅紅的），把她的眼睛吻「開」了。

她走到通海濱的路上時，記起一路印著他的數不清的溫暖的足跡。她便尋覓那些長長的橢圓形的足印，（在無數種足跡中，她憑著愛情去辨別他的足跡，她是熟悉他的足的。）再在這些充滿感情印痕的足跡上，添上她的菱嘴的痕跡。想著他是怎麼樣心跳著、小跑著、來尋覓她時，她對這些零亂的、倉促的足印是說不出的憐愛了。……只要是關於他的，有什麼她沒有回憶過？幻想過？憐愛過呢？

「我是應該永無休止的回憶他、憐愛他的！想想看，每一夜，爲了帶給我歡樂與愛情，他是游泳過怎樣廣大的海呵！好幾小時，他與海水格鬥著、比武著，終於濕淋淋的踏上岸，投入我的懷抱，頭髮像被雨水淋透的葡萄藤，……」

他經過幾小時海水衝洗的身子，絲毫沒有海水涼，仍是熱熱的，因爲他的心是熱熱的，他的愛情也是熱熱的。在那些沈醉的溫柔的夜裡，他告訴她：

「我怎樣述說我的愛情熱度呢？我自覺是一枝永不枯熄的火柱，連北冰洋都會給溶解成春天的！」

就在他的熱熱胸膛上，她閉上眼睛，輕輕對他喃喃著，如仲夏夜銀色小溪的夢囈：

「我是應該憐愛你的！我是必須憐愛你的！爲了踐履我的感情的邀請，你是經歷怎樣漫長的寂寞的水之路呵！——」

他用吻否定了她的囈語：

「我的路是漫長的，但不是寂寞的！你很難想像我的水程的美麗。在這幾小時裡，我像經歷了人類全部歷史過程，經歷了許多世紀。在我的身前身後和左右，全是溫柔的海水。沒有風的平靜的夜裡，海水溫柔安靜得如一片青草原，我游泳在裡面，像走在草地上。幾乎沒有什麼波浪，只有一些細碎的精緻的動盪，小水朵如沒有牙齒的魚秧子樣輕嚙我，有一種軟綿綿的快感。

我像一尾魚，游泳著，全身似一朵睡蓮花樣舒展開，兩只臂膀是兩枝鳥翼似的銀槳，輕快的拍打著海水。兩足就是兩支迂迴的舵，輕悠悠的迴旋著。我時而沈浸在海下，時而飄浮在海面。月夜來了，大月亮如一朵白色花樣開在天上。月光似奶油流瀉在水上。一切是銀灰色的。想像著海的那一邊，在一座精緻的紅樓上，一扇明亮的窗邊，一朵溫柔的美麗的靈魂在向我開展。一個少女痴痴的瞭望著海水，在張開臂膀，等待著從海中來的人，在呢喃著爲海中人祝福，我的心就如銀帆一樣膨脹起來。我的心是一支幸福的銀帆，在笑著向海邊駛過去，幸福像酒精樣滲透我的血液。我是幸福得昏眩了。昏昏沈沈的，我忘記了一切，忘記了自己的四肢還在無拘束的泅泳，忘記了海水與月光。

我覺得，自己縮小成一隻蝴蝶，在明藍的天空自由自在的翱翔。我又彷彿是一顆永不殞落的流星，永恆的在天空飛逝著，不斷劃著一條又一條的長長銀線，劃過來劃過去，永遠是不著邊際，不落實地。我又彷彿是風，沒有方向的吹過來、捲過去。我終於成爲一片海浪，被另外的海浪輕輕推送著，海水的潛在力量是一隻大鞦韆，把我一程又一程的盪遠去、盪遠去，直盪到海的彼岸——你的身邊。……我是不寂寞的，從海的那一岸泅到海的這一邊，我是在寫一首美麗的長詩。每一朵浪花、每一片海水，全是這詩的音節及姿態。月光與海藍色是這首詩的顏色。當我的濕淋淋的軀體給你的滾熱的身子烘乾時，這首詩就寫完了，接著我在寫一首新詩，……」

於是，不久，他（她）們眞的寫另外的詩了。

……

（一九四二年夏季）

「翠堤春曉」插曲斷片（註一）

雨點停煞。黑夜隱逝。馬車蕩入繁茂樹林。馬蹄聲輕盈的響。兩顆靈魂在疲倦中沈默了。不知有多少時候，他們的眼睛緊緊扃閉，頭髮蓬蓬鬆鬆的。當第一線乳色曙光透過林葉的罅隙，投射到兩張蒼白色的面孔上，四隻眼睛還是深深闔著，不時發出喃喃囈語，眼皮掠過幽夜夢幻的影子。不知何時起，玲瓏的小鳥婉囀聲，突然雨點樣灑過來了。鳥聲是細碎的、精緻的、若斷若續、忽明忽暗，聲音是這樣近，又那樣遠，是這樣熟諳，又那樣生疏，……

他們的眼睛迷迷糊糊睜開了，眼神是惺忪的，眼花是撩亂的。他們忘記自己從何處來，向何處去，也不知身在何處。揉揉眼睛，正待發問，那戴著寬草帽鼻架眼鏡的馬車夫，已勒住馬韁，停下馬車，跳下來，向他們鞠了一躬：

「早安！」

啊！這是清晨！這就是那帶來無窮無盡新鮮氣息的朝晨。這正是春天的黎明。林子是新鮮的、芳香的，無限溫馨而明媚。每一朵花在笑。每一棵樹在笑。每一片樹葉子在笑。每一片雲在笑。笑吧，盡情的笑吧！這正是春天的黎明！馬車又行進了，輕盈的行在黎明林子裡，行在光滑平坦的林蔭路上。每一片樹葉子把圓圓影子投在他們臉上。每一杈椏把彎彎影子投在他們身上。他又眼花撩亂了，夢似乎還未醒。這不是在大地上，仍然在夢中，在新鮮如第一滴露珠的夢中。馬車前進著，飛過一株樹，又一株樹，走完一條路，又一條路。陽光來了，第一線陽光來了，輕輕的、柔柔的、芳香的、旖旎的來了。第一線陽光是細緻的、輕鬆的，從天際線處走過來、從田野裡走過來，走到樹林中，走到他的懷抱裡。他在哪裡呢？他不是在夢裡。他是在另一個神秘星球上。

這陽光，這樹葉，這林子的香味，這芊芊春草如茵，一切全變了，全離開它們的物質形式，似乎只是一些彩色線條，流動的音波。是的，音波！聽那馬蹄音，多輕盈！多明亮！啊！滴達達！滴達達！荷塘銀槳輕拍水，合著拍子，迴蕩起旋律與節奏。滴達達！滴達達！滴達達！這聲音從何處來？並不是馬的聲音。也不是林蔭路的聲音。滴達達！滴達達！滴達達！它們是輕快的、顫動的、愉悅的、樂觀的。滴達達！滴達達！滴達達！聲音是前進的，像青山綠水一葦白舟，輕輕的，輕輕的，載人的心靈，前進著，前進著，向一個幻想前進，向一個夢寐前進。滴達達！滴達達！他不是乘馬車，也不是行在林蔭路上，他是架一葉扁舟，欸乃聲中，前進於蔚藍色海面。他是前進著，前進著，馬蹄聲載他的心靈前進，前進。他的每一支血流，每一片肌肉，都在前進，前進。他自己似乎已成爲馬蹄子，全身溶化在馬蹄聲中。滴達達！滴達達！滴達達！聲音又浮起來。百靈鳥的鳴聲又響了。麻雀的絮語又掠過來了。雲雀的歌唱又裊散開了。如暗夜瞥見一條明亮閃電，他的全部心靈突然明亮了。眼睛明亮了。

面孔明亮了。嘴唇不由蠕動了。一片大自然的天籟，從他胸中湧出了。第一個音波流出他的嘴唇，第二音也流出了，第三個也流出了。511，511。流出來，流出來，522，522。他吟哦著，吟哦著。

他又看見樹葉與陽光，青草地與池塘，泉水在深深流淌，小溪在潺潺幽咽，白色鵝群在綠水唼喋，杏紅的長喙子閃灼在金色陽光中，乳白綿羊如一片乳白雲彩，匯集青草地上，靜靜嚙草，嚙草聲是隱約的，甜蜜的。滴達達！滴達達！D Lan. Lan Bon Bon. Lan Bon Bon. Lan Bon Bon. 滴達達！滴達達！滴達達！樂聲泉水樣從靈魂裡流出來，由胸肺裡流出來，自血管裡流出來。每一條筋肉顫動著，每一個腳趾顫動著，每一個眼波顫動著。他的眉毛如黑色波紋起伏，一綹長髮柔和的搭到額顙上，眼睛似沈睡了一千年，第一次睜開，有著太多的夢味與歡樂，回憶與芳香。他死了，又活了。舊的軀殼像冬蛇，蛻去了。四周一切是新的。每一粒細胞也是新的。你聖潔純美的音樂啊！來吧！來吧！這麼多夜晚，我諦聽你鄉音在迴廊上的腳步，你縹緲的足音，你比夜的嘆息還要輕微的蒼白色的聲音。我等著你，期待你，祈禱你，你離我是那樣遠，又這樣近。我走遍天涯海角找尋你。我探索過每一巖穴，每一林叢，每一片流水，找尋你。你在哪裡？你在哪裡？你是那樣寵愛我，但又那樣拋棄我。你有時瘋狂的擁抱我，使我喘不過一口氣，有時又教我跋踄無盡的沙漠，找尋你，任滿天沙子把我打得渾身鮮血，可也不向我顯露一面。你是我的母親，也是我的仇敵。我找尋你。每一個白日，每一個黑夜，找尋你。每一個黎明，每一個黑昏，找尋你。你現在終於來了，來了！你從天盡頭來了！你從海水上來了！你從每一片樹葉子上來了！你從每一線陽光裡來了！你從我心之最深處來了！來了！來了！來了！來吧！來吧！你蒼天！你上帝！………滴達達！滴達達！D Lan Bon Bon. D Lan Bon Bon. Lan Bon Bon.滴達達！滴達達！滴達達！511，511，522，522。………

（一九四二年夏季）

【附　註】

註一「翠堤春曉」影片原名「偉大的華爾茲」（Great Walz），美國好萊塢出品，記載奧國音樂家約翰·司特拉斯的一生，及其創作名曲的經過。司氏被稱爲「華爾茲之王」。此文是描繪我對其名作「翠堤春曉」（Talos from Wieuna woods）創作過程的讀後感。

幻（註一）

月光青幽幽的纖纖手，哀傷的輕撫著會慶樓簷角的獸吻，在月光中，金碧琉璃的獸身，煥發出亮灼灼的光華。月光的纖手，輕撫繪飾紫羅蘭色游龍彩鳳的金碧琉璃瓦的樓脊，一種淒艷而清冷的光暉籠罩著這豪華的古老建築。樓四周的朱紅盤龍楹柱，在冷艷月光中分外顯得炫麗。那須彌座上的朱紅御欄杆，則把曲折的猩紅影子投入月光中。鏤花的髹金雕窗，深深扃閉，窗內似隱藏海樣深的秘密。白大理石的御階，裸露冷冷的寂寂的胸脯子，如一個過度歇斯底里的婦人在一陣最大激動後睡熟了。在月光籠罩下，一切空虛得可怕，也靜得可怕，彷彿全世界全地球全消失了，只賸下這青幽幽的哀艷的月光。六百年來，昌德宮第一次這樣深沈的靜而空虛。人儘可指這豪麗建築爲一座荒山古剎，否定這裡面還有活的靈魂存在。

在月光照射下，這些玉砌雕欄，精緻壁飾，煌麗石刻，朱紅大柱子，碧瓦雕甍，似乎全向一抹青色夜天投出懷疑問號，似在驚訝自己的凋落與被遺棄。然而，答覆它的，只是一片曠古未有的奇異寂寞。數萬萬年自有地球以來的所有寂寞，夜似乎都傾潑於今夜了。寂寞與荒涼如一片大洪水樣，到處氾濫。這寂寞與荒涼，並不是由於物質世界的凋落，或古牆的坍圮，田園的荒蕪，而是一種精神的凋落，與心靈過度悲哀後絞搾出來的酸汁。這酸汁，已滲透微涼的夜氣，蟬翼紗似地輕輕掠開去，卻又鐵錘樣沈重的擊打著每一條活靈魂，無聲的擊打著。

似有一條神秘的凄傷弦子，響在這溫柔如花的初秋之夜。似有琉璃似的淚珠，隱隱的滑過宮牆，滴落在空漠的白石階上的聲音，……

死了！一切全死了！在天的上帝，與在地的魔鬼！只有遠方教堂的鐘聲，隨著人王山上的初秋風，滾旋在月光裡。那些古老的戈特式的天主教堂，許多柔軟心靈在祈禱人之子賜福，挽救這古老王國，以擺脫四千年來的第一次浩劫。然而，少有人記憶：二千年前，人之子已釘死在骷髏山上了。聖像前面的祈禱聲，是怎樣空虛而可憫呵！這午夜鐘聲，不斷飛出來，如一隻隻受傷的鴿子，被風雨摧殘了，舞蹈樣迴旋在凄暗的月光裡。這是死屍進入墳墓前的最後喪鐘，無憐憫無姑息的搖撼著站在墳四周的死者家屬與戚友。

鐘聲可怕的固執的嘶吼著，會慶樓畔清碧如雲的御河池，似響應著空洞的迴音。池水清澈，燭見水底每一粒鵝卵石，與每一尾小魚。會慶樓的八角石柱，大部分矗立在水池裡，有兩丈多高的一段，裸露水面。這一株株冷冷的白石礎柱，把粗壯的長長倒影畫在水上，在月光反映中，黑色有點彎彎曲曲的，如一條條蜿蜒的巨蟒。

會慶樓前白石御道上，遠遠的，描繪出一條洋溢珠光寶氣的人影子。這影子花綽綽的，顫動在浮掠柳葉蔭影的白石平面上，迂緩而軟弱的向前移動，似冬夜古岩穴內的一個幽靈。

它的凝重的遲滯的姿態中，隱約蘊含往日莊嚴典麗的氣象，然而，它的細碎的動作，卻神秘的暗示出一個永不可彌補的巨大悲哀，一種積漸的但又極突然的悲哀。它向前拖長著、伸延著、舒展著，……

影子終於在御河池畔停住了。

池面荷花早已萎謝。結成一枝枝青青蓮蓬，苗條多刺的青青梗子，搖顫在月光中。圓圓的荷葉，如一面面青傘，展在水面。一陣風掠過，池面抖動起綠油油的光亮，映著青幽幽的淒苦的月光，猶如一種鬼魅幻影。在荷葉沒有舖到的水面上，池畔人影的身形終於清晰的顯出了。影主如希臘神話的納蕤思，痴望著水中影子，發現自己的面孔清瘦得可怕，頰上肌肉爲憂愁逐漸蠶食，瘦削得有點病態。他兩隻清明的玲瓏鳳眼，暗淡、疲倦、痛苦，射到水面的視線，幾乎是一支快要燃完的殘燭光，悲哀的閃爍著、熠煠著。身上繡著火龍黼黻、鑲著珍珠寶石的皇袍，要不是在月光中閃耀奪目的翠氣與璀璨的光華，瀰漫一種殘膹的煊赫的芬芳，他幾乎不敢相信，這是一個曾在寶座上統治過三千萬人命運的帝王。一切是在可怕的變。越變越可怕。幾萬年前的一片海洋，可以乾枯成沙漠。最巍峨雄壯的山峯，可以崩裂成一條河流。如雲的青青髮絲，一夜可以白如秋日蘆葦。最艷麗的紅顏玉肌，曾經顛倒千萬人，終有一天，也會令千萬人望然生畏，成爲荒郊骷髏。父親會變成子孫的仇人。妻子會變成謀害丈夫的兇手。一切都在變，變，變！

然而，自有世界以來，有什麼變蹟，會像他所治理的王國變得這樣奇而慘呢？他凝視荷池水面的自己姿影，幾乎想大聲向全世界狂吼：「這是不可能的！這一切是不可能的！……」可是，遠方教堂鐘聲又響了。這鐘聲越來越淒厲、越陰慘，它似乎並不是金屬的聲音，而是被投入地獄之地獄的最深處的孤獨鬼魂的哭泣，是宏亮壯大的哭聲。哭聲繚繞在皇宮四周，彷彿是特意獻給皇室的一種喪歌。這悲慘的聲音，如一柄柄看不見的短劍，無情的擊刺他的心房。他彷彿看見自己的心在無聲流出殷紅的血，血液如一滴滴紅色露珠，滲沁出來。

在無邊夜靜中，他彷彿聽見伊藤博文的沈重足步聲。足步聲似越響越近，要逼近他。他吃了一驚。身子一抖動，水面影子立刻零亂了。他回過頭，什麼也沒有。會慶樓的白石道上，闃無一人，只有柳葉隨秋風而微吟的聲音。他的唇邊浮起一絲苦笑。他的腦際立刻浮現一副奸險陰暗的面孔，咄咄逼人的眼睛，老練的笑，傲慢的唇角，……，這正是伊藤的面孔！面孔跟隨他，已有十幾年了。自甲午戰爭後，時時刻刻，這陰險面孔晃動在他四周，像一隻死死逼近麋鹿的獅子，隨時抖動著茂密鬃毛，張著血盆大口，要把擁有四千多年歷史的大韓王國一口呑下去，連一皮一毛一骨一髮都不讓存留。

就是這副陰毒面孔，使光輝璀璨的四千年大韓歷史頹然無光。

就是這副陰毒面孔，攫去了半島所有所有鐵路、礦山、軍港，及一切富源。

就是這副陰毒面孔，幾年前把獨立自由的扶餘（註二）夷爲保護國。

就是這副陰毒面孔，冷酷而獨斷的逼他禪位，下罪詔己。

就是這副陰毒面孔，今天逼他簽訂合併條約，連韓國這一名詞，今後也將永遠在子孫記憶裡抹掉！

就是這副陰毒面孔……

他不能再想下去了，全身血液似乎都湧到臉上，蒼白的兩頰赤紅如日球。他握緊拳頭，像一隻怒鷹，抖了抖身子，水中形影立刻零亂了，……。終於，他頹然的長長嘆息一聲，輕輕吹落一朵凋殘的白玫瑰花。他軟弱的舉起沈重的步子，向左側走去，沮喪的身子斜欹在一株柳樹上。抬起頭，月光淒哀的照著他瘦削的影子，宮中月似乎幽幽啜泣著，一種神秘的悲哀浸滿宮內，悲哀如一支白色帆投入滿風中，滿滿的膨脹起來，……。兩滴清淚從頰上輕輕滑下來，近於無聲的落在白石地上，是清晨第一粒露珠在陽光中滴落的聲音，……。

他墜入深深沈思，十年來所經歷的種種悲慘畫面，一幅幅的，在他腦海裡展現。

【附　註】

註一　本篇爲未完成的一個長篇斷片，寫韓國李王朝覆沒的當夜李王心裡反應。

註二　韓國古稱扶餘國。

附錄：

無名氏的散文

司馬長風

本來想研究無名氏的小說，因爲在新文學史下卷小說一章，一定要寫到這個獨行孤往的作家；可是拿到無名氏全集之後，卻先看了他的傳記「無名氏生死下落」；接著翻起他的散文來。所以有這意外的發展，一由於我偏愛散文，其次也是避重就輕。試想，在二十世紀年代，誰有奢侈的時間讀長篇小說？可是散文，像燕子一般輕盈，蝴蝶一般翩翩，只有一、二十分鐘，便可獲得一完整的欣賞，多俐落！

無名氏全集中，雖只有兩部散文集，一是「火燒的都門」，二是「沈思試驗」（新名「冥想偶拾」）；另「無名氏生死下落」中所附，無名氏的書信，當然也是散文。

「沈思試驗」多是說理的散文，「火燒的都門」則以抒情文爲主。依照我的理和趣，自然先讀「火燒的都門」。

書分四輯，第一第二兩輯的文字，似乎是依照寫作的時間排列的，大多是一九三七到一九四一的作品。第三輯三篇文章，明顯的映現三個女性，三段愛情，可當小說讀。第四輯兩篇文章，「默想集」和「沈思錄」，都是理趣甚濃的東西，把它們放到「沈思試驗」裡去，才更得其所。

所有的文學作品，都要有個性，無名氏的散文，個性特濃、特強。

他不遵守任何規格，要怎麼寫就怎麼寫；他也不睬任何教條，要說什麼就說什麼。活潑潑的一個人，整個的呈露在你面前，不但色彩鮮明，甚至連氣味都可聞到，這眞是難以抗拒的魅力。

例如那篇「夢北平」全文約三千字，分斷爲十節，長者十幾行，短者只有一行。

第一節他提到，在重慶的冬夜裡，夢見了古城。從第二節開始素描他的記憶。試看第二節全文：

「唉，我怎麼說才好呢？

首先，必須在我們面前，鋪起一片金碧輝煌的琉璃瓦，一片懵朦朦如黃霧的風沙，一棵棵沒有盡頭的古槐，一群群靈活的——燕子似的自行車……」

每個字都那麼自在，連標點都不受一點拘束。在古城住過的人可領會，琉璃瓦、黃風沙、老槐樹和自行車，正是古城最具代表性的東西。他一筆就全勾出來了。

第八節，他寫古城的長夏，只淡淡的一句：

「一根槐蠶的游絲，在長長的夏日中長長的拖著，長長的，長長的，……」

沒見過那游絲的人，可能感到，那兩個「長長的」，太累贅了，見過的人，你心中會映現古城夏日的斜陽。

無名氏的抒情散文，某些部份纏綿憂鬱近似何其芳，但比何其芳更富於聯想。「林達與希綠斷片」，寫一青年月夜泳過海灣，幽會情人，如詩如畫，不足形容其美；那是題了詩的畫，又由人吟詠出來，是美的叢集。

「……你很難想像我的水程的美麗。……在我的身前身後左右，全是溫柔的海水。在沒有風的平靜的夜裡，海水溫柔安靜得如一片青草原，……幾乎沒有甚麼波浪，只有一些細碎的精緻的動盪。小水朵如沒有牙齒的魚秧子樣輕嚙著我，有一種軟綿綿的快感。我像一尾魚樣游泳著，全身如一朵睡蓮花樣舒展開，兩只臂膀是兩隻鳥翼似的銀槳，輕快的打著海水。……我時而沈浸在海下面。時而漂浮在海面上。月夜來了，大月亮如一朵白色花樣開在天上。月光如奶油樣流轉在水面上。一切是銀色的。想像著海那一邊，在一座精緻的紅樓上，在一扇明亮的窗邊，一朵溫柔的靈魂在向我開展。……」

何其芳浸於字句的精雕細刻，但往往失於艱澀。無名氏的文字，不那麼精細，但是流暢有力感。

「火燒的都門」裡，還有「霧」、「陽光」等佳作。還有多篇反映現實的雜文，如感懷抗戰的「烽火篇」、「寶劍篇」和「月下風景」；諷示人生的「訴」和「門」，還有哀歎法蘭西淪陷的「絕望的呼籲」、「拉丁之凋落」等，題材眞是繁富。

初時我以爲，作家談思想，是自暴其短。因爲文學家和藝術家，是篤於情意的動物，不是偏向理性的動物。當然也有少數例外，徐訏和無名氏就都是理性很強的作家，因此在思想和知見上都有可觀的成就。無名氏的「沈思試驗」，起初不想讀，可是偶然翻了幾頁，竟被它牽著鼻子從頭看到底了，眞稀罕！

無名氏不是普遍的作家，他讀了太多思想方面的書，而且好學深思，表達的思想相當寬、相當深，也相當成熟。試錄三則以見一斑。

·「中國文化在吸收西洋文化之後，一定可以產生新文化，正如唐宋吸收佛教思想後，能產生唐代藝術與宋代哲學一樣。因爲中國人最具有黏液性，也最懂得配合。」

·「老子莊子是眞智者，缺少仁，故不爲人重視。墨子是仁者，缺少智，人們覺得太不近情，故亦不重視。唯孔子則仁智兼具，故最合大家胃口。」

·「哲學的意義不僅在思辯、分析，最要緊的是融會貫通。達到這一步，其方式爲思辯，分析，終點是個綜合的悟，由悟才能產生綜合性的智慧。」

這簡直是眞知灼見了。

（香港快報，臺北中華日報，一九七七年九月十四日）

〔附錄〕

無名氏的「火燒的都門」

司馬長風

（此爲司馬長風「中國新文學史」下卷一五六頁——一五八頁之一節，屬此卷第二十七章「散文的圓熟與飄零」。「火燒的都門」出書後改爲「薤露」，因「薤露」有若干年被收入臺灣中華民國中學國文課本，作語文教材。又，下面輯入司馬長風「無名氏的散文」，雖內容有相似處，但文字不同，所論亦不全同。）

無名氏是個特立獨行的作家，凡事都不受人窠臼，都顯出獨一無二的自我來。他的小說格調之新奇，驚世駭俗；散文也足以使人目眩。

到一九四九年爲止，他只有兩部散文集，一是「火燒的都門」，一是「沈思試驗」。後一書屬於哲思箴言一類的東西，雖然極有創見和魅力，但與純粹的散文，總隔了一層，可置而不論；這裡集中談談「火燒的都門」。

書分四輯。共二十七篇文章。題材之廣泛，使人吃驚。最大部分都與抗戰有關，「烽火篇」、「火燒的都門」、「薤露」、「月下風景」，都是直抒戰時的情和景，「今禹鼎」寫漢奸汪精衛，「詛咒集」、「寶劍篇」則寫後方百態，是「朱門酒肉臭，路有凍死骨」的諷怨。

「夢北平」、「僧二」、「霧」、「劫運篇」、「陽光」、「友」、「鐐銬」都是敍事的抒情文。「崩頹」寫尼釆的發狂，「拉丁之凋落」、「絕望的呼籲」寫二次大戰法國的淪亡，「大宗師」寫凱撒、華盛頓、列寧、凱末爾和巴斯蒂監獄的暴動（法國大革命）；「林達與希綠斷片」則寫希臘神話人物。

第三輯「天眞」、「水之戀」、「殘簡」，寫的都是戀歌，反映了作者愛情觀和戀愛生活。

第四輯「默想集」和「沈思錄」，作者抒發自己的藝術觀點、人生情趣，以及思想和信仰的銘言雋語。

從上述題材的檢視，可知作者涉獵的淵博，意趣的豐富，在現代作家中實無人可比擬。

關於作者所寫抗戰題材的散文，與那些負有任務的作家，基於路線要求，政治策略所寫的抗日宣傳品，根本是兩種貨色。

在抗日戰爭時期，每個中國人的生活都受戰爭影響，都具有敵愾意識，這個無需多說，在作品中反映戰爭生活，愛國情緒，也是自然之事。但是獨立作家，則從生活感受出發，經過藝術蒸餾，化成文學作品；而那些負有任務的作家，則只是在政治意識結構中，塡充文學的字句。例如吳伯簫、嚴文井、劉白羽等中共作家的報告文學和小說，一方面誇張的鼓吹抗日，同時一定歌頌八路軍的戰功。

巴金、豐子愷、無名氏等獨立作家，則反而只是從自己的生活感受出發，抽取文學酵母，不作任何政治要求的丑角。上列無名氏與抗戰有關的散文，卻是謳歌抗日大義、抒發愛國情潮的作品，爲那個興亡的大時代，留下了最好的文學蹤跡。

那篇「火燒的都門」，描寫日機大轟炸之後重慶街頭滿佈屍體的慘狀。「薤露」則是哀悼爲抗戰犧牲之官兵的亡靈，洋洋六千字，熱流滾滾，是他的力作。但這些作品，或因敘事性太強，或因情感太灼熱，還沒經過耐心的冷卻和提煉，因此都不算是第一流的作品。綜觀全書，最成功的幾篇，應是「林達與希綠斷片」、「夢北平」和第三輯的那篇哀歌。

林達和希綠雖是神話人物，但作者透過自己的想像，竟將那兩個每夜泅水幽會的戀情，寫得如見其人、如聞其聲，試看林達夜泳赴會的描寫：

「……在我身前身後左右，全是溫柔的海水。在沒有風的平靜的夜裡，海水溫柔安靜得如一片青草原，我游泳在裡面，就像走在草地上。幾乎沒有什麼波浪，只有一些細碎的精緻的動盪，小水朵如沒有牙齒的魚秧子樣輕嚙著我，有一種軟綿的快感。我像一尾魚樣游泳者，全身如一朵睡蓮花樣舒展開，兩隻臂膀是兩隻鳥翼似的銀槳，輕快的拍打著海水。兩足就是兩隻迂迴的舵，輕悠悠的迴旋著。我時而沈浸在海下面，時而漂浮在海面上。月夜來了，大月亮如一朵白色花樣開在天上。……」

這顯然超越了散文，這是詩。

現代作家所寫懷念北平的作品不可勝數，但是以無名氏這篇「夢北平」最別致、最具有魅力。

全文十小節，每節字數極參差，最長的達十三行，最短的只有一行。我愛那第二節傳神的寫意筆法。

「唉，我怎麼說才好呢？

首先，必須在我們面前，鋪起一片金碧輝煌的琉璃瓦，一片懵騰騰如黃霧的風沙，一棵棵沒有盡頭的古槐，一群群靈活的，燕子似的自行車，……」

琉璃瓦的宮殿，黃霧似的風沙，家家院中的大槐樹，早晨黃昏潮水似的騎車的學生；一提到這些，燕京古城就在目前了。

還有第八節寫古城的夏天，只用一行：

「一根槐蠶的游絲在長長的夏日中長長的拖著，長長的，長長的，……」

三個「長長的」，絕對不嫌重複，實際上它寫活了古城的夏天。在古城住過的人必與筆者有同感。

第四輯的文章，是直抒胸臆的哲思美趣，極惹人喜愛。試抄幾段最短的，與讀者共賞。

「當我孤獨時，我覺得自己很苦，很愚蠢。當我爲驅逐苦悶去訪友人時，在他們那裡，我發覺他們比我還苦、還蠢，這叫我忘記了自己的痛苦……痛苦只有在孤獨時才成立，兩個痛苦就是一個快樂。」

這些話，每句都閃光，每個字似乎都有淚痕。

「愛使人獲得大氣，大人風度。恨使人顯得像小孩子。」

這話說得眞透，眞好。

（香港星島日報，一九七八年四月十一日）